Hans-Peter Zimmermann

Großerfolg im Kleinbetrieb

Hans-Peter Zimmermann

Großerfolg im Kleinbetrieb

Wie man einen Betrieb mit
1 bis 40 Mitarbeitern zum Erfolg führt

mit 50seitigem aktuellen Nachtrag

mvg

Die Deutsche Bibliothek – CIP-Einheitsaufnahme

Zimmermann, Hans-Peter:
Großerfolg im Kleinbetrieb : wie man einen Betrieb von 1 bis 40 Mitarbeitern zum Erfolg führt ; mit 50seitigem aktuellen Nachtrag / Hans-Peter Zimmermann. - 2. Aufl. - Landsberg am Lech : mvg-verl., 1998
(Small business)
ISBN 3-478-85040-1

2. Auflage
Illustrationen (Clip Art):
Tanner Dokuments KG, D 8990 Lindau
Image Club Graphics Inc., Calgary/Canada
BeeLine ArtProFile, Dänemark
Sandhill Arts Publishing Company, Menlo Park (USA)

Umschlaggestaltung: Vierthaler & Braun, München
Satz: Business Management Institute, Reno (USA)
Druck- und Bindearbeiten: Druckerei Himmer GmbH, Augsburg
Printed in Germany 085 040/998402
ISBN 3-478-85040-1

Was Sie in
diesem Buch
alles lernen...

Vielen herzlichen Dank!

Seit dieses Buch nach zwei ausverkauften Eigenauflagen 1992 zum ersten Mal im mvg-Verlag erschien, ist einiges passiert: «Groß-Erfolg im Kleinbetrieb» wurde nicht nur ein Bestseller, sondern hat sich mittlerweile als Klassiker in den Regalen der Wirtschafts-Literatur etabliert.
Da ein Buch für mich ein Zeitdokument ist, habe ich an der vorliegenden Neuauflage nichts verändert. Die Philosophie, die diesem Werk zugrunde liegt, ist ohnehin zeitlos, und jeder, der meine Tips bisher in die Praxis umgesetzt hat, ist erfolgreich geworden.
Sie finden allerdings hinten im Buch einen aktuellen Nachtrag, unter anderem mit nützlichen Tips zu den Themen «Internet-Marketing» und «Finanzierungen». Außerdem erfahren Sie dort wertvolle Tricks für das Marketing im Dritten Jahrtausend. Studieren Sie auch den Nachtrag bitte sorgfältig, denn es kommen einige Veränderungen auf uns Unternehmer zu!
In den letzten fünf Jahren haben die folgenden Menschen viel zu meiner Entwicklung beigetragen:
Meine Frau Nany Zimmermann, mein Geschäftspartner Björn Walker, mein Stiefsohn Patrice Heilmann, mein Bruder Beat Zimmermann, mein Freund und Kollege Wendelin Niederberger, sowie ein paar tausend Seminar-Kundinnen und Seminar-Kunden. Und natürlich mein Schorsch. Wer das ist, erfahren Sie in diesem Buch.
Ich wünsche Ihnen so viel Spaß beim Lesen, wie ich beim Schreiben hatte!

Hans-Peter Zimmermann
November 1997

Erste Frage
des mittelständischen Unternehmers:

I. Ist dieses Buch überhaupt etwas für mich?

Liebe Leserin, lieber Leser, ich sag's Ihnen gleich: Am Buch kann es nicht liegen, wenn etwas schief geht. Denn ich habe mit den Geheimnissen, die ich Ihnen auf den nächsten 200 Seiten verrate, zahlreichen Klein- und Kleinstbetrieben in der Schweiz und in Amerika zum Erfolg verholfen. Einige meiner Kunden nehmen meine Ratschläge dankbar an, bringen ihre eigene Erfahrung mit ein und setzen das Ganze in die Tat um. Ich nenne diese Kundengruppe «die Unternehmer».

Eine andere Kundengruppe füllt mir den Kopf zuerst einmal mit ihren Problemen und Schwierigkeiten, hört sich dann mit skeptischem Blick meine Lösungsvorschläge an, braucht schließlich weitere zwei Stunden, um mir zu erklären, warum dies und das nicht gehe und daß bei ihnen alles ganz anders sei... und tut natürlich nichts. Diese Gruppe nenne ich «die Unterlasser».

Dann gibt es noch die Pseudo-Unternehmer. Das sind die Zeitaufwendigsten. Sie tun so, als gehörten sie zu den

Macher-Typen, haben stets eine Marketing-Strategie auf dem Schreibtisch liegen, brauchen von mir nur noch ein Werbekonzept... und nach ein paar Wochen Arbeit merke ich plötzlich, daß alles nur in der Schublade landet. Auch diese Gruppe gehört zu den Unterlassern. Leider gibt es auf diesem Planeten nur eine verschwindend kleine Anzahl Unternehmer und tonnenweise Unterlasser.

Sie, liebe Leserin und lieber Leser, zähle ich zu den Unternehmern. Sie haben sich immerhin dieses Buch beschafft, um in Erfahrung zu bringen, wie Sie Ihr Geschäft zum Erfolg führen können. Wenn Sie es jetzt auch noch lesen und meine Tips in die Praxis umsetzen, dann hat sich Ihre kleine Investition tausendfach gelohnt.

Vielleicht sind Sie der Inhaber oder Geschäftsführer eines Betriebes mit 1 bis 40 Mitarbeitern, der schon ein paar Jahre auf dem Markt ist. Eigentlich hatten Sie sich bei der Gründung Ihres Geschäfts vorgestellt, daß Sie so in zwei bis drei Jahren aus dem Schlimmsten heraus sein würden. Nicht unbedingt das Gehalt eines Bundeskanzlers müßte es sein, aber immerhin: So drei flotte Kurz-Urlaube im Jahr und zwei Wochen Mallorca, das müßte doch drin sein. Statt dessen arbeiten Sie immer härter und länger, müssen immer mehr Mitarbeiter einstellen, haben immer größeren Ärger mit gewissen Kunden, bewegen sich permanent an der Grenze der Liquidität, und das Wort «Freizeit» kennen Sie auch nur aus einer gleichnamigen Illustrierten, die jeweils beim Friseur aufliegt.

Nein? So schlimm ist es nicht? Da bin ich aber froh. Lassen Sie mich weiterraten. Vielleicht sind Sie ein recht erfolgreicher Kleinunternehmer. Sie verdienen bereits mehr als der Bundeskanzler. Ihr Personal entspricht dem landesüblichen Durchschnitt. Etwas häufiger Wechsel, okay, das kann's geben. Ihre Mitarbeiter sind recht zufrieden. Vielleicht ist Ihre Auftragslage ganz gut oder den Umständen entsprechend. Nur sind Sie in Ihrem Innersten nicht so sicher, ob die ganze Sache auch in wirtschaftlich schwächeren Zeiten bestehen könnte.

Habe ich Sie noch immer nicht richtig charakterisiert?

Ach so, Sie befassen sich mit dem Gedanken, eine Firma zu gründen? Und Sie möchten von Anfang an alles richtig machen? Haben Sie aber ein Glück, daß Ihnen dieses Buch in die Hände gefallen ist! Sie brauchen all die Fehler nicht mehr zu machen, die andere schon begangen haben.

Ist es Ihnen recht, wenn ich mich so einfach wie möglich ausdrücke und wenig Fremdwörter benutze? Sie suchen sicher ein Buch für die Praxis. Sie brauchen keine Anleitung, wie sich Experten gescheit unterhalten. Statt dessen möchten Sie endlich wissen, wie man mit einem Kleinbetrieb Geld verdienen kann.

Das verrate ich Ihnen gleich. Ich habe dieses Buch aus reiner Liebe zu Ihnen geschrieben. Denn ich gehe ein großes Risiko ein. Wenn Sie wirklich alles in die Tat umsetzen, was ich Ihnen hier rate, dann braucht man mich bald einmal nicht mehr. Dann werden Sie alle reich und glücklich sein.

Ich gönne es Ihnen von Herzen!

Zusammenfassung für Schnell-Leser

Beim Schreiben dieses Buches habe ich diese Menschen vor Augen gehabt:

1. Inhaber und Manager von Kleinbetrieben *ohne* Marketing-Ausbildung, die endlich handfeste Tips für den sofortigen Erfolg haben möchten.

2. Inhaber und Manager von Kleinbetrieben *mit* Marketing-Ausbildung, denen es nie richtig gelungen ist, ihre theoretischen Kenntnisse in die harte Praxis umzusetzen.

3. Menschen, die sich mit der Gründung einer Firma befassen, die auf theoretisches Akademiker-Wissen verzichten können, und die trotzdem von Anfang an alles richtig machen möchten.

4. Inhaber und Manager von Mittel- und Großbetrieben sowie Unternehmensberater, die sich Anregungen aus der Praxis holen möchten.

«Geld ist nur ein Gradmesser des Wertes, den Sie dieser Welt zufügen.»
(Anthony Robbins)

Erste Forderung
des mittelständischen Unternehmers:

II. «Das Geld muß her – und zwar dalli!»

Die Überschrift täuscht. In diesem ersten Kapitel wird kaum von Geld die Rede sein. Und zwar aus einem einfachen Grund: Reichsein beginnt im Kopf. Wem die nötige innere Einstellung fehlt, der kann gar nicht reich werden.

Ich verstehe Ihre Ungeduld. Sie möchten Ihre Umsatzkurve endlich steigen sehen. Sie möchten Ihre ganz banalen Alltags-Probleme gelöst haben. Und Sie möchten nach den gewagten Investitionen und der harten Arbeit auch mal kassieren dürfen.

Ich überlasse die Entscheidung Ihnen, ob Sie dieses Kapitel überspringen und sich gleich in die Arbeit stürzen wollen. Wenn Sie aber wirklich erfolgreich werden möchten, dann sollten Sie sich genügend Zeit und Muße nehmen, um die folgenden Seiten auf sich wirken zu lassen. Denn ob Sie's glauben oder nicht: Wenn Ihre innere Einstellung stimmt, haben Sie schon neunzig Prozent Ihres Erfolges in der Tasche!

Ich habe im Laufe der Jahre unzählige Erfolgsbücher durchgearbeitet. Dazu fehlt Ihnen als Unternehmer wahrscheinlich die Zeit. Ich biete Ihnen deshalb auf den folgenden Seiten ein Konzentrat aus meinen wichtigsten Erkenntnissen an, möchte Sie aber gleichzeitig zum Weiterstudium ermuntern. Sie glauben gar nicht, wieviel persönlichen Nutzen Sie daraus ziehen werden.

1. Kaviar, Champagner, Porsche und Rolex

Hand aufs Herz, lieber Leser: Was stellen Sie sich unter Erfolg vor? Wenn Sie darauf keine Antwort wissen, dann lohnt es sich, wenn Sie Ihre Lektüre hier unterbrechen. Setzen Sie sich bequem auf eine Couch, legen Sie eine Entspannungsmusik auf, nehmen Sie ein Blatt Papier zur Hand und notieren Sie: «Das ist für mich, (Ihr Name), heute am (heutiges Datum), Erfolg.»

Vielleicht kommt tatsächlich so etwas dabei heraus wie «Kaviar, Champagner, Porsche, Rolex und viele Frauen». Ich möchte Sie warnen: Damit machen Sie sich unglücklich. Wenn Sie nämlich einmal so weit sind (und Sie kommen schneller dahin, als Sie glauben), dann gibt es auf der materiellen Ebene keine Steigerung mehr, und eine gähnende Leere tut sich auf.

Vielleicht kommen bei Ihrer Selbst-Analyse aber so tolle Sachen zum Vorschein wie «Erfolg ist das, was erfolgt», «Erfolg ist die Ernte nach der Saat», «Erfolg ist das Setzen und Erreichen von Zielen» oder «Verdienen kommt von Dienen».

Ich gratuliere Ihnen! Sie haben soeben eine wichtige Erkenntnis gewonnen: Nämlich die, daß Erfolg sich unmöglich auf die materielle Ebene beschränken kann. Im nächsten Kapitel erfahren Sie, worauf es wirklich ankommt. Damit werden Sie bereits das wichtigste Geheimnis des Erfolges kennen.

Ich persönlich bin dafür das beste Beispiel. Ich habe mich mit durchschnittlichen Jobs herumgeplagt und mir von inkompetenten Chefs Vorschriften machen lassen, bis mir eines Tages ein Buch in die Hände fiel, in welchem der Autor die Meinung vertrat, jeder Mensch könne erfolgreich sein. Er müsse es nur richtig wollen. Und er müsse seine alten «Schallplatten» im Kopf durch neue ersetzen. Sie kennen diese Schallplatten alle: «Das schaffe ich nie», «das ist nichts für mich», «dazu fehlt mir das Geld», «ich habe eben kein Glück».

Bei der Lektüre jenes Buches habe ich für mich eine rosige Zukunft vorgezeichnet und den klaren Entschluß gefaßt, den Aufzug nach oben zu besteigen. Es hat geklappt. Und nicht nur bei mir. Ich habe mittlerweile Dutzende von Menschen zu wahren Unternehmern ausgebildet und immer wieder die gleichen Prinzipien bestätigt erhalten.

Jetzt sitze ich an meinem Computer und teile meine Erfahrungen mit Ihnen. Und das macht mich glücklicher als alles Geld der Welt!

2. Erfolg beginnt im Kopf

Nein, ich spreche hier nicht von einer guten Idee, die man haben muß, um erfolgreich zu sein. Erfolg ist mit völlig durchschnittlichen Produkten und Methoden möglich. Ein Erfolgsmensch führt auch eine Gärtnerei, ein Restaurant oder eine Metzgerei zu großem Wohlstand. Doch davon später. Ich will Ihnen in diesem Kapitel erklären, daß Erfolg ein inneres Konzept ist. Erfolg tritt nicht von außen an Sie heran. Sie können ihn auch nicht von anderen Menschen erben oder kaufen. Sie tragen ihn in sich selber und bringen ihn überall dorthin, wo Sie sich befinden.

Sie finden sofort heraus, ob Sie ein Erfolgs- oder ein Mißerfolgs-Typ sind. Antworten Sie ganz spontan auf die Frage: «Sehen Sie sich als Gewinner oder als Verlierer?» Wenn Sie sofort und ohne Umschweife sagen können «Natürlich als Gewinner», dann ist die Wahrscheinlichkeit groß, daß – falls Sie dieses Buch zu Ende lesen und den Inhalt in die Tat umsetzen – Sie innerhalb von spätestens drei Jahren wohlhabend sein werden.

Falls Sie mit «Verlierer» geantwortet haben, rate ich Ihnen dringend, meine Ratschläge im Abschnitt 4 dieses Kapitels zu beherzigen: «Wie man sich selber auf Erfolg trimmt».

Vielleicht kennen Sie jemanden, der so reagieren würde: «Das ist nicht so einfach zu beantworten.» Oh, wie ich diesen Satz hasse! Es ist die typische Politikerphrase, woraus Sie schließen können, daß es sich ebenfalls um eine Unterlasser-Antwort handelt. Also gelten die gleichen Ratschläge wie für reinrassige Unterlasser.

3. Versuchen ist ein anderes Wort für Nichtstun

Bin ich zu hart mit Ihnen? Das tut mir leid. Aber ich muß es sein. Sonst wird der geschäftliche Alltag noch härter mit Ihnen umspringen. Und schließlich: Wer sich die Freiheiten eines freien Unternehmers erkämpfen will, muß ein bißchen Härte ertragen können. Finden Sie nicht auch? Vielleicht haben Sie bei der Gründung Ihrer Firma zu sich selber gesagt: «Okay, ich versuch's mal.» Das war schon falsch. Und vielleicht haben Sie bei der Lektüre des letzten Abschnitts nochmals gedacht: «Mal versuchen, ob diese Zimmermann-Methoden klappen.» Auch falsch!

Hören Sie sofort auf zu versuchen. Tun Sie's statt dessen einfach. «Ich habe es versucht. Es ist mißlungen.» Das ist die Sprache des Unterlassers. Der Unternehmer drückt sich so aus: «Ich habe dies und das unternommen, mit diesem und jenem Resultat. Das und das habe ich daraus gelernt. Dies und jenes werde ich in Zukunft anders machen.» Spüren Sie den Unterschied? Versuchen schließt immer schon das Mißlingen mit ein. Verbannen Sie es aus Ihrem Kopf. Wenn es dann doch nicht so herauskommt, wie Sie es sich erhofft haben, dann wissen Sie wenigstens, daß es so nicht geht. Thomas Edison, der Erfinder der Glühbirne, hat über fünftausend mißlungene Versuche gebraucht, bis er endlich Erfolg hatte. Als ihn jemand darauf ansprach, meinte er nur: «Ich bin ein Glückspilz. Ich kenne über fünftausend Möglichkeiten, wie man keine Glühbirne herstellt.»

Ich werde Ihnen gleich sagen, warum dies alles so wichtig ist für Sie. Aber merken Sie sich vorerst nur folgendes: Wenn Sie erfolgreich sein wollen, müssen Sie von Kopf bis

Fuß überzeugt sein, daß Sie erfolgreich sind. Sie müssen innerlich stark und gefestigt sein. Sie müssen die Angst vor dem Mißerfolg fühlen... und es trotzdem tun. Erfolgreiche Menschen haben nicht weniger Angst als andere. Das ist leider ein gängiges Mißverständnis. Nein, sie haben lediglich Mittel und Wege gefunden, um diese Angst zu überwinden.

Immer dann, wenn eine Angstwelle über Sie hereinbricht, sollten Sie die Arbeit sofort niederlegen, eine halbe Stunde im Wald spazieren gehen und sich fragen: «Worauf will ich zurückblicken, wenn ich 75 bin? Will ich mein Leben als langweilige, öde Ebene bezeichnen müssen? Oder möchte ich kantige Berge sehen und liebliche Täler, phantastische Märchenschlösser und düstere Verliese, schroffe Klippen und erfrischende Brandung?»

Vielleicht ist diese Erkenntnis neu für Sie. Aber soweit mir bekannt ist, haben Sie nur dieses eine Leben. Das sind im besten Fall 75 bis 90 Jahre. Etwas anderes gibt es nicht.

Wenn Sie einmal gestorben sind, wird kein Mensch Sie loben für all das, was Sie versucht oder unterlassen haben. Man wird einzig und allein von Ihren Taten reden. Erich Fromm hat einmal den traurigen Ausspruch gewagt: «So viele Menschen sterben, bevor sie ganz geboren wurden.» Und Leo Buscaglia doppelt nach: «Jeder Mensch bekommt zu seiner Geburt die Welt geschenkt. Die ganze Welt. Und die meisten von uns haben noch nicht einmal das Geschenkband berührt, geschweige denn hineingeschaut.»

Ich möchte nicht, daß dies mit Ihnen geschieht. Darum bitte ich Sie: Neben all den Tips, wie Sie zu mehr Geld kommen, finden Sie eine Lebensaufgabe für sich. Eine Aufgabe, für die es sich lohnt zu leben und später einmal zu sterben.

4. Wie man sich auf Erfolg trimmt

Ja, Sie lesen richtig. Man kann sich selbst auf Erfolg trimmen. Genauso, wie man seinen Körper auf Kraft trimmen kann. Bevor ich Ihnen die interessante psychologische Hintergrund-Information dazu liefere, möchte ich Ihnen erzählen, wie ich mich selber seelisch fit halte. Mein Wecker klingelt morgens um sechs, eine Stunde früher als nötig. Als erstes stülpe ich mir den Kopfhörer meines Walkmans über und schalte eine Motivationskassette ein, die ich mir am Vorabend bereitgelegt habe. Dann greife ich zur Banane, die ebenfalls einsatzbereit neben meinem Bett liegt. Diesen Tip habe ich von Anthony Robbins. Wenn Sie bis zum Mittag ausschließlich frisches Obst essen, verfügen Sie über doppelt so viel Energie. Probieren Sie's aus! Sie werden staunen.

Als nächstes spiele ich mein morgendliches Frage-Quiz durch. Das kennen Sie selbst. Jeder Mensch tut das. Nur stellen sich viele die falschen Fragen, nämlich: «Warum ist es schon wieder Morgen? Warum muß ich schon wieder aufstehen? Warum bin ich immer so müde? Welche Gemeinheiten wird mein Chef wohl wieder auf Lager haben? Wird das wieder einer dieser nicht endenwollenden Tage? Warum muß es heute wieder regnen? Warum kann ich nicht noch ein wenig liegenbleiben?» Kommen Ihnen die Fragen bekannt vor? Und haben Sie jemals eine vernünftige Antwort darauf gekriegt? Wahrscheinlich nicht. Sehen Sie, das Gehirn arbeitet wie ein riesiger Computer. Sie geben ihm eine Frage ein, und es sucht nach einer Antwort. Bei Fragen wie «Warum muß ich immer so früh aufstehen?» erscheint dann auf dem «Bildschirm» die Antwort «Du mußt gar nicht» oder «Antwort nicht gefunden». Das ist nicht besonders motivierend. Und so kommt es dann, daß sehr viele Menschen eben noch ein wenig liegenbleiben und erst in letzter Minute und unter Zwang ihr Tagewerk beginnen.

Die Fragen, die ich mir stelle, jagen mich jeden Morgen förmlich aus den Federn. Möchten Sie sie hören? Okay. «Was kann ich heute tun, um meinen Zielen näher zu kommen? Was kann ich heute für die Beziehung zu meiner Frau tun? Was kann ich heute tun, um jemanden, den ich noch nicht kenne, glücklich zu machen? Welches sind meine Vorteile, wenn ich jetzt aufstehe und an meine Arbeit gehe? Welche Belohnungen warten heute auf mich?» Ich kann Ihnen nur sagen, das ist Dynamit! Wenn Sie dieses Quiz zu Ihrer täglichen Routine werden lassen, gewinnen Sie mehr als in sämtlichen Glücksrad-Sendungen aller deutschen Fernsehanstalten.

Während mein Gehirn noch mit der Suche nach brauchbaren Antworten beschäftigt ist, gehe ich in den Garten und mache meine fünf seelisch-körperlichen Fitneß-Übungen. Das sind ganz normale, einfache Turnübungen. Mit dem Unterschied, daß ich mir dabei positive Botschaften vorsage, zum Beispiel «ja, mein Leben ist schön», «ich mag mich, ich bin Spitze», «ich bin gesund und stark», «ich freue mich auf diesen Tag» und so weiter. Der Phantasie sind hier keine Grenzen gesetzt.

Sie lachen? Zu Unrecht. Zahlreiche Top-Manager, die an meinen Seminaren teilgenommen haben, riefen mich nach einigen Wochen an und teilten mir mit, sie fühlten sich wesentlich besser, seit sie diese Übungen regelmäßig durchführten.

Übrigens, wenn Sie finden, sich selbst zu mögen sei egoistisch, und etwas mehr Bescheidenheit täte mir gut, dann kann ich Ihnen nur folgendes sagen. Erstens: Sie können nichts geben, was Sie nicht selbst besitzen. Sie können kein Geld verschenken, wenn Sie keins haben, Sie können keine Liebe geben, wenn Sie selbst keine Liebe in sich spüren, und Sie können kein Verständnis aufbringen für andere Menschen, wenn Sie sich selbst nicht verstehen. Sie sind der wichtigste Mensch in Ihrem Leben, aus dem ganz einfachen Grund, weil Sie die einzige Person sind, die mit Sicherheit bis zum Schluß bei Ihnen bleibt. Also sehen Sie zu, daß Sie mit sich selbst klarkommen. Nur so können Sie ein Segen sein für andere.

Eine weitere Übung, die Ihnen sofort mehr Energie bringt, besteht darin, daß Sie zehnmal tief durchatmen. Unser Lymphsystem, das die Schlacken aus dem Körper abtransportiert, wird nämlich nur durch tiefes und kräftiges Atmen richtig angeregt. Machen Sie doch gleich mit: Atmen Sie ganz tief ein, während Sie langsam bis drei zählen, halten Sie die Luft an, während Sie bis zwölf zählen, und atmen Sie alles aus, während Sie bis sechs zählen. Wiederholen Sie diese Übung viermal und beobachten Sie die Wirkung. Soll ich Ihnen etwas verraten? Wenn ein Raucher das Bedürfnis nach einer Zigarette verspürt, handelt es sich im Grunde um das Bedürfnis nach Sauerstoff. Mit anderen Worten: Nicht das Einatmen des Nikotins gibt ihm das gewünschte Hochgefühl, sondern die Veränderung seines Atemmusters.

Möchten Sie noch mehr wissen zum Thema Rauchen? Es gibt wahrscheinlich kein anderes Thema, über das so viel geredet wird und das gleichzeitig die einfachste Sache der Welt ist. Sie können mit allen Mitteln versuchen, das Rauchen aufzugeben. Ob Akkupunktur, Hypnose oder Kautabletten, ob Magnetopathie, Geistheilung oder Psychotherapie, es gibt nur einen Weg, ein Nichtraucher zu werden: Sie müssen aufhören, Glimmstengel zu kaufen, sie anzuzünden, sie zum Mund zu führen und einzuatmen. Warum das den wenigsten Rauchern gelingt? Ganz einfach. Weil ihr Gehirn Rauchen mit Vergnügen verbindet anstatt mit Schmerz. Wenn ein solcher Mensch zu sich selbst sagt «Du solltest mit dem Rauchen aufhören», gibt ihm sein Gehirn zur Antwort «Warum, es ist doch ein so tolles Gefühl.» Die ganze Zigaretten-Werbung zielt doch darauf ab, diese stinkenden Glimmstengel mit denjenigen Dingen zu verbinden, die dem Menschen am meisten Vergnügen bereiten. Sie werden die vier Grundbedürfnisse der Menschheit im Kapitel über die Werbung noch besser kennenlernen. Sie lauten so: Anerkennung, Spaß, Profit und Frieden. Na, dämmert's langsam? Der Mann, der sich mit dem eigenen Boot oder Flugzeug durch den Dschungel schlägt, um sich dann als Belohnung für seine tapferen Taten eine «reinzuziehen», verkauft doch nichts anderes als Anerkennung und Seelenfrieden. Genauso die Cowboys, die sich friedlich und einträchtig ums abendliche Lagerfeuer scharen. «Und so etwas», fragt Ihr Gehirn, «soll ich aufgeben? Ich bin doch nicht blöd».

Die Lösung? Entweder Sie rauchen weiter (aber dann bitte mit gutem Gewissen), oder Sie lernen, das Rauchen mit Schmerz zu verbinden. Das können Sie, genauso wie Sie lernen konnten, Rauchen mit Vergnügen zu verbinden. Erinnern Sie sich an Ihre erste Zigarette? Sind Sie ausgeflippt vor Vergnügen? Haben Sie gesagt «Wow, das ist die große Entdeckung»? Oder ging es Ihnen wie mir, und haben Sie sich fast die Seele aus dem Leib gehustet? Genauso ist es mit dem Alkohol. Auch dort haben Sie gelernt, etwas, was Sie vorher nicht mochten, mit Vergnügen zu verbinden. Mit dem Gefühl des Erwachsenseins und des Anerkanntwerdens.

Aber nun zurück zu meinem Aufsteh-Ritus. Meine morgendlichen Fitneß-Übungen dauern höchstens fünf Minuten. Dann koche ich einen Tee, den ich mit meiner Frau zusammen im Bett zu genießen pflege. Jetzt haben wir eine halbe Stunde für uns, während der wir uns auf den Tag vorbereiten können. Meistens quatschen wir ein wenig, manchmal lese ich ihr aus einem Buch vor, und manchmal – ich geb's ja zu – schauen wir uns eine Fernsehsendung vom Vorabend auf Video an. Krimis und Katastrophenfilme sind dabei allerdings Tabu.

Die Zeitung muß bis zum Mittagessen warten. Ich bin ja nicht blöd und füttere mich frühmorgens schon mit Katastrophen und Flugzeugabstürzen.

Falls Sie denken, daß so viel Selbst-Motivation zu viel des Guten sei, möchte ich Sie fragen: Wie oft pro Tag füttern Sie Ihren Bauch mit Speisen, die Ihren körperlichen Hunger stillen? Und wie ist es mit dem seelischen Hunger? Sehen

Sie, da liegt doch der Hase im Pfeffer. Die moderne Medizin lehrt uns, daß nahezu achtzig Prozent aller Krankheiten seelisch bedingt seien. Und dennoch sind wir nicht bereit, unsere Seele mit Dingen zu füttern, die ihr gut bekommen. Oder anders gesagt: Ein Klavier muß man auch immer wieder stimmen, damit es harmonisch klingt. Wenn Sie Disharmonie in sich spüren, dann sollten Sie Ihre geistige und körperliche Ernährung einmal unter die Lupe nehmen.

Dies zum Thema Ernährung und Verdauung. Um viertel nach sieben begebe ich mich unter die Dusche. Ich dusche tatsächlich kalt. Auch wenn Ronald Reagan einmal gesagt haben soll: «Wer morgens kalt duscht, der lügt auch sonst.»

Von acht bis zwölf Uhr bin ich in Höchstform. Genau in dieser Zeit packe ich die wichtigste Aufgabe des Tages an. Dabei muß man unterscheiden können zwischen «wichtig» und «dringend». Viele wichtige Dinge sind überhaupt nicht dringend. Dieses Buch zum Beispiel kann man nicht als dringend bezeichnen. Aber wichtig ist es dennoch. Und wenn ich es immer durch «Dringenderes» hätte verdrängen lassen, wäre es nie entstanden. Verstehen Sie, was ich meine?

Wenn ich um zwölf Uhr bereits die wichtigste Aufgabe oder auch nur eine wichtige Teilaufgabe des Tages erledigt habe, bin ich natürlich topmotiviert. Das trimmt einen ganz schön auf Erfolg.

Ich erspare Ihnen meinen restlichen Tagesablauf. Nur so viel: Achten Sie auf Ihre innere Uhr. Finden Sie Ihren persönlichen Arbeitsrhythmus und handeln Sie danach! Es gibt etliche amerikanische Erfolgsautoren, die Ihnen weismachen wollen, daß man unbedingt Frühaufsteher sein müsse, wenn man Geschäfte machen wolle. Das ist natürlich ein Schlag ins Gesicht jedes Nachtmenschen. Lassen Sie sich dadurch nicht irritieren. Es geht in erster Linie darum, daß Sie Ihren inneren Rhythmus finden. Und da sollten Sie sich von keinem Frühaufsteher entmutigen lassen. Es ist auch völlig in Ordnung, wenn Sie nach einer durcharbeiteten Nacht einmal erst um 9 Uhr zur Arbeit erscheinen. Sie wissen ja selber, daß es ein gewisses Arbeitsvolumen nun einmal braucht, wenn man Erfolg haben will.

Das Problem für Spätaufsteher liegt nicht darin, daß sie später aufstehen. Sofern sie ihr Pensum trotzdem erfüllen, gibt es nichts dagegen einzuwenden. Aber wenn Sie von Ihren Angestellten verlangen, daß sie pünktlich um acht Uhr zur Arbeit erscheinen, kann es mit der Zeit schon böses Blut geben, wenn Sie selbst immer erst gegen Mittag antraben.

Wenn es Ihre Branche erlaubt, können Sie vielleicht einen Kompromiß finden. Führen Sie einfach englische Arbeitszeiten ein, 9 Uhr bis 18 Uhr oder gar 9 Uhr 30 bis 18 Uhr 30. Ihre Kunden werden sich rasch daran gewöhnen. Ja, einige werden es sogar besonders zu schätzen wissen, daß man Sie nach 18 Uhr noch erreichen kann.

Ich kenne einen Drucker, der ebenfalls mit einem sehr unkonventionellen Tagesplan arbeitet. Er hat seine Mitarbeiter in der Produktion einmal gefragt, wann sie denn am liebsten arbeiten würden. Alle waren sich einig: Am schönsten wäre es von morgens fünf bis nachmittags 15 Uhr, mit einer einstündigen Frühstücks-Pause um 9 Uhr. Dann hätte man um 15 Uhr Feierabend und könnte den Rest des Tages für die Freizeit nutzen. Genau diese Arbeitszeiten wurden eingeführt. Resultat: Eine topmotivierte Mannschaft, seit Jahren kein Personalwechsel. Wenn sich das nicht auszahlt...

Zurück zu unserer Erfolgs-Gymnastik: Lange Autofahrten nutze ich, um mich mit Hilfe von Tonbandkassetten zu motivieren. Es gibt mittlerweile auch im deutschsprachigen Raum eine beachtliche Anzahl solcher Motivationsprogramme. Einige besonders hilfreiche Titel finden Sie in der Bibliographie am Ende des Buches. Die Amerikaner sind in dieser Hinsicht aber immer noch führend. In jeder Buchhandlung finden Sie dort eine ganze Abteilung für Bücher auf Tonband-Kassetten. A propos Englisch: Auch Sprachen kann man lernen beim Autofahren. Ich habe mir Italienisch und Holländisch angeeignet, allein mit Kassettenhören im Auto. Im Moment ist Russisch an der Reihe, meine sechste Fremdsprache. Sagen Sie selbst: Ist die Zeit im Auto auf diese Weise nicht wesentlich besser genutzt für die eigene Freizeit, als wenn Sie sich vom Autoradio mit Katastrophen-Meldungen berieseln lassen oder den Verkehr verfluchen?

Auch in Sachen Fernsehkonsum bin ich vorsichtig geworden. Sendungen, die mir nicht bekommen, lasse ich ganz einfach aus. Krimis und Fahndungssendungen gehören dazu. Ich habe mich früher nach jeder solchen Sendung miserabel gefühlt, hatte mehr Angst und weniger Vertrauen in die Menschheit. Und das nur wegen dieses verschwindend kleinen Prozentsatzes an wirklich bösen Menschen. Da mag ich mich doch lieber auf den größeren Anteil an liebenswürdigen Erdenbürgern konzentrieren.

Völlig klar, daß ich mich auch nicht mit Boulevard-Journalismus füttere. Genausowenig, wie ich nichts esse, was mir nicht bekommt. Oder finden Sie, die Schlagzeile «Mann erdrosselt Ehefrau» trage etwas zu Ihrem Erfolg bei? Ist es etwas, was Sie dringend wissen müssen? Und können Sie etwas dagegen tun? Sehen Sie. Das einzige, was diese Schlagzeile bewirken kann, ist, daß sie Sie depressiv macht. Wollen Sie das?

So, jetzt kommen wir aber endlich zu den psychologischen Geheimnissen. Ich verrate Ihnen, was es mit dieser Seelen-Fitneß auf sich hat.

Die Hirnforscher wissen heute, daß das menschliche Gehirn aus zwei Hälften, sogenannten Hemisphären, besteht. Die linke ist zuständig für alles Logische. Da wird gerechnet, gezählt und analysiert. Sie enthält ungefähr das, was wir in der Volksschule eingetrichtert bekommen haben. Die rechte Hemisphäre beherbergt das künstlerische, emotionale, ganzheitliche Denken und auch weitgehend das, was wir Gefühle nennen.

Lassen Sie mich das Ganze nun auf eine populärere Ebene bringen, damit wir uns auch etwas darunter vorstellen können. Die linke Gehirnhälfte bleibt in unserer Vorstellung dort, wo sie ist, nämlich im Kopf. Wir wollen sie den Käpt'n nennen. Er weiß, wie man sich im Leben verhält, wie man navigiert, berechnet und steuert. Die rechte Hälfte wollen wir mal in unseren Bauch verlagern. Auf unserem Lebensschiffchen wäre das der Maschinist. Sie können ihm auch einen Namen geben. Der deutsche Unternehmensberater Robert Kober nennt seinen Maschinisten «Schorsch». Ich mag diesen Namen besonders gern, weil er so etwas Schwäbisch-Gemütliches an sich hat. Wollen wir ihn also Schorsch nennen.

Achtung! Jetzt kommt eines der wichtigsten Geheimnisse: Wenn Käpt'n und Schorsch auf Erfolgskurs gehen und zusammenarbeiten, tritt der Erfolg mit Sicherheit ein. Ist doch logisch. Stellen Sie sich einen Käpt'n vor, der auf seiner Kommandobrücke «vorwärts» schreit wie ein Wilder, während der Maschinist sich nicht von der Stelle rührt. Das Schiff wird sich keinen Zentimeter bewegen. Genauso problematisch wird es, wenn unser Schorsch im Maschinenraum volle Kraft voraus fahren läßt, und der Käpt'n überläßt das Steuer dem Zufall.

Sie werden im Kapitel zum Thema Verkauf noch sehen, wie wertvoll diese Information in Zukunft für Sie sein wird. Wenn nämlich der Käpt'n und Schorsch gleichzeitig ja sagen, dann kauft der Kunde. Eine Erkenntnis, die sich in Ihrer Kasse auf wohltuende Weise bemerkbar machen wird.

Zuerst wollen wir unsere Käpt'n-Schorsch-Geschichte noch etwas weiter untersuchen. Versetzen Sie sich einmal zurück zum Zeitpunkt Ihrer Geburt. Ganz abgesehen davon, daß das einer der schrecklichsten Momente des Lebens sein dürfte, überlegen Sie sich einmal, welche unausgesprochenen Botschaften – wir wollen sie Suggestionen nennen – auf den kleinen Schorsch einwirken. Der Käpt'n, das logische Denken also, ist ja in diesem Alter noch nicht in Betrieb. Eine der ersten Suggestionen, die das Kind zwangsläufig eingetrichtert bekommt, ist die folgende: «Ich bin klein, die andern sind groß.» Logisch, nicht wahr? Das Kind muß doch allein schon wegen seiner körperlichen Größe so fühlen. Eine weitere frühkindliche Suggestion: «Ich kann nichts, die andern können alles.» Auch logisch. Das arme kleine Ding kann sich nicht mal selber etwas zu essen kochen.

Haben Sie gemerkt, welcher psychologische Sprengstoff hier vergraben liegt? Nehmen Sie nun an, das Kind hat einen Vater, der ihm die ganze Zeit suggeriert: «Laß das, dazu bist du noch zu klein» oder «du lernst das nie» oder gar «aus dir wird nie etwas». Es ist tragisch, aber so etwas geschieht leider öfter als man denkt. Und diese Suggestionen trägt das Kind jahrelang mit sich herum, ohne kritisch darüber nachzudenken. Wie sollte es auch. Die Eltern waren ja vorher da, und die müssen's schließlich wissen. Vielleicht hat unser Kind Glück und es trifft später auf einen Lehrer, der es fördert, der seine negativen Selbst-Suggestionen korrigiert und ihm Mut zuspricht. Aber leider Gottes ist auch diese Chance sehr klein. Denn Lehrer sind in der Regel Durchschnittsmenschen, die nichts anderes tun können als ebenfalls zum Durchschnitt erziehen. Allzuoft leiden sie selbst unter mangelndem Selbstwertgefühl und geben diese Probleme ungefiltert an ihre Schüler weiter.

Jetzt fehlen nur noch die vielzitierten Medien, die dem Kind suggerieren «Flugzeuge stürzen ab», «Männer töten kleine Kinder», «Männer erdrosseln Ehefrauen» und «die ganze Welt wird zerstört». Ein tolles Welt- und Selbstbild, mit dem der «Erwachsene» da ins Leben hinaus tritt. Finden Sie nicht auch? Nun, es gibt ganze zwei Möglichkeiten: Entweder Sie nehmen die Negativ-Suggestionen, die Ihnen tagtäglich auf dem Silbertablett geboten werden, voll an und pflegen darüber hinaus auch noch die frühkindlichen und die schulischen Botschaften weiter. Dann klingt es in Ihnen so: «Ich bin klein, die andern sind groß», «ich kann nichts, die andern können alles», «ich lerne das nie», «ich schaffe das nie», «im Sprachenlernen bin ich eine Null», «die Menschen mögen mich nicht», «ich habe eine zu lange Nase», «es lohnt sich gar nicht zu leben», «das Leben hat keinen Sinn» und... und... und...

Die andere Möglichkeit: Sie ändern Ihr Selbstbild. Wie das geht? Ganz einfach. Auf genau die gleiche Art, wie es entstanden ist. So machen es alle erfolgreichen Menschen, die ich kenne. Sie sagen sich den gewünschten Zustand jeden Morgen und jeden Abend mindestens zwanzig Mal laut vor. Das klingt zum Beispiel so: «Ich bin groß, die andern sind groß», «ich kann alles erreichen, was ich mir vornehme», «ich bin gesund und stark», «ich kann Sprachen lernen wie jeder andere auch», «ich spreche fließend Englisch», «ich genieße den Umgang mit Menschen, die Menschen genießen den Umgang mit mir». Auch hier können Sie die Reihe beliebig fortsetzen.

Solche Selbst-Suggestionen verändern mit der Zeit Ihr Selbstbild. Sie brauchen es mir nicht einmal zu glauben. Sie müssen es nur konsequent ein halbes Jahr lang täglich durchführen. Ich fresse einen Besen, wenn es nicht hilft.

Dr. Joseph Murphy war von dieser Tatsache so hingerissen, daß er ein ganzes Buch darüber geschrieben hat. «Die Macht des Unterbewußtseins» heißt es. Murphy beschreibt darin unzählige Fälle, wo diese Selbst-Suggestion wahre Wunder gewirkt hat.

Ein verblüffendes Experiment habe ich bei Dr. Susan Jeffers gefunden. Ich führe es seither in allen meinen Seminaren durch und bin jedesmal aufs neue überrascht. Als Versuchspersonen wähle ich zwei ungefähr gleich kräftige Männer aus. Der eine streckt seine Arme waagerecht aus, und der andere versucht sie von hinten herunterzudrücken. Das klappt meistens ganz gut. Jetzt sagt die erste Versuchsperson zehnmal laut vor sich hin: «Ich bin stark und wertvoll.» Nachdem er das zehnmal gesagt hat, lassen sich seine Arme beim besten Willen nicht mehr herunterdrücken. Er hat sich tatsächlich «stark und wertvoll» verhalten. Da sehen Sie, welche Kraft in Ihnen schlummert. Und das war erst eine kleine Vorübung! Stellen Sie sich vor, wie solche Selbstsuggestionen sich auf Ihr Leben auswirken, wenn Sie ihnen über Wochen und Monate treu bleiben.

Ich glaube, ich brauche nicht weiterzuerzählen. Sie sind intelligent genug, um aus diesem Kapitel persönliches Kapital zu schlagen.

Übrigens... Sie sind stark und wertvoll! Und das Leben macht Spaß!

5. Was hat Träumen mit Erfolg zu tun?

Träumer haben es nicht leicht in unserer Gesellschaft. Sehr früh schon bekommen sie zu spüren, daß einsame Pazifik-Inseln im Klassenzimmer nichts zu suchen haben. Einer meiner Lehrer hat einmal zu mir gesagt: «Wenn du so weiter träumst, wirst du nie etwas Rechtes.»

Schade, daß ich damals noch nicht wußte, was ich heute weiß. Sonst hätte ich ihm geantwortet: «So ein Quatsch. Alle großen Errungenschaften der Menschheit wurden von Träumern und Phantasten geschaffen. Ich kenne keinen einzigen Durchschnittslehrer, der es zu mehr gebracht hat als zu Durchschnittslektionen, und der mehr verdient als ein Durchschnittsgehalt. Denken Sie an Albert Einstein, an Thomas Edison oder an Walt Disney. Sie haben alle einen Traum verwirklicht. Aber predigen Sie ruhig weiter das, was sich bereits bewährt hat, was bereits geschehen ist und was man auswendig lernen kann. Und wundern Sie sich dann über die langweilige Normalität.» Das hätte ich ihm wahrscheinlich geantwortet. Aber, wie gesagt, damals wußte ich das alles noch nicht. Wo hätte ich es auch lernen sollen?

Leo Buscaglia beschreibt in einer seiner Reden seine erste Zeichenstunde. Genauso war es bei mir auch. Die Lehrerin kommt herein, zeichnet eine braune Stange und eine grüne Kugel an die Wandtafel und sagt: «Kinder, heute zeichnen wir einen Baum.» Die gut abgerichteten Kinder zeichnen genau diese braune Durchschnittsstange in genau diesem Durchschnittsbraun. Und darüber wird, lieblos und stumpf, die grüne Durchschnittskugel hingeknallt. Dafür kassieren sie eine «sehr gut». Klein Fritzchen dagegen kennt die Bäume in- und auswendig. Schließlich beklettert er jedes Exemplar, das er finden kann und liest in der schattigen Baumkrone die wildesten Abenteuerromane. Für ihn hat der Baum etwas Wahnsinniges, Unbeschreibliches. Alle Farben kommen darin vor, von dunkelviolett über hellblau bis zu purpur und rosa. Und weil er sich fast nicht mehr halten kann vor Freude, zeichnet er gleich eine seiner Abenteuerfiguren mit hinein. Voller Erwartung präsentiert er sein Werk der Lehrerin. Die kriegt einen Schreikrampf und setzt ein «mangelhaft» unter Fritzchens Oeuvre. Wenn Klein Fritzchen schlau genug ist, kapiert er es jetzt: Die Lehrerin wollte nicht, daß er einen Baum zeichnet. Sie wollte, daß er *ihren* Baum zeichnet. Dann wird er sich vielleicht anpassen und irgendwie durchmogeln. Leider ist es aber wahrscheinlicher, daß Fritzchen sich eine neue, selbstzerstörerische Suggestion zulegt: «Ich kann nicht zeichnen. Ich lerne das nie.»

Lernen Sie wieder zu träumen. Träume stehen immer am Anfang einer großen Tat. Nur wer träumen kann, verändert die Welt. Sorgen Sie auch dafür, daß Sie genügend Zeit und Muße zum Träumen haben. Unter Streß träumt sich's denkbar schlecht. Basteln Sie sich ein Schildchen für Ihre Bürotüre: «Bitte nicht stören. Ich träume für meine Firma.» Sie lachen. Für Sie als Inhaber oder Manager ist Träumen genauso Arbeit wie alles andere auch.

Hier ist mein 6-Stufen-Erfolgskonzept:

1. Träumen
2. Ziele setzen
3. Planen
4. Prioritäten setzen
5. Arbeiten
6. Belohnen

Wenn Sie also träumen, haben Sie bereits zwanzig Prozent Ihrer Arbeit getan. Jeder wirklich erfolgreiche Mensch wird Ihnen dies bestätigen. Aber es kommt noch schöner...

6. Ziele finden, die begeistern

Was ist mit Ihren persönlichen, ganz privaten Zielen? Was möchten Sie in Ihrem Leben erreichen? Auf diese Frage höre ich oft die Standard-Antwort: «Ach, ich bin eigentlich ganz zufrieden mit dem, was ist. Mehr brauche ich nicht.» Das ist zwar eine legitime Haltung, sofern sie stimmt und nicht einfach eine Not ist, die wieder einmal zur Tugend gemacht wurde. Allerdings wußte schon der römische Dichter und Philosoph Seneca zu berichten: «Wer den Hafen nicht kennt, in den er segeln will, für den ist kein Wind ein günstiger.» Einer meiner Seminar-Teilnehmer hat das sogar noch burschikoser formuliert: «Wer nicht weiß, wohin er will, soll sich nicht wundern, wenn er ganz woanders ankommt.»

Über die Wichtigkeit einer klaren Zielsetzung ist man sich unter Erfolgsautoren seit langem einig. Wie findet man aber seine Ziele? Im Supermarkt kann man sie nicht kaufen, das steht fest. Auch ein Berater kann Ihnen da wenig helfen. Diese Information finden Sie nur in sich selbst. Irgendwo habe ich einmal den Satz gelesen: «Die Antworten sind innen, nicht außen.» Wie holen wir sie also aus Ihrem Innern heraus? Dazu gibt es ein gutes Rezept. Legen Sie sich auf eine Couch, und spielen Sie eine sanfte, beruhigende Musik ab. Atmen Sie zwanzigmal tief durch. Und dann nehmen Sie ein Blatt Papier und einen Bleistift zur Hand. Schreiben Sie als Überschrift «das mag ich». Und jetzt notieren Sie darunter alles, was Sie wirklich mögen. Woran müssen Sie denken, damit bei Ihrem Schorsch Stimmung aufkommt? Was macht Ihnen Freude im Leben? Und bitte seien Sie ehrlich zu sich. Denken Sie nicht daran, was Ihr Ehepartner oder Ihre Schwiegermutter gut finden könnte, sondern hören Sie ganz allein auf Ihre innere Stimme. Sie können ja Ihre Liste anschließend gleich verbrennen, damit sie keinem Unbefugten in die Finger kommt.

Stop! Bevor Sie weiterlesen: Haben Sie die Übung tatsächlich durchgeführt? Wenn nein, dann bitte ich Sie noch einmal, tun Sie es! Allein durch das Lesen dieses Buches verändert sich nichts. Sie müssen handeln!

Sie werden beim Schreiben gespürt haben, welche Punkte Sie ganz besonders mögen. Haben Sie diesen Energieschub bemerkt? Dieses innere Feuer, das da aufflackert? Das ist echte Begeisterung. Wenn Sie an so etwas arbeiten können, dann ist Ihnen der Erfolg gewiß.

Vielleicht möchten Sie noch eine zweite Analyse erstellen, nämlich «was kann ich?» Wenn Sie das, was Sie mögen und das, was Sie können, verbinden und zu Ihrer Lebensaufgabe bestimmen, dann werden Sie nicht nur glücklich, sondern auch reich. Das meinte Henry David Thoreau wohl auch mit seiner Aussage: «Wenn Sie sich aufmachen und mutig das Leben leben, das Sie sich erträumt haben, werden Sie mit Erfolg gesegnet werden, den Sie sich in Ihren gewöhnlichen Stunden niemals vorstellen konnten.»

Ja, schon gut. Ich höre das kollektive Gemurmel meiner Leser: «Ja, aber ich habe Kinder, ich habe einen Bausparvertrag, ich habe einen Job, ich habe eine Verantwortung, ich kann doch nicht einfach...» Es ist Ihr gutes Recht, dies als Ausrede zu benützen. Es ist aber auch Ihr gutes Recht, der Aussage Thoreaus Glauben zu schenken und mutig voranzuschreiten in Richtung Ihrer Träume. Natürlich brauchen Sie etwas mehr als nur den Traum. Sie müssen ihn schon selbst verwirklichen, denn das nimmt Ihnen keiner ab. Wie man das anpackt, erfahren Sie, wenn Sie weiterlesen.

7. Ein Ziel ist ein Traum mit Ultimatum

Zugegeben. Das Wort «Ultimatum» klingt etwas hart in diesem Zusammenhang. Die Amerikaner sagen: «A goal is a dream with a deadline.» Auch das klingt nicht viel besser. Was ich damit sagen will, ist folgendes: Wenn Sie sich immer wieder Zeit zum Träumen nehmen, werden Sie auf Dinge stoßen, bei denen Sie sagen: «Jawohl, das ist machbar. Laßt uns das anpacken. Bis wann können wir das erreichen?» Und dann setzen Sie sich einen Termin. Der muß natürlich realistisch sein. Nicht zu weit weg, damit Sie auch tüchtig gefordert werden. Aber auch nicht zu knapp, sonst machen sich Hetze und Frustration breit.

Wer es schafft, seine Träume in Ziele umzuwandeln, dem steht die Welt offen. Er wird Überdurchschnittliches vollbringen und aus der großen, trägen Menschheits-Masse herausragen. Ich sage immer: «Er zahlt die Luft, die er auf diesem Planeten verbraucht, in Heller und Pfennig zurück.»

Wenn Sie an Ihren Zielen arbeiten, denken Sie stets daran: Was denkbar ist, ist auch machbar. Wir müssen das

Machbare zuerst einmal denken, bevor es eine Chance hat, sich in der materiellen Welt niederzuschlagen. Malen Sie sich Ihr Ziel aus. Spielen Sie jeden Tag in Gedanken den Augenblick durch, an dem Sie Ihr Ziel erreichen. Programmieren Sie Ihr Unterbewußtsein, geben Sie Ihrem Schorsch die Bestellung auf. Wenn Sie sich zum Beispiel wünschen, den Pilotenschein zu machen, stellen Sie sich detailgenau vor, wie Sie im Cockpit sitzen und Ihre Maschine steuern. Wenn es Ihr sehnlichster Wunsch ist, Weiterbildungsseminare zu veranstalten, spielen Sie so ein Seminar für sich zu Hause durch. Malen Sie sich aus, wie die Teilnehmer sich bei Ihnen herzlich bedanken und vor Begeisterung überschwappen.

So ganz nebenbei: Vor sechs Jahren habe ich beim Stichwort «Verkauf» noch gelacht. «Ich, ein Verkäufer? Das kann ich nicht.» Irgendwann habe ich den Gedanken dann doch zugelassen, und heute leite ich ein Superlearning-Verkaufsseminar, das selbst in Fachkreisen sehr gut ankommt. In nur sechs Jahren habe ich also den Sprung vom Anti-Verkäufer zum Top-Verkaufstrainer geschafft. So etwas muß zuerst einmal gedacht werden, bevor man es in die Tat umsetzen kann.

Ein wichtiger Tip: Formulieren Sie Ihr Ziel immer in der Gegenwartssprache, so, als hätten Sie es bereits erreicht. Stellen Sie sich einfach vor, es wäre heute in einem Jahr und Sie würden vor Ihrer Belegschaft oder Ihrer Familie eine Rede halten. Das könnte etwa so klingen: «Wir sind heute ein Betrieb mit 15 zufriedenen Mitarbeitern. Unsere Auftragslage ist ausgezeichnet. Unsere Kunden bleiben uns treu, weil sie wissen, daß wir ihnen mehr bieten als die Konkurrenz. In unserer Firma herrscht ein vorzügliches Arbeitsklima, weil jeder optimal gefordert und gefördert wird und seine privaten Ziele verwirklichen kann. Wir haben im letzten Jahr einen Umsatz von drei Millionen bei einem Cash Flow von 300000 erzielt.»

Warum man das so formulieren muß? Ganz einfach. Der Schorsch, also Ihr Unterbewußtsein, kann nicht unterscheiden zwischen Realität und Phantasie. Das ist sehr leicht beweisbar. Wer von Ihnen hat schon mal im Kino geweint? Na, seien Sie ehrlich! Sie können gar nichts dafür. Selbst wenn Sie sich unaufhörlich einreden, daß ja alles nur Kino sei, Ihr Schorsch kann das nicht begreifen. Für ihn ist alles, was da vorne auf der Leinwand geschieht, Realität. Ein weiterer Beweis, der Sie vollends überzeugen wird: Stellen Sie sich eine Zitrone vor. Eine schöne, saftige, gelbe Zitrone. Haben Sie's? Können Sie sie deutlich vor sich sehen? Jetzt nehmen Sie in Gedanken ein Küchenmesser und schneiden diese Zitrone entzwei. Und nun nehmen Sie eine der Zitronenhälften, führen sie zum Mund und beißen kräftig hinein. Haben Sie etwas gespürt? Wenn man Ihre Speichel-Absonderung gemessen hätte, dann wäre mit großer Wahrscheinlichkeit eine Zunahme feststellbar gewesen. Dabei war doch alles nur Phantasie!

Sie haben daraus zwei Dinge gelernt. Erstens: Das Unterbewußtsein kann nicht unterscheiden zwischen Realität und Phantasie. Und zweitens: Sie sind offensichtlich imstande, Ihre Körperfunktionen mit Hilfe Ihrer Phantasie zu steuern.

Gewisse Denker leiten aus diesen Erkenntnissen die folgende Regel ab: Jeder Gedanke, wenn er nur lange und intensiv genug gedacht wird, schlägt sich im Materiellen nieder. Jetzt wird's schon fast übersinnlich, finden Sie nicht?

Kehren wir also zurück auf den Boden der Tatsachen. Das nächste Kapitel artet in Arbeit aus.

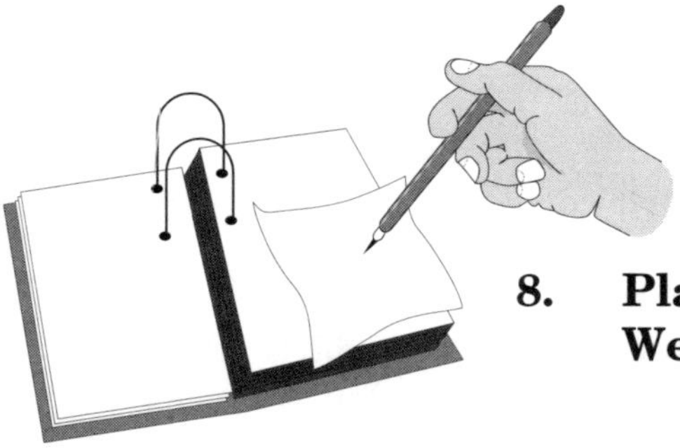

8. Planen – das Werkzeug der Profis

Wenn Sie Ihr Ziel im Terminkalender eingetragen haben, geht es ans Planen. Jetzt sollten Sie eine Liste der Vorkehrungen erstellen, die zu treffen sind. Wen muß ich anrufen? Was muß ich bestellen? Wo bekomme ich welche Auskunft? Was kann ich delegieren und an wen? Bis wann sollten die einzelnen Teilziele erledigt sein? Genau bei diesem Schritt scheitern leider viele Menschen. Sie können zwar hervorragend träumen, und sie schaffen es sogar, aus ihrem Traum ein Ziel zu formulieren. Und dann landet die ganze Geschichte in der Schublade. Die Arbeit soll ein anderer machen.

Zum Planen verwende ich persönlich ein Zeitplanbuch, das neben einer Jahres-, Monats- und Tagesplanung auch eine Datenbank mit Zielsetzungen, Projektskizzen, Aktivitäts-Checklisten und Adressen enthält. Ich nenne es mein persönliches «Lebens-Drehbuch». Es lohnt sich, ein wenig in die Philosophie dieser Systeme einzutauchen. Manche Verlage bieten begleitende Video- oder Tonband-Kassetten an. Ich würde Ihnen sogar ein Intensiv-Seminar zum Thema Zeitmanagement empfehlen. Das ist mit Sicherheit eine der besten Investitionen, die Sie tätigen können. Denn wenn Sie später die gleiche Arbeit in einem Drittel der Zeit erledigen, schlägt sich das nicht nur in einem glücklicheren Privatleben, sondern auch in einem dickeren Geldbeutel nieder.

Wenn Sie Ihre Aktivitäten-Liste für jedes Ziel oder Teilziel zusammengestellt haben, sollten Sie die Prioritäten setzen. Nun, damit ist es so eine Sache. Was ist wirklich wichtig? Ist der Kunde, der auf eine sofortige Lieferung drängt, wirklich wichtiger als Ihre Tennisstunde, die Sie eingeplant hatten? Kommt drauf an. Wenn es sich um einen sehr angenehmen Kunden mit großem Umsatzvolumen und tadelloser Zahlungsmoral handelt, dann würde ich das Match schon mal verschieben. Handelt es sich jedoch um einen umsatzschwachen Nörgler, den Sie immer dreimal zur Zahlung auffordern müssen, dann sollte Ihre körperliche Gesundheit vorgehen. Das klingt alles selbstverständlich. Aber ich habe Dutzende von Kleinbetrieben angetroffen, die genau daran gescheitert sind. Oft gingen die gleichen Betriebe auch den sogenannten Profi(t)-Reklamierern auf den Leim. Dieses Thema werden wir im Kapitel 10 noch ausführlich behandeln. Einer meiner Kunden hat es einmal auf den Punkt gebracht: «Für Scheißkunden zu Scheißkonditionen Scheißarbeit verrichten, das ist wirklich Scheiße!» Verzeihen Sie mir diese grobe Sprache, aber sie ist so aussagekräftig.

Sie sehen also: Es lohnt sich, Ihre Kunden einmal in A-, B- und C-Kunden aufzuteilen. Diese Gliederung wird Ihnen beim Setzen der Prioritäten eine große Hilfe sein. Weiter sollten Sie lernen, zwischen «wichtig» und «dringend» zu unterscheiden. Wenn Sie immer nur das Dringende erledigen, gehen Sie im Tagesgeschäft völlig unter. Fast jeder Herzinfarkt-Kandidat, den ich bisher kennengelernt habe, litt unter dieser «Dringeritis». Diese Krankheit bringt nicht nur eine übermäßige Hetze ins Leben. Sie verhindert gleichzeitig auch, daß wichtige Aufgaben – sprich längerfristige Ziele – ernsthaft angepackt werden. Und damit fehlt Ihnen die tägliche Motivation. Kein Mensch holt sich seine Tatkraft aus dem Tagesgeschäft! Sehen Sie, ich habe auf zwei ganze Monatsumsätze verzichtet, nur um dieses Buch schreiben zu können, das ich für Sie und mich als wichtig erachte. Damit will ich ausdrücken, daß Sie für die Verwirklichung eines Traums auch mal ein finanzielles Tief in Kauf nehmen müssen. Und selbstverständlich geht es nicht ohne harte Arbeit. Die kann aber einen Heidenspaß machen, wenn Sie sie richtig anpacken. Wie das geht, erfahren Sie gleich.

9. Wenn harte Arbeit Spaß macht

Fragen Sie einmal hundert Menschen, ob ihnen ihre Arbeit Spaß mache. Fünfzig davon werden Ihnen wahrscheinlich antworten: «Wenn Arbeit Spaß macht, ist es keine Arbeit mehr.» Die andern fünfzig werden behaupten, ihre Tätigkeit sei sehr abwechslungsreich. Ja, ihr Beruf sei eigentlich ihr Hobby. Fragen Sie nun die Vertreter der zweiten Gruppe weiter, was sie denn täten, wenn sie nur noch ein halbes Jahr zu leben hätten. Nur bei etwa drei davon wird der Beruf noch vorkommen, weil er nämlich zu ihrem Leben gehört. Bei den restlichen siebenundvierzig spielt ihre berufliche Tätigkeit im letzten halben Lebensjahr keine Rolle mehr. Folglich macht die Arbeit nur etwa drei Prozent der Bevölkerung wirklich Spaß. Interessanterweise sind es genau diejenigen drei Prozent, die man als erfolgreich bezeichnen könnte.

Weiter kann man feststellen, daß die besagten drei Prozent genau nach unserer Erfolgsformel aus Abschnitt 5 leben: Träumen, Ziele setzen, Planen, Prioritäten setzen, Arbeiten, Belohnen. Interessant, finden Sie nicht?

Das amerikanische Warenhaus Macy's litt einmal an einem Mangel an ausgebildeten Führungskräften. Also entschloß man sich, Annoncen aufzugeben mit dem Angebot für kostenloses Management-Training. Wenn jemand dieses Training erfolgreich abgeschlossen hatte, sollte er sich für einen bestimmten Zeitraum als Kader-Mitglied verpflichten. Als die Gewerkschafts-Funktionäre dies erfuhren, protestierten sie lauthals gegen eine solche Lösung. Man könne die Kaderleute doch aus den eigenen Reihen rekrutieren, hieß es. Erstaunlicherweise willigte die Geschäftleitung sofort ein. Man entschloß sich, den Mitarbeitern eine kostenlose Ausbildung anzubieten. Diese hätten lediglich pro Woche vier Stunden Freizeit zu opfern. Donnerstags und freitags von 17 bis 19 Uhr würde nämlich besagtes Training stattfinden. Der Vorschlag wurde von der Gewerkschaft bejubelt, und sogar die Presse war des Lobes voll über Macy's vorbildliche, soziale Einstellung. Und nun raten Sie mal, wieviele Personen sich für diese Ausbildung anmeldeten? Nur gerade drei Prozent der Belegschaft packte die Gelegenheit beim Schopf! Der Rest sagte sich wohl: «He, Moment mal! Ich soll vier Stunden länger arbeiten? Ohne mich!» Wenn Sie den Lebenslauf dieser Menschen weiterverfolgen, dann stecken die mit großer Wahrscheinlichkeit auch in zehn Jahren noch am selben Ort und beklagen sich über ihren Chef. Die restlichen drei Prozent sind längst Abteilungsleiter oder besitzen sogar ein eigenes kleines Warenhaus.

Wayne Dyer gibt auf einer seiner Kassetten ein weiteres Beispiel: In den Supermärkten Amerikas gibt es die sogenannten «Baggers». Das sind Jungs oder Mädchen, die Ihnen an der Kasse Ihre Einkaufstasche packen helfen. Wayne Dyer unterscheidet nun zwischen «Single Baggers», «Double Baggers» und «Triple Baggers». Der «Single Bagger» packt die Tasche so langsam, daß der Kassier seine Arbeit laufend unterbrechen muß, um ihm zu helfen. Dazu macht er ein völlig unbeteiligtes, griesgrämiges Gesicht. Nun könnten Sie versucht sein zu sagen: «Na ja, das ist auch ein wirklich mühsamer und langweiliger Job.» Nein, stimmt nicht! Denn zwei Kassen weiter schuftet ein «Double Bagger». Er bedient zwei Kassen gleichzeitig, hat für jede Kundin ein Lächeln, gibt zwischendurch noch Auskünfte und scheint sein Leben in vollen Zügen zu genießen. Der gleiche Job. Die gleiche Bezahlung. Zwei völlig verschiedene Einstellungen.

Nun erzählen Sie diese Story einmal einem Psychiater. Manch einer wird Ihnen sagen, daß Ihre Mutter schuld war an Ihrer griesgrämigen Lebenseinstellung. Hätte sie Ihre Schwester nicht ungerechterweise bevorzugt, dann müßten Sie sich heute nicht mit Ihrem schweren Minderwertigkeitskomplex durchs Leben schleppen. Vielleicht leiden Sie zusätzlich noch unter einem Ödipus- oder Elektra-Komplex. Was soll man da noch von Ihnen erwarten können!

Vergessen Sie's! Ihre Mutter und Ihre Schwester – falls vorhanden – haben heute überhaupt nichts mehr mit Ihnen zu tun. Das ist Geschichte, Vergangenheit, aus und vorbei! Wenn Sie sich einmal mit den reichen Menschen dieser Welt befassen, werden Sie staunen, wie mancher sich da aus absolut widrigen Umständen emporgekämpft hat. Es ist doch interessant: Zwei Söhne eines hoffnungslosen Alkoholikers wurden einmal gefragt, worauf sie ihren Werdegang zurückführten. Der eine war mittlerweile glücklich und wohlhabend, der andere lag genauso in der Gosse wie sein Vater. Wissen Sie, was beide entgegneten? «Kunststück, bei so einem Vater!» Während die väterliche Trinksucht für den einen Sohn Grund genug war, es ihm gleichzutun, stellte es für den anderen eine Herausforderung dar, auf keinen Fall so zu werden wie sein Vater.

Eigentlich heißt dieses Kapitel ja «Wenn harte Arbeit Spaß macht». Ich denke, viel mehr muß ich Ihnen nicht erzählen. Sie haben selbst gespürt, daß Arbeit dann Spaß macht, wenn man motiviert ist. Warten Sie bitte nicht darauf, daß Sie jemand anspornt. Tun Sie es selber. Ich zeige Ihnen im nächsten Abschnitt, wie das geht.

10. Sich selbst belohnen – die psychologische Bombe

Es ist schon erstaunlich, was Mütter so alles zustande bringen. Kürzlich rief mich ein Manager ganz aufgeregt an: «Sie, ich habe mir gerade Ihre Tonbandkassette zum Thema Selbstmotivation angehört. Wissen Sie, was mir am meisten geholfen hat? Das Kapitel über die Selbst-Belohnung. Jedesmal, wenn ich mir etwas kaufe, höre ich meine Mutter sagen: ‹Jetzt wird nicht schon wieder etwas gekauft. Das ist egoistisch. Denk' nicht immer nur an dich.› Ich sage Ihnen, damit ist jetzt Schluß. Ich habe erkannt, daß man sich selber belohnen *muß*, wenn man erfolgreich sein will.»

Das ist richtig. Wenn Sie sich Ziele setzen, müssen Sie gleichzeitig bestimmen, womit Sie sich belohnen, wenn Sie das Ziel erreichen. Das ist Kraftfutter für Ihren Schorsch. Zum Dank dafür liefert er Ihnen zehnmal so viel Energie und Durchhaltewillen. Ehrlich!

Dieses Phänomen läßt sich übrigens leicht erklären. Sie kennen ja schon das Prinzip, daß unser Gehirn nur Dinge tut, die es mit Vergnügen verbindet. Wenn Sie also Geld verdienen möchten, dann müssen Sie damit beginnen, Geld mit Vergnügen zu verbinden.

Überlegen Sie sich jetzt gleich, womit Sie sich in fünf Jahren belohnen werden. Kaufen Sie sich ein Haus? Machen Sie eine Weltreise? Gönnen Sie sich die langersehnte Segelyacht?

Dann bestimmen Sie Ihre Jahresbelohnung. Was kriegen Sie, wenn Sie Ihr Jahresziel erreichen? Gibt's eine Reise nach Amerika? Eine neue Polstergruppe? Eine neue Sport-Ausrüstung? Auch am Ende jedes Monats sollten Sie sich belohnen. Lassen Sie die Korken knallen! Eine sündhaft teure Flasche Wein ganz für Sie allein. Ja, Sie haben es verdient! Ein mörderisch kostspieliges Kleid. Her damit, das Leben findet nur einmal statt! Ein geradezu pervers teures Schmuckstück. Gerade gut genug für Sie!

Aber denken Sie vor allem auch an die kleinen, feinen Belohnungen, die den Alltag so viel schöner machen. Genießen Sie jetzt gleich eine Tasse Kaffee oder Tee. Aber als Belohnung! Das macht zwanzigmal mehr Spaß, als wenn Sie die Kaffeepause nur als lästige Arbeitsunterbrechung betrachten. Wenn Sie das einmal kapiert haben, gewinnen Sie dem Alltag viel mehr Freude ab.

Belohnen Sie sich jährlich, monatlich, wöchentlich, täglich und stündlich. Und genießen Sie Ihre Belohnungen. Denken Sie nicht beim ersten Kaffee schon an den zweiten oder bei der Vorspeise schon an den Hauptgang. Lernen Sie wieder zu genießen. Genießen heißt nämlich auch dankbar sein für alles, was das Leben einem bietet.

Wußten Sie übrigens, daß das Leben genauso empfindlich ist wie Fritzchens Tante? Wenn die zu Besuch kommt, bringt sie Fritzchen immer etwas Schönes mit. Fritzchen freut sich riesig darüber und fällt der Tante um den Hals. Tantchen weiß, daß Fritzchens Freude von Herzen kommt. Und es tut so gut, zu spüren, wie sich jemand freut. Beim nächsten Besuch bringt sie Fritzchen ein noch größeres Geschenk. Fritzchens Begeisterung kennt keine Grenzen mehr. Von nun an schreibt er seiner geliebten Tante jeden Tag einen Dankesbrief. Sie können sich selbst ausmalen, wie die Geschichte weitergeht. Aber vorher muß ich Ihnen noch erzählen, daß die gleiche Tante noch einen zweiten Neffen hat. Uwe heißt er, und wenn er etwas geschenkt bekommt, sagt er kaum danke. Bei Tantchens nächstem Besuch liegt das alte Geschenk noch immer ungeöffnet in einer Ecke. Und dann wundert sich Klein-Uwe, warum seine Tante ihn nicht mehr mag und ihm auch nie wieder etwas schenkt.

«Doof, dieser Uwe», denken Sie jetzt. Aber schauen Sie einmal um sich, wieviele Menschen sich gegenüber dem Leben genauso fahrlässig und gleichgültig verhalten.

Zusammenfassung für Schnell-Leser

1. Erfolg bedeutet nicht nur materiellen Reichtum, sondern vor allem auch seelisches und geistiges Wachsen. Leben heißt Wachsen.

2. Jeder Erfolg beginnt bei der positiven inneren Einstellung. Jeder glückliche und erfolgreiche Mensch sieht sich selbst als glücklich und erfolgreich.

3. Glücklich und erfolgreich zu sein kann man lernen. Aber es bedeutet Arbeit an sich selbst. Und es bedeutet auch: sich immer wieder die Zeit nehmen, um über sich selbst und seine Beziehungen nachzudenken.

4. Eine tausendfach erprobte Erfolgsformel lautet folgendermaßen: Träumen, Ziele setzen, Planen, Prioritäten setzen, Arbeiten, Belohnen.

Das will ich sofort umsetzen:

Landwirtschaft ist Hobby

«Wer ernten will,
muß vorher säen.»

Erste Klage
des mittelständischen Unternehmers:

III. «Was das alles kostet!»

Was die Investitionsfreudigkeit von Klein-Unternehmern betrifft, gibt es nach meiner Erfahrung zwei relativ ungesunde Typen:

Den ersten nenne ich den Angstgeizer oder Kleindenker. Er schreckt grundsätzlich vor jeder Investition zurück, selbst wenn es sich nur um ein paar hundert Mark handelt. Er gibt grundsätzlich nicht gern etwas weg. Er möchte zuerst empfangen, bevor er zurückgibt. Und er findet diese Einstellung die natürlichste Sache der Welt. Genauso natürlich ist für mich, daß dieser Mensch mit seiner Einstellung nicht weiterkommt. Keinem Bauern der Welt kommt es in den Sinn, ernten zu wollen, bevor er gesät hat. Und nicht nur das. Der kluge Bauer weiß auch, daß er sich ein fruchtbares Stück Land suchen muß, daß er den Samen sorgsam auszuwählen hat, daß er den Boden für die Saat vorbereiten, zum richtigen Zeitpunkt säen, gezielt düngen und sich dann vor allen Dingen lange gedulden muß.

Der Kleindenker hat noch ein weiteres Problem. Er sieht sich tatsächlich als klein. Er kann sich schlicht und einfach nicht vorstellen, daß er, sofern er alles richtig macht, einmal Millionär werden könnte. Nein, das möchte er gar nicht. Er hat andere Ziele. Welche denn? Und was ist er bereit dafür zu tun? Ja, eben arbeiten wie alle anderen auch. Aber Arbeit allein macht noch keinen Unternehmer, nicht wahr?

Der Kleindenker glaubt auch nicht, daß er seine Arbeit gut macht. Eigentlich ist er über jeden Auftrag erstaunt, den er bekommt. Wenn der Kunde seine Rechnungen nicht begleicht, denkt er: «Der war offenbar nicht zufrieden mit meiner Arbeit. Na ja, ich kann's ihm nicht verübeln. Ich war's ja selbst auch nicht.»

Logisch, daß dieser Mensch Hemmungen hat, wenn er Mahnungen verschicken soll. Man könnte ja einen guten Kunden verlieren! Der Kleindenker wünscht sich von Herzen, daß seine Kunden die Zahlungsfristen einhalten. Er selber ist mit seinen Zahlungen stets vier Monate im Verzug, und er findet das ganz normal. So schleppt er sich dahin, manchmal nur über Monate, oft jedoch über Jahre hinweg. Er weiß nicht, was er falsch macht, und er will es auch gar nicht wissen. Und wenn er nicht bankrott ist, dann wurstelt er sich noch heute planlos durchs Leben...

Der zweite, fast genauso ungesunde Typ ist der Hochstapler oder Prahler. Irgendwie bringt er es dank seines Charmes fertig, eine Bank oder einen privaten Geldgeber zu einer Investition von 100000 Mark zu bewegen. Dann wird als erstes ein Porsche mit Autotelefon geleast, weil der Hochstapler weiß, daß die Menschen nach ihrer äußeren Erscheinung beurteilt werden. Als nächstes muß ein prunkvolles Büro mitten in der Stadt her, mit den teuersten Büromöbeln ausgestattet, versteht sich. Zwischendurch kauft man der Freundin rasch ein Collier, denn schließlich sollen die Leute ja sehen, daß man jetzt Unternehmer ist. So, und jetzt kann's losgehen. Das heißt, zuerst muß mindestens ein Angestellter her. Wer soll denn sonst die Arbeit machen? Man hat doch nicht eine Firma gegründet, um mehr zu schuften als vorher. Wo kämen wir denn da hin?

Ich weiß, die beiden Beschreibungen klingen völlig überzeichnet. Aber ich versichere Ihnen, ich habe beide Typen kennengelernt. In Zeiten der Hochkonjunktur können sie sich meistens mehr oder weniger durchmogeln. Sobald die Wirtschaft jedoch wieder etwas langsamer läuft, sind das die ersten, die «über die Klinge springen» müssen.

Die meisten erfolgreichen Unternehmer, die ich kenne, sind geschickte Investierer. Sie denken in großen Kategorien, wissen, wohin sie wollen und was sie dazu benötigen. Wichtiges wird ohne zu zögern angeschafft, Unwichtiges kann warten. Um sich Luxus-Investitionen leisten zu können, arbeitet der Großdenker bis tief in die Nacht hinein und selbst am Wochenende. Er geht niemals große Risiken auf Kosten anderer ein. Ich nehme an, Sie gehören zu dieser Kategorie. Den andern beiden ist die Lust an diesem Buch wahrscheinlich vergangen. Ich freue mich, daß wir jetzt unter uns sind!

1. Investitionen, die sich lohnen

Verstehen Sie mich richtig. Ich will Ihnen hier nicht raten, welche Maschinen Sie als Tischler, Fleischermeister oder Gastwirt kaufen sollen. Sie wissen selbst am besten, auf welche branchenspezifischen Geräte Sie angewiesen sind, um die gebotene Qualität gewährleisten zu können.

In diesem Kapitel möchte ich Ihnen lediglich eine Handvoll Tips geben, die ich unabhängig von der Branche sammeln konnte. Ich gebe es Ihnen schriftlich: Wer in diesen Dingen nicht geizt, hat zumindest sehr gute Aussichten auf Erfolg.

Damit Sie die nächsten fünf Abschnitte richtig verstehen, bitte ich Sie um folgendes: Versetzen Sie sich einfach mal in die Lage Ihres potentiellen Kunden. Wenn Sie zum erstenmal von einem Geschäft hören, das Ihnen eventuell etwas Interessantes zu bieten hat, was geht dann in Ihnen vor? Richtig: Sie stellen sich innerlich eine Menge Fragen:

- Gibt es diese Firma schon lange?
- Ist es eine seriöse Firma?
- Wer garantiert mir, daß die ihre Arbeit gut machen?
- Kann ich irgendwo Referenzen einziehen?
- Wird diese Firma Bestand haben oder ist sie eine Eintagsfliege?
- Kümmert sich jemand persönlich um mich?
- Wann sind sie für mich da? Wann und wo kann ich sie erreichen?
- Ist es eine richtige Firma oder mehr so ein Hinterzimmer-Versuchsballon?

Wenn Ihre Firma bereits einige Jahre auf dem Markt ist, wenn Sie über einen renommierten Kundenstamm verfügen und in standesgemäßen Räumlichkeiten hausen, sind diese Fragen leicht zu beantworten.

Was aber, wenn Sie Ihr Unternehmen gerade erst gegründet haben und sich noch nicht auf den Lorbeeren einer etablierten Firma ausruhen können? Dann urteilt Ihr Kunde nach gewissen Äußerlichkeiten, die ihm zeigen, daß es ihnen todernst ist und daß Sie sich nie und nimmer von Ihrem Plan abbringen lassen. Fünf solche Äußerlichkeiten will ich Ihnen in den nächsten vier Abschnitten präsentieren. Ich werde Ihnen auch erklären, welche psychologischen Überlegungen dahinterstecken. Wenn Sie diese «geheimen» Denkvorgänge Ihres Kunden erst einmal begriffen haben, werden Ihnen noch zahlreiche Möglichkeiten einfallen, wie man seine Seriosität auch richtig verkauft.

2. Der Computer, der eine Sekretärin und eine Druckerei ersetzt

Ich bin weit davon entfernt, an dieser Stelle für ein bestimmtes Produkt Werbung betreiben zu wollen. Es ist einfach so, daß ich mehrere Klein-Unternehmen kenne – meines eingeschlossen –, die dank einem ganz bestimmten Personal Computer sehr schnell erfolgreich wurden. Sie wissen schon: Der mit dem angebissenen Obst im Emblem. Ich werde hier also lediglich meine Erfahrungen mit diesem Produkt schildern, das mich immer wieder aufs neue begeistert. Dieser Erfahrungsbericht soll keinesfalls irgendwelche Mitbewerber-Produkte schmälern. Zu letzteren kann ich nur nichts sagen, weil mir schlicht und einfach die Erfahrung fehlt. Es gibt auch nach wie vor vehemente Verfechter der «herkömmlichen» Computer-Technologie, die genauso erfolgreich sind.

Meines Erachtens ist ein Computer zusammen mit einem Laserdrucker eine in mancherlei Hinsicht äußerst kluge Investition für die meisten Kleinbetriebe. Ich will Ihnen auch gleich stichwortartig ein paar Gründe nennen:

1. Sehr kurze Einarbeitungszeit.
2. Äußerst benutzerfreundlich und «anschaulich».
3. Spart Ihnen mindestens eine halbe Sekretariatsstelle.
4. Vereinfacht Ihre Kundenverwaltung.
5. Vereinfacht den Aussand von Werbebriefen.
6. Ermöglicht eine rasche und effiziente Produktion von Flugblättern und Druckvorlagen.
7. Ihre Drucksachen machen vom Erscheinungsbild her einen top-professionellen Eindruck.

Ich setze bei all den Geheimnissen, die ich Ihnen auf den folgenden Seiten verrate, jeweils voraus, daß Sie meinen Rat befolgt haben und einen Computer verwenden. Das eine oder andere können Sie sicher auf herkömmliche Weise erledigen, zum Beispiel mit der Schreibmaschine. Aber mit Sicherheit werden Sie die gleichen Arbeiten via Computer schneller und besser verrichten.

Vor zwei Dingen möchte ich Sie noch warnen:

Erstens sollten Sie nicht das billigste Modell kaufen. Es wird sich sehr rasch als zu leistungsschwach herausstellen. Sie können beim besten Willen nicht mit einem VW Käfer Formel-1-Rennen fahren wollen. Lassen Sie sich von einer kompetenten Firma beraten und fallen Sie nicht auf jene Geschäftemacher herein, die Sie mit einem attraktiven Rabatt ködern wollen. Denken Sie daran: Rabatt kann jeder bieten, Service dagegen nur wenige. Für letzteren werden Sie spätestens dann dankbar sein, wenn ein Teil Ihrer teuren Anlage defekt ist. Wenn dann nämlich die ganze Apparatur tagelang «arbeitsunfähig» rumsteht, geht das ganz schön ins Geld.

Zweitens sollten Sie sich richtig Zeit reservieren, um sich einzuarbeiten. Auch dies habe ich mehr als genug erlebt: Man kauft sich so ein Wunderding in der Hoffnung, daß es einem sämtliche Arbeit abnimmt. Statt dessen steht es dann untätig in einer Ecke, weil man angeblich «nie dazu kommt, sich da einmal einzuarbeiten». Die Handbücher zu dem erwähnten Computer sind sehr übersichtlich und verständlich verfaßt, so daß Sie sich mühelos selbst schulen können. Im übrigen bietet mittlerweile jeder seriöse Händler brauchbare Einführungskurse an.

Ich will es noch einmal sagen: Das Argument «keine Zeit» darf es nicht geben. Stellen Sie sich einmal vor, Ihnen würde eine gute Fee erscheinen. Sie stellt Ihnen folgende Frage: «Lieber Unternehmer, ich garantiere dir, daß du dieses Jahr einen Traum-Umsatz erzielst, sofern du dich einen ganzen Monat lang nur mit diesem Computer beschäftigst. Glaubst du, daß du dein Tagesgeschäft so weit delegieren kannst, daß du das schaffst?» Wären Sie dazu imstande?

Sehen Sie, genau so sollten Sie es machen. Räumen Sie Ihrer Schulung während einer bestimmten Zeit absolute Priorität ein. Wer immer nur sagt «keine Zeit», wird nie welche haben. Wer immer sagt «kein Geld», wird nie welches haben. So einfach ist das.

3. Anrufbeantworter müssen sein!

Seltsamerweise sind es immer ausgesprochen erfolglose Unternehmer, die mir weismachen wollen, ein Anrufbeantworter sei nicht nötig, und die Kunden würden ohnehin keine Nachricht aufs Band sprechen.

Lassen Sie mich ausnahmsweise ganz schulmeisterlich sein. Tatsache ist, daß jede seriöse Firma einen Anrufbeantworter braucht. Das gilt auch dann, wenn das Telefon während der Bürozeiten immer bedient wird. Warum das?

Erstens: Was heißt schon «Bürozeiten»? Ich habe meine Nase in unzählige Büros hineingesteckt und weiß noch heute nicht, was «Bürozeiten» sind. Oder anders gesagt: Ich wundere mich auch heute noch, wenn sich auf einen Anruf um 17 Uhr niemand mehr meldet. Soll ich als Kunde dann einfach raten, was der Grund sein könnte? Arbeiten die von 7 Uhr 30 bis 16 Uhr 30? Ist bei denen heute ein Feiertag? Oder mußte die Sekretärin nur mal rasch weg? Ein Anrufbeantworter würde hier sofort Klarheit schaffen.

Natürlich ist ein Anrufbeantworter nur so gut wie derjenige, der ihn bedient. Eine Firma, die ich kenne, besitzt zwar ein solches Gerät. Nur läuft es die halbe Zeit zu langsam, so daß mich eine furchterregende Zombie-Stimme durch den Hörer anknurrt. Manchmal läuft es gar nicht, weil es entweder nicht eingeschaltet wurde oder gerade mal wieder den Geist aufgegeben hat.

Testen Sie selbst. Prüfen Sie bei fünf erfolgreichen und bei fünf erfolglosen Firmen, ob ein Anrufbeantworter vorhanden ist. Und ziehen Sie dann Ihre eigenen Schlüsse daraus.

4. Ein Fax-Gerät schafft Vertrauen

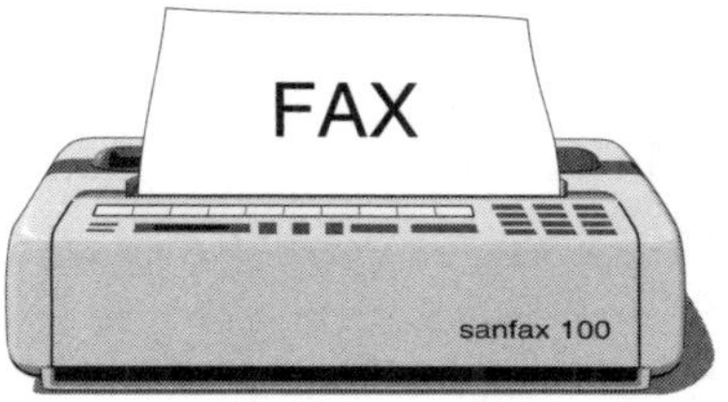

Muß ich noch erklären, was ein Fax-Gerät ist? Nun gut: Mit einem Telefax-Gerät kann man über eine ganz gewöhnliche Telefonleitung Texte, Zeichnungen und Skizzen übermitteln. Vorausgesetzt, der Empfänger verfügt ebenfalls über ein solches Gerät. Der Tarif für eine DIN-A4-Seite ist dabei wesentlich billiger, als wenn man die gleiche Seite per Post verschickt. Der Gerechtigkeit halber müßte man sogar die Eilsendungs-Gebühren als Vergleich heranziehen, da ja die Fax-Übermittlung mit keinerlei Zeitverzögerung vonstatten geht.

Daß man also mit einem Fax-Gerät Portokosten sparen kann, predigt Ihnen mittlerweile jeder Anbieter. Aber nicht nur das: Sie sparen auch wertvolle Zeit, die Sie sonst am Telefon verbringen würden. Stellen Sie sich vor, Sie müssen einen Termin verschieben, den Sie mit einem etwas schwatzhaften Kunden vereinbart haben. Wenn Sie ihn deswegen anrufen, geht garantiert eine halbe Stunde drauf. Per Fax ist die Sache in zwei Minuten erledigt.

Ich möchte Ihre Aufmerksamkeit jedoch auf einen anderen, nicht weniger wichtigen Aspekt lenken. Ein Fax-Gerät schafft nämlich auch Vertrauen. Sagen Sie selbst: Was halten Sie von einer Firma, die heutzutage keinen Fax-Anschluß besitzt? Ich denke mir meistens gleich zwei Dinge: Erstens geht dieses Geschäft nicht mit der Zeit, bietet infolgedessen wohl auch nicht die erwartete Qualität. Und zweitens handelt es sich hier wohl um einen Angstgeizer und Kleindenker.

Die Fax-Gegner haben die mannigfaltigsten Antworten auf Lager, warum sie kein solches Gerät besitzen. Einer sagt mir, er sehe ja ein, daß er einen bräuchte, könne sich so etwas allerdings finanziell nicht leisten. Den Kommentar dazu überlasse ich Ihnen. Ein anderer meint, ein Fax wäre fehl am Platz, weil er ihn bis jetzt auch nie gebraucht hätte. Schließlich gebe es ja auch ein Telefon und für Schriftliches die Post. Mit dieser Argumentation könnten wir selbst eine Schreibmaschine als überflüssig abstempeln, nicht wahr? Schließlich gibt es ja Feder und Tinte! Ein Dritter schließlich leistet sich die Bemerkung, jeder habe heute ein Fax-Gerät, diesen Modetrend mache er nicht mit. Es ist jedermanns gutes Recht, originell sein zu wollen. Aber diese Originalität kann einen teuer zu stehen kommen.

Als ich meine Firma gründete, waren Telefax-Geräte noch wenig gebräuchlich. Daher wollte ich von Anfang an ein Telex-Gerät haben. Die Gebühren dafür waren damals wesentlich teurer als heute für ein Fax, und wenn man es ganz eng betrachtet, sicher nicht lohnenswert. Aber ich bin überzeugt, daß ich dadurch rascher das Zutrauen potentieller Kunden gewonnen habe, so nach dem Motto: «Es scheint sich um eine seriöse Firma zu handeln. Sie besitzt immerhin Telex.» So gesehen dürfen Sie einen Teil Ihrer Fax-Gebühren getrost unter «Werbung» abbuchen.

Sie haben recht. Einen Vorbehalt darf man machen. Für eine Gaststätte, eine Bar, einen Tante-Emma-Laden und ähnliches ist ein Fax-Gerät nicht zwingend. Allerdings würde ich als Inhaber eines solchen Betriebes trotzdem nicht darauf verzichten wollen. Denn schließlich wollen wir ja rascher Erfolg haben als andere, und da ist es empfehlenswert – auch im Kontakt mit den Lieferanten –, einen modernen Eindruck zu machen und neue Wege zu beschreiten.

5. Was bringt ein Autotelefon?

Hier will ich nicht so streng mit Ihnen sein wie in Sachen Telefax. Wenn Sie den ganzen Tag im Geschäft stehen, nützt Ihnen ein Autotelefon herzlich wenig. Sollten Sie allerdings mehr als einen Fünftel Ihrer Arbeitszeit im Auto verbringen, ist auch dies eine sinnvolle Investition. Ich habe etliche Unternehmer getroffen, die sich zuerst dagegen gewehrt hatten und sich dann doch zum Kauf eines Autotelefons entschlossen haben. Schon nach wenigen Tagen sagten sie jeweils einhellig aus, daß sie es nicht mehr missen mochten.

Das häufigste Gegenargument klingt ungefähr so: «Ich muß im Auto nicht erreichbar sein. Wenigstens dort möchte ich meine Ruhe haben. Außerdem gibt es überall Telefonzellen, von wo aus man sein Büro anrufen kann.»

Die häufigsten Argumente *für* ein Autotelefon habe ich durch eine private kleine Umfrage herausgefunden: «Ich brauche mein mobiles Telefon nicht, um erreichbar zu sein, sondern damit ich Telefonate erledigen kann.» Oder: «Wenn ich unterwegs bin, rufe ich von Zeit zu Zeit meine Sekretärin an oder frage meinen Anrufbeantworter ab. Die meisten Anrufe kann ich sofort vom fahrenden Auto aus erledigen. Wenn ich dann ins Büro komme, liegen keine Rückruf-Zettel mehr umher, weil alles schon erledigt ist. So spare ich pro Tag fast eine Stunde Arbeitszeit.» Einen weiteren, interessanten Aspekt brachte diese Aussage: «Meine Autofahrten nutze ich auch, um meine privaten Kontakte zu pflegen. Im Auto stört es mich nicht, wenn ich eine Stunde mit einem Freund quatsche. Das würde ich vom Büro aus allerdings nie tun, denn diese Stunde ginge auf Kosten meiner Arbeitszeit.»

Mehr kann ich zu diesem Thema nicht beitragen. Ich überlasse es Ihnen, die vorgebrachten Argumente zu überdenken und dann dementsprechend zu entscheiden.

6. Buchhaltung – ein Buch mit sieben Siegeln?

Die letzte Investition, die ich Ihnen ans Herz legen möchte, ist ein Buchhaltungskurs. Verzeihen Sie mir, wenn ich wieder schulmeisterlich klinge. Als Unternehmer müssen Sie eine Ahnung von Buchhaltung haben. Das soll nicht heißen, daß Sie Ihr Tagesjournal selbst führen sollen, obwohl das zumindest am Anfang Kosten sparen hilft. Sie sollten jedoch die Grundbegriffe kennen und wissen, wie Buchhaltung funktioniert.

Am besten erkläre ich Ihnen anhand einiger Beispiele, wie es nicht sein sollte. Da habe ich doch tatsächlich einen Klein-Unternehmer getroffen, der mir die ganze Zeit etwas von «roten Zahlen» erzählte, nur weil sein Kontokorrent einen Minus-Saldo aufwies. Als ich die Sache näher untersuchte, konnte ich dem Mann beweisen, daß er Supergewinne einfuhr. Diese Unkenntnis hatte ihn mehrmals daran gehindert, geschickt zu investieren und rasch vorwärtszukommen.

Ein anderer Geschäftsinhaber wollte bei seiner Bank einen Kredit für einen Umbau aufnehmen. Als der Sachbearbeiter eine Aufstellung der Aktivposten verlangte, bekam er zu seinem großen Erstaunen eine Liste sämtlicher Mitarbeiter in die Hand gedrückt.

Genauso wenig vorteilhaft dürfte es sein, wenn Sie Reingewinn mit Umsatz und Cash Flow mit einem Brotaufstrich verwechseln. Verstehen Sie, was ich meine?

Übrigens... so schwierig kann Buchhaltung gar nicht sein. Ich hatte vor der Gründung meiner Firma keinen blassen Schimmer davon. Innerhalb von 14 Tagen eignete ich mir im Selbststudium das notwendige Wissen an. Es war spannend, sage ich Ihnen. Mir ging eine völlig neue Welt auf. Zufälligerweise entdeckte ich in Amerika ein einfaches, aber leistungsfähiges Buchhaltungsprogramm für meinen Computer, und seither erledige ich alles selbst, mitsamt dem Jahresabschluß. Mein Computer ist so nett und spuckt mir automatisch allerlei Grafiken aus, die mir zeigen, wo ich finanziell gerade stehe, ob der Trend zu- oder abnehmend ist, und ob eine größere Investition im Moment ratsam ist oder nicht.

Selbstverständlich gibt es Menschen, die keine Ahnung von Buchhaltung haben und dennoch glücklich und erfolgreich sind. Aber die sind nun einmal die große Ausnahme. Die meisten erfolgreichen Firmeninhaber, die ich kenne, sind in Buchhaltung sattelfest. Die meisten erfolglosen sind es nicht.

Sie haben einmal mehr die Wahl...

Anmerkung des Verlags: Im mvg-Verlag ist in der Zwischenzeit Hans-Peter Zimmermanns Buch «Buchhaltung – ein Kinderspiel» erschienen, eine unterhaltsame Einführung in die Welt der Doppelten Buchführung.

Zusammenfassung für Schnell-Leser

1. Der Grund, weshalb viele Kleinbetriebe scheitern, liegt oftmals in einer schlechten Investitions-Politik begraben. Entweder wird zu großzügig mit dem Geld umgegangen oder zu geizig.

2. Ein Handwerker ohne richtiges Werkzeug ist kein Handwerker. Überlegen Sie sich, welches Werkzeug Sie für eine korrekte und rasche Ausübung Ihrer Tätigkeit benötigen und schaffen Sie es ohne Zögern an. Verschaffen Sie sich notfalls die nötigen Kredite.

3. Gewisse Investitionen wie Computer, Anrufbeantworter, Telefax und Auto-Telefon mögen Ihnen auf den ersten Blick als Luxus erscheinen. Aber sie sind es, die oftmals darüber entscheiden, ob Sie schnell erfolgreich werden oder lange Zeit am Existenzminimum entlangserbeln.

4. Verschaffen Sie sich wenigstens einen Einblick in die Geheimnisse der Buchhaltung. Sie ersparen sich dadurch eine Menge unnötiger Sorgen.

Das will ich sofort umsetzen:

Homepage

«Der Mensch ist der einzige gewinnbringende Faktor im Unternehmen.»
(Robert Kober)

Zweite Klage
des mittelständischen Unternehmers:

IV. «Oh, dieses Personal!»

Falls Sie selbst Angestellter sind, verzeihen Sie mir bitte diese Kapitel-Überschrift. Leider handelt es sich hier um eine allzu oft gehörte Klage. Unternehmer scheinen sich landauf landab schwerzutun mit ihren lieben Mitarbeitern.

Es gibt zahlreiche Bücher zum Thema Mitarbeiterführung und Kommunikation, und es ist sicher zu empfehlen, daß Sie sich einmal mit ein paar Grundbegriffen der Betriebswirtschaft vertraut machen, so daß Sie nicht jedesmal ins Stottern geraten, wenn vom «Harzburger Modell», von «Management by Objectives», von «Linie» und «Stab» oder von «offensiver Führungstaktik» die Rede ist. Nur haben Sie damit Ihre Personalprobleme noch lange nicht gelöst. Ich überlasse daher die Theorie denjenigen, die sie beherrschen und beschränke mich auf eine Handvoll Tips und Tricks aus der Praxis, die lhnen das Leben sofort erleichtern werden. Vorher möchte ich aber mit Ihnen zusammen zwei, drei grundsätzliche Überlegungen zur Personalführung anstellen.

Ein verzweifelter Firmen-Boß faßte seine Erfahrungen einmal so zusammen: «Wenn einer besonders fähig ist, dann beginnt er, dich mit unverschämten Gehaltsforderungen zu erpressen, oder er macht sich selbständig und nimmt die halbe Kundschaft mit. Ist einer unfähig, nützt er dir erstens nichts, und zweitens kostet er dich ein Vermögen. Du kannst es drehen und wenden wie du willst: Der Unternehmer zieht immer den Kürzeren.»

Zugegeben, das ist etwas kraß ausgedrückt. Aber ich verstehe voll und ganz, daß mancher Geschäftsinhaber zu dieser Ansicht gelangt. Friseure zum Beispiel leiden zu Recht unter dem Alptraum, daß der beste Angestellte eine eigene Firma gründet oder zur Konkurrenz wechselt und seine ganze Kundschaft mitnimmt. Die Umsatzflaute ist somit vorprogrammiert. Weiter habe ich zweimal erlebt, daß ein Marketingleiter, der Millionenumsätze erzielte, seinen Chef mit astronomischen Lohnforderungen erpreßte.

Auf der anderen Seite tragen fähige Mitarbeiter natürlich zum Wachstum einer Firma und damit des Chef-Geldbeutels bei. Und irgendeinen Nachteil soll der Unternehmer ja neben dem größeren Risiko und der längeren Arbeitszeit auch noch haben. Sonst würde jeder eine eigene Firma gründen, und dann wär's auch vorbei mit guten Mitarbeitern.

Betrachten wir die Angelegenheit also von der positiven Seite. Was kann der Unternehmer ohne großen Aufwand tun, um ein gutes Arbeitsteam heranzubilden, ein Team, das mit Freude die Unternehmensziele realisieren hilft?

1. Wie finde ich fähige Mitarbeiter?

Zu der Zeit, da ich dieses Buch schreibe, beginnt sich der Arbeitsmarkt bei uns in der Schweiz wieder einigermaßen zu stabilisieren. Es gibt Anzeichen einer leichten bis mittleren Rezession. In den letzten Jahren war die Personalsuche so mühsam wie nie zuvor. Die Gehaltskosten stiegen ins Unermeßliche, die Forderung nach mehr Freizeit wurde immer lauter, und die Mitarbeiter warfen beim kleinsten Problem die Flinte ins Korn.

Daß sich die Wirtschaft wellenförmig entwickelt, weiß mittlerweile jedes Kind. Daß der Arbeitsmarkt dazu eine Gegenströmung bildet, haben wir jetzt auch herausgefunden. Das Interessante dabei ist nur, daß es offensichtlich Betriebe gibt, die zu allen Zeiten fähige Mitarbeiter zu finden imstande sind. Was machen solche Unternehmen besser? Das möchte ich mit Ihnen zusammen herausfinden. Ich werde also ein wenig «aus der Schule plaudern» und wiederum Sie selbst entscheiden lassen, was Sie davon übernehmen möchten.

Zunächst beginnt die Personalsuche damit, daß die Firma auf irgendeine Weise ihren Bedarf kundtut. Entweder informiert sie einzelne Mitarbeiter, oder sie verkündet es der ganzen Belegschaft mittels Schwarzem Brett, Hauszeitung oder Mitarbeiterversammlung. Einige Schweizer Unternehmen sind in ganz «trockenen» Zeiten sogar dazu übergegangen, ihren Angestellten eine Belohnung anzubieten für den Fall, daß sie jemanden für den vakanten Posten finden würden. Sollte sich dieser Jemand als geeignet herausstellen und nach einem Jahr noch immer an seiner Stelle sitzen, würde eine weitere Prämie fällig. Diese Methode hat für mich stets etwas leicht Anrüchiges gehabt. Wenn ich jemanden «bestechen» muß, damit er einen Kollegen dazu überredet, bei mir zu arbeiten... na, ich weiß nicht.

Eine weitere Möglichkeit ist der Weg über Annoncen. Das kann ganz schön ins Geld gehen. Schon manche Firma hat zehn- bis zwanzigtausend Mark in Stellenanzeigen investiert – ohne Erfolg. Vielleicht lohnt es sich, wenn Sie einmal neue Wege beschreiten, damit sich Ihre Annonce von der üblichen «Anzeigen-Suppe» abhebt. Ein ziemlich gewagtes Beispiel sehen Sie auf der nächsten Seite. Diese Annonce habe ich nur einmal aufgegeben. Sie kostete ungefähr 600 Mark und brachte gute vierzig Bewerbungen ein. Davon kamen vier Bewerber in die engere Wahl. Natürlich besteht bei einem solchen Text die Gefahr, daß sich auch Profiteure melden, die einfach mal kostenlos nach Amerika jetten möchten. Da zeigt sich dann, wieviel Ihr Auswahlverfahren taugt und wie gut Ihre Menschenkenntnis ist.

Einmal im Jahr nach Amerika?

Ja, Sie lesen richtig. Damit belohnen wir unseren neuen Aussendienst-Mitarbeiter, wenn er so arbeitet, wie wir es uns vorstellen. Und damit nicht genug: Er bekommt auch ein Gehalt, das seinem Einsatz entspricht. Das könnten 100'000 Franken oder mehr sein. Und damit er seinen Wohlstand auch geniessen kann, braucht er natürlich fünf Wochen Ferien. Logisch.

Was wir verlangen?
Eigentlich fast gar nichts. Jedenfalls kein Diplom. Auf Arbeits-Zeugnisse legen wir auch keinen Wert. Und auf feste Arbeitszeiten schon gar nicht. Wir verlangen nur, dass Sie aktiv sind. Und dass Verkaufen für Sie mehr bedeutet als nur Produkte loszuwerden. Und dass Sie in jedem Moment das Wohl des Kunden vor Augen haben. Das ist in unseren Augen schon eine ganze Menge. Ach ja, in Englisch sollten Sie sich fliessend verständigen können, weil Sie ja ein- bis zweimal jährlich das Hersteller-Werk in Kalifornien besuchen.

Wenn Sie das erfüllen können, bereisen Sie ab sofort oder nach Vereinbarung die Deutsche Schweiz und das Tessin mit unseren konkurrenzlosen Lautsprecher-Anlagen.

Bitte senden Sie keine schriftliche Bewerbung. Wir haben für Sie ein paar Tests vorbereitet, die uns zeigen werden, ob wir zueinander passen. Rufen Sie einfach Herrn Hans-Peter Zimmermann an für ein erstes Rendez-vous. Aber Vorsicht: Ihr Anruf ist schon der erste Test!

031 85 07 95

Eine solche Anzeige kann recht viele Reaktionen bringen, verlangt allerdings ein sehr sorgfältiges Auswahlverfahren, damit Sie keinem Profiteur auf den Leim gehen.

2. Wie schaffe ich eine angenehme Arbeits-Atmosphäre?

Mit dem Arbeitsklima ist es wie mit dem Wetter. Ein gutes Klima macht uns fröhlich und spornt an, ein schlechtes Klima macht gehässig und «löscht ab», wie wir Schweizer sagen.

Woraus setzt sich denn dieses vielzitierte Betriebsklima zusammen? Eine gute Frage. Ich gliedere es in eine körperliche, eine organisatorische, eine materielle und eine psychologische Komponente auf.

Die körperliche Seite haben Sie schnell beisammen. Denken Sie einfach an Ihre fünf Sinne: Sehen, hören, riechen, schmecken und tasten. Ihre Augen möchten bei der Arbeit frische Farben, schöne und zweckmäßige Möbel, gepflegte Pflanzen und fröhliche Menschen sehen. Ihr Ohr möchte möglichst Ruhe haben. Ihre Nase möchte frische Luft einatmen und nicht im Zigarettenrauch ersticken. Beim Geschmacks- und Tastsinn wird's etwas schwieriger. Aber wenn Sie als Geschäftsführer die ersten drei Sinne befriedigen können, sind Sie Ihrer Konkurrenz zwei Nasenlängen voraus. Vor kurzem war ich bei einer Firma zu Besuch, die auf allen drei Gebieten sündigt. Sie haust in uralten, renovierungsbedürftigen Gemäuern mit veraltetem, unzweckmäßigem Mobiliar. Die beiden Inhaber rauchen wie die Schlote, so daß die Sekretärinnen die ganze Zeit das Fenster zur dicht befahrenen Straße aufreißen müssen, wodurch auch noch ein unerträglicher Lärm ins Spiel kommt. Zu dieser Firma werden sich nur wenige freiwillig verirren.

Die zweite Komponente des Betriebsklimas ist organisatorischer Natur. Ist für jeden Mitarbeiter eine Stellenbeschreibung vorhanden, die seine Pflichten und Kompetenzen eindeutig regelt? Wird jeder Mitarbeiter genügend informiert? Wer informiert wen und wann?

Hier spricht man auch oft von Bring- und Hol-Schuld. Bring-Schuld heißt, daß der Mitarbeiter regelmäßig bestimmte Informationen einem anderen Mitarbeiter oder einer ganzen Abteilung bringen muß. Hol-Schuld bedeutet, daß er sich die nötigen Informationen an geeigneter Stelle selbst zu holen hat. Dies alles sollte in der Stellenbeschreibung klar geregelt sein.

Weiter sollte die Arbeitszeit so organisiert sein, daß sie sowohl einem reibungslosen Betrieb als auch dem Arbeitsrhythmus des Mitarbeiters entgegenkommt. Gleitende Arbeitszeiten und andere flexible Zeitmodelle kommen dieser Forderung entgegen und haben sich in den meisten Fällen bewährt.

Was Sie ebenfalls nicht unterschätzen sollten, ist die Pausenregelung. Steht ein Aufenthaltsraum zur Verfügung oder muß sich der Mitarbeiter «fliegend» an seinem Arbeitsplatz zwischenverpflegen? Hat er die Wahl zwischen verschiedenen Pausengetränken oder muß er sich mit drittklassigem Kaffee begnügen? Was ist, wenn er zwischendurch einmal Hunger hat? Kann er sich an einem Snack-Automaten bedienen oder muß er warten bis zur Mittagspause oder zum Feierabend?

Als ich einmal einem Kunden Vorschläge zur Verbesserung seines Arbeitsklimas unterbreitete, meinte er lakonisch: «Mein Personal ist zum Arbeiten da und nicht zum Kaffeetrinken.» Erstaunt es Sie, daß dieser Betrieb einen überdurchschnittlichen Personalwechsel zu beklagen hat?

Die dritte Komponente des Betriebsklimas ist die materielle. Basieren die Gehälter Ihrer Mitarbeiter auf einer klaren und offenen Lohnstruktur? Oder kriegt jeder einfach das, was er verlangt? Sind Prämien, Provisionen, Spesen und Gratifikationen deutlich und gerecht geregelt? Oder verdienen die Frechen mehr als die Schüchternen? Ich habe einmal kurze Zeit in einem Betrieb gearbeitet, in dem einfach jeder so viel bekam, wie er verlangte. Das Resultat: Ein Projektleiter, der zehn Jahre älter war als ich und über wesentlich mehr Erfahrung verfügte, verdiente gute tausend Franken weniger. Als wir das herausfanden, mochten wir beide nicht mehr dort arbeiten, weil uns eine solche Lohnpolitik als zu unseriös erschien.

Bleibt noch die vierte Komponente, das psychologische Klima. Hier gilt der Leitsatz «Wie oben, so unten». Sie können sich darauf verlassen: Wenn Sie in eine Firma kommen, und die Menschen wirken unfreundlich, gehässig, ängstlich und unkooperativ, dann zieht sich diese Haltung durch alle Etagen bis zum obersten Boß durch.

Die oberste Aufgabe eines Vorgesetzten heißt «Stimmung verbreiten». Ein Manager, der vier Fachgeschäfte leitete, besuchte mein Verkaufsseminar und klagte mir in einer Pause sein Leid: «Es ist einfach furchtbar. Meine Mitarbeiter wirken so gestreßt und unpersönlich. Nie haben sie Zeit, und alles muß man selber machen.» Ich fragte ihn dann: «Wie oft gehst du in deinen Filialen vorbei und schaust nach dem Rechten?» «Na, so einmal im Monat, sofern die Zeit reicht.» «Und wieviel Zeit nimmst du dir für diese Besuche?» wollte ich weiter wissen. «Wenig», war die Antwort, «es muß immer sehr schnell gehen, denn schließlich wartet die eigentliche Arbeit auf mich.»

Also, da lag der Hase im Pfeffer. Dieser Mensch zischte gestreßt und gehetzt durch seine Filialen und wunderte sich, wenn die Mitarbeiter es ihm gleichtaten. Mein Ratschlag lautete folgendermaßen: «Nimm dir jede Woche einen Tag Zeit. An diesem Tag tust du nichts anderes als in deinen vier Filialen Stimmung zu verbreiten. Sprich mit den Mitarbeitern, schenke ihnen ein Lächeln, danke ihnen für ihren Einsatz und hilf allfällige Probleme lösen. Du sagst dir, daß dies deine wichtigste und härteste Arbeit der ganzen Woche ist, und du belohnst dich am Abend mit einem schönen Essen, einem Kinobesuch oder sonst etwas Nettem.» Was glauben

Sie, hat es geholfen? Und ob! Seine Mitarbeiter sind jetzt topmotiviert und zerreißen sich fast für ihren Chef.

Als Vorgesetzter sollten Sie sich also daran gewöhnen, daß Arbeit nicht nur aus körperlicher Schufterei besteht. Viel wichtiger ist das Tanken und Weitergeben von Energien. Überlegen Sie einmal, was man für erfolgreiche Arbeit am Computer alles braucht. Richtig: Sie brauchen eine leistungsfähige Hardware, eine gute Software und... ja, was bitte noch? Genügend Strom! Sie sind also so etwas wie die Steckdose des Betriebes. Machen Sie ja nicht den Fehler, diese Aufgabe zu unterschätzen!

3. Wie beuge ich Gerüchten und Unzufriedenheit vor?

Was tun Sie, wenn Ihnen folgendes passiert? Frau Meier erzählt Ihnen, Herr Müller verbreite im ganzen Betrieb das Gerücht, daß Ihre Firma bald bankrott sei, daß der Januar-Umsatz nicht einmal die Gehaltskosten decke, daß Sie dem Herrn Fehlmann wegen einer persönlichen Antipathie gekündigt hätten, und daß bald weitere Kündigungen fällig würden.

Sie haben recht. Wenn Sie Ihr Betriebsklima so auf Vordermann bringen, wie wir es in den vorangegangenen Kapiteln besprochen haben, dann passiert Ihnen so etwas höchstwahrscheinlich nicht. Gesetzt den Fall, es passiert doch - und ich habe es in mehreren Betrieben erlebt -, wie reagieren Sie? Nun, Sie können den Müller, diesen hinterhältigen Gerüchtekoch, mit Ach und Krach entlassen. Damit verstärken Sie allerdings den Eindruck eines autoritären Führungsstils. Und nicht selten hat dies zur Folge, daß Ihnen Ihre besten Mitarbeiter davonlaufen.

Viel besser ist folgendes Vorgehen: Informieren Sie Ihre Mitarbeiter aus erster Hand. Und zwar am besten in Form eines Mitarbeiterbriefes. Das gilt auch dann, wenn Ihre Firma nur über wenig Personal verfügt. Schon ab einer Betriebsgröße von vier Mitarbeitern kann die Kommunikation nämlich zum Problem werden. Wenn Sie einen leistungsfähigen Computer besitzen, ist ein Mitarbeiterbrief die einfachste Sache der Welt. Sie schreiben den Brief, holen die entsprechende Steuerdatei mit den Anschriften Ihres Personals auf den Bildschirm, und auf Knopfdruck bekommt jeder Mitarbeiter seinen persönlich adressierten Brief nach Hause geschickt. Bevor ich Ihnen verrate, was in diesem Brief stehen soll, möchte ich Ihnen ans Herz legen, daß Sie ihn tatsächlich jedem Mitarbeiter nach Hause schicken. Sollten Sie, um Portokosten zu sparen, die Briefe im Betrieb verteilen, ist die ganze Aktion nicht einmal mehr die Hälfte wert.

Was soll in diesem Mitarbeiterbrief stehen? Ich beginne meistens mit einem Dank für den Einsatz im vergangenen Monat. Dann informiere ich über den Geschäftsgang. Dabei ist es unnötig, daß Sie genaue Zahlen bekanntgeben. Es genügen Formulierungen wie «Der Auftragseingang im Januar war überdurchschnittlich hoch» oder «natürlich haben auch wir die Golfkrise ein wenig zu spüren bekommen, was jedoch kein Grund zur Beunruhigung ist». Das genügt, um die Mitarbeiter zu motivieren oder zu beruhigen. Wenn ich besonders renommierte Kunden gewinnen konnte, dann gebe ich das bekannt und sage auch, daß «wir alle» darauf stolz sein dürfen.

Ein weiteres, wichtiges Kapitel sind die Ab- und Zugänge. Ich schreibe zum Beispiel: «Leider verläßt uns Herr Peter Fehlmann am Ende des Monats, weil er sich in der EDV weiterbilden möchte. Ich bedaure das sehr und wünsche ihm von Herzen alles Gute für die Zukunft. Ich freue mich, daß wir als seine Nachfolgerin Frau Heidi Brühler gewinnen konnten. Wir sind durch Empfehlung unseres Herrn Glemp auf sie gestoßen, wofür wir ihm nachträglich ganz herzlich danken möchten. Frau Brühler hat die letzten fünf Jahre in der Firma XY die Abteilung ABC geleitet und wird sich mit ihrer fröhlichen Art sicher vorzüglich in unserem Team zurechtfinden.»

Sehen Sie, wie viele Fliegen Sie da mit einer Klappe schlagen? Sie danken, motivieren, informieren, und gleichzeitig beugen Sie Gerüchten vor. Probieren Sie es aus. Schreiben Sie im nächsten halben Jahr jeden Monat einen Mitarbeiterbrief, und prüfen Sie dann, ob sich in Ihrer Firma etwas verändert hat. Ich persönlich konnte bei vielen Firmen Unzufriedenheit und häufigen Personalwechsel mit diesem einfachen Trick stoppen.

Zusätzlich zum Mitarbeiterbrief empfehle ich Ihnen sogenannte Mitarbeitergespräche. Das bedingt jedoch, daß die Belegschaft Ihnen vertraut. Wenn das nicht restlos der Fall ist, sollten Sie diese Gespräche durch einen externen Berater durchführen lassen. Ich habe das mehrmals im Auftrag eines Kunden getan. Da passieren ganz erstaunliche Sachen. Ich eröffnete das Gespräch jeweils etwa so: «Die Philosophie dieser Firma lautet ‹dem Mitarbeiter zum Erfolg verhelfen›. Damit wir das tun können, müssen wir allerdings wissen, was für Sie Erfolg bedeutet. Was erwarten Sie von Ihrer Arbeit? Was macht Sie glücklich? Wo sehen Sie Ihre Stärken und wo haben Sie Schwächen? Welche Geräte würden Sie anschaffen, falls Sie den nötigen Kredit zugesprochen erhielten?» Selbstverständlich versichere ich dem Mitarbeiter, daß ich das Gespräch vertraulich behandeln werde und nur auf seinen ausdrücklichen Wunsch Ausschnitte davon weiterverwende.

Sie glauben gar nicht, wie einfach Sie auf diese Weise Probleme lösen können. Ein älterer Mitarbeiter vertraute mir an, daß er nur Teilzeit-Angestellter sei und daneben noch einen eigenen kleinen Betrieb führe. Die Rentenkasse erlaube es nicht, sonst hätte er sich längst fest anstellen lassen und seine eigene Firma aufgegeben. Wir wurden uns einig, daß ich das mit dem Chef besprechen dürfte. Der war hell begeistert, meinte, die Renten-Versicherung sei überhaupt kein Problem und erkor den besagten Mitarbeiter sofort zum Sektorchef bei gleichzeitiger Gehaltserhöhung. Als ich von dem Mann wissen wollte, warum er seinen Wunsch nie zur Sprache gebracht habe, meinte er nur: «Es hat sich halt nie ergeben.»

Ein anderer Mitarbeiter beklagte sich über ein veraltetes Werkzeug, eine elektrische Säge, die ich nach einem Augenschein als katastrophal gefährlich beurteilte. Auch dieser Mangel wurde dem Chef nie mitgeteilt. Warum, weiß kein Mensch.

4. Wenn man nicht alles selber macht...

Nachdem ich dem besagten Unternehmer mitgeteilt hatte, die Säge im Keller müsse allein schon wegen der Vorschriften der Unfallversicherung ersetzt werden, fand ich ihn am nächsten Tag inmitten eines Berges von Werkzeug-Katalogen. «Was tun Sie da?», fragte ich erstaunt. «Na, was wohl», meinte er, «eine neue Säge aussuchen. Jetzt blättere ich schon eine geschlagene Stunde in diesen Katalogen und kann mich noch immer nicht entscheiden.»

Sie haben es bereits erraten. Hier handelt es sich um eine weitere Krankheit des mittelständischen Unternehmers, die «Selbermacheritis». Erstens vergeudete dieser Mensch seine teure Chef-Arbeitszeit für eine Sache, von der er keine Ahnung hatte. Und zweitens wäre sein Mitarbeiter wahrscheinlich völlig frustriert gewesen, wenn man ihm einfach irgendeine neue Säge in die Hand gedrückt hätte, ohne ihn um Rat gefragt zu haben. Das war nun wirklich ein typischer Fall zum Delegieren.

Der Mitarbeiter wurde ins Büro gerufen, und wir gaben ihm grünes Licht, eine Säge anzuschaffen. Sie hätten sehen sollen, wie der strahlte! Er durfte sich seine Wunschsäge kaufen, und der Chef hatte ein Problem weniger am Hals. Dieser Vorfall hat sich noch monatelang positiv auf die Moral dieses Mitarbeiters ausgewirkt.

Wann immer ein Unternehmer unter «Selbermacheritis» litt, konnte ich zwei unterschiedliche «Krankheitsbilder» feststellen.

Der erste Typ ist ein sehr fähiger, aber leider auch ungeduldiger Machertyp. Er stellt außergewöhnlich hohe Anforderungen an sich selbst und kann sie meistens auch erfüllen. Nun macht er den Fehler, daß er seine Mitarbeiter mit den gleichen Ellen mißt. Wenn dann etwas schief läuft oder für seine Begriffe zu langsam geht, meldet sich seine Ungeduld, und die Standard-Phrase «Wenn man nicht alles selber macht» ist geboren.

Der zweite «Selbermacheritis»-Typ leidet an einem Minderwertigkeitskomplex. Er fürchtet, daß ihm die Felle davonschwimmen, sofern er nicht in jedem Geschäft seine Finger, seine Nase und meinetwegen noch andere Körperteile drin hat. Er fürchtet sich vor dem Tag, an dem die Belegschaft ihn nicht mehr ins Büro läßt, weil er «nur noch stört».

Falls Sie sich in einem der beiden Typen wiedererkannt haben, ist das keine Schande. Viele Unternehmer leiden unter diesen Symptomen. Ich könnte lhnen jetzt die schönsten Delegationstheorien auftischen, nur nützen die Ihnen herzlich wenig, solange Sie Ihre Einstellung nicht ändern.

Verwenden Sie die Hinweise in Kapitel 2 und sagen Sie sich ein Jahr lang jeden Morgen und jeden Abend zwanzigmal laut vor: «Ich bin ein wertvoller und wunderbarer Mensch. Ich konzentriere mich auf die für mich wichtigen Aufgaben und delegiere alles andere an meine tüchtigen Mitarbeiter. Ich gebe ihnen dafür die nötige Kompetenz und Verantwortung.»

5. Keine Zeit!

Keine Zeit! Man muß sich zuerst einmal der Ungeheuerlichkeit dieses Ausspruchs bewußt werden. Zeit ist nämlich nichts anderes als Leben, nicht wahr? Und nun ersetzen Sie einmal in den folgenden achtlos verwendeten Sprüchen das Wort «Zeit» durch «Leben»: «Keine Zeit», «die Zeit totschlagen», «die Zeit vertrödeln», «Zeit verschenken».

In einer Kirche habe ich einmal eine Broschüre gefunden mit dem Titel: «Leben ist die Zeit, die der Tod gewährt.» Das trifft. Wann immer Sie sich zum Satz «keine Zeit» hinreißen lassen, halten Sie inne und überlegen Sie sich, wieviel Zeit Ihnen der Tod gewährt und wofür Sie sie eigentlich nutzen.

Stefan Boëthius und Hansruedi Zellweger empfehlen im Buch «Heute beginnt der Rest Deines Lebens» eine hervorragende Übung. Ich führe sie regelmäßig in meinen Seminaren durch. Damit sie genügend aussagekräftig ist, sollten Sie sich vorher richtig entspannen. Nehmen Sie dazu eine sanfte, langsame Musik oder eines der zahlreichen Entspannungsprogramme auf Tonbandkassette zu Hilfe. Stellen Sie sich vor, daß Ihnen eine gute Fee erscheint und Ihnen drei Wünsche erfüllen will. Was wünschen Sie sich?

Neunzig Prozent der Menschheit antworten hier:

1. Gesundheit.
2. Liebe und Anerkennung
3. Zufriedenheit und genügend Geld zum Leben.

Hoppla! Das sieht schon ganz anders aus, als man erwarten könnte. Die Menschen verhalten sich doch eher so, als wäre es das oberste Ziel, stinkreich zu sein. Wenn dann noch etwas Zeit bleibt, kommt vielleicht einmal die Liebe zum Zug. Und erst ganz am Schluß stehen sie selbst mit ihrer körperlichen und seelischen Gesundheit.

Aber es kommt noch besser! Schreiten Sie gleich zur nächsten Übung und stellen Sie sich vor, eine Stimme sagt zu Ihnen: «Es tut mir furchtbar leid, du hast nur noch ein Jahr zu leben. Allerdings bei bester Gesundheit und ohne Schmerzen.» Was würden Sie noch tun in Ihrem letzten Jahr? Ich verrate Ihnen gleich, was die meisten Menschen hier notieren. Aber zuerst fahren Sie mit dem zweiten Teil der Übung fort. Die Stimme wird nämlich noch einmal hörbar. Sie meldet, daß man sich «oben» leider getäuscht habe. Es handle sich nicht um ein Jahr, sondern lediglich um einen Monat. Auch dies bei bester Gesundheit und ohne körperliche Schmerzen. Was tun Sie noch in Ihrem letzten Monat?

Wenn Sie das haben, kommt der letzte Schritt. Richtig. Die Stimme reduziert Ihre Lebenszeit auf einen Tag. Planen Sie jetzt den letzten Tag Ihres Lebens. Spüren Sie etwas? Jetzt sind Sie ganz nah am Kern der Sache. Die Stimme kommt wieder und verkündet frohlockend: «Wir haben uns getäuscht. Es ist nicht dein letzter Tag auf Erden. Dein Ende ist unbestimmt.» Was tun Sie jetzt? Würden Sie gegebenenfalls etwas anders machen?

Ungefähr neunzig Prozent der Menschheit würden in ihrem letzten Jahr noch etwas Abenteuerliches unternehmen, sich irgendeinen Traum verwirklichen. Bei den meisten kommt der Beruf gar nicht mehr vor, was beweist, daß sie zur Zeit nicht das tun, was sie wirklich mögen. Im letzten Monat konzentriert sich der Mensch dann auf seine wichtigsten menschlichen Beziehungen. Lange Spaziergänge mit dem Lebenspartner und viel Zeit mit den Kindern – falls vorhanden – stehen da auf dem Programm. Am letzten Tag schließlich möchten die meisten nur noch allein sein und nachdenken, einfach irgendwo am Waldrand sitzen und dankbar sein für jede geschenkte Minute.

Diese Übung soll Sie nun nicht dazu veranlassen, alles aufzugeben und sich nur noch Ihrer Familie und sich selbst zu widmen. Sie soll Ihnen lediglich zeigen, daß die meisten Menschen nicht nach ihren eigenen Prioritäten leben und ihre Bemühungen gerade deshalb nicht von Erfolg gekrönt sind. Wenn das Geld erste Priorität besitzt und die eigene Gesundheit immer zuletzt kommt, rächt sich das Leben mit tödlicher Sicherheit an Ihnen.

Ein amerikanisches Kinderlied bringt es auf den Punkt:

Row, row, row your boat
gently down the stream,
merrily, merrily, merrily, merrily,
life is but a dream.

Zu deutsch:
Rudere, rudere, rudere dein Boot
sachte den Strom hinab,
fröhlich, fröhlich, fröhlich, fröhlich,
das Leben ist nur ein Traum.

Rudere *dein* Boot, nicht dasjenige deines Nachbarn oder deines Ehepartners. Rudere es *sachte*, nicht nervös und gehetzt. Den Strom *hinab*, nicht hinauf. Also *mit* dem Schorsch und nicht dagegen. *Fröhlich* sollst du dabei sein, nicht griesgrämig. Denn das Leben ist schließlich nur ein Traum. Du träumst eine Nacht lang und wachst auf. Und du weißt erst, daß du geträumt hast, wenn du aufgewacht bist. Du lebst ein Leben lang und stirbst. Und du weißt erst, daß du gelebt hast, wenn du gestorben bist. Lassen Sie diese Gedanken tief in sich einsinken. Sie werden dabei Ihren größten Erfolgshemmer, nämlich die Angst, verlieren.

Dieser Abschnitt steht ganz bewußt im Kapitel «Oh, dieses Personal!» Wenn Sie Ihr Leben nämlich nach diesen neugewonnenen Einsichten leben, überträgt sich das wie durch ein Wunder auf Ihre Mitarbeiter. Wayne Dyer sagt: «Das einzige, was Ihre Körperzellen zusammenhält, ist Harmonie und das Bewußtsein über größere Zusammenhänge.» Was für Ihren Organismus richtig ist, gilt auch für Ihre Firma und den Rest der Welt.

6. Was tun, wenn einer kündigt?

Ja, was soll man schon tun, wenn einer gehen will? Ihn gehen lassen? Ich kenne einen Unternehmer, der schon mehrmals mit gutem Erfolg einen Mitarbeiter zum Bleiben überreden konnte. Er hat mir anvertraut, in welchen Fällen er das versucht: «Es gibt immer vorgeschobene Gründe und echte Gründe, wenn einer das Handtuch wirft. Als Unternehmer interessieren mich die echten Gründe. Wenn einer kündigt, um sich weiterzubilden, dann tut er das, weil er annimmt, daß er diese Weiterbildung bei mir nicht kriegt. Dann prüfe ich jedoch, ob es nicht möglich ist, ihm ein Stück weit entgegenzukommen.

Wenn ich mit diesem Mitarbeiter sehr zufrieden war, und er verläßt mich wegen des Betriebsklimas, dann bedeutet das für mich die höchste Alarmstufe. In diesen Fällen nehme ich die notwendigen betrieblichen Umstrukturierungen vor. Daß sich zwischendurch mal zwei Mitarbeiter nicht vertragen, ist ganz natürlich. Dann sieht man eben zu, daß die beiden weniger miteinander in direktem Kontakt stehen. Ich meine, allein schon die Tatsache, daß einer mir aus heiterem Himmel den Laufpaß gibt, macht mich stutzig, und ich will dann jeweils herausfinden, ob im Betrieb grundsätzlich etwas falsch läuft.»

Ein anderer Unternehmer ist genau gegenteiliger Meinung: «Ich entlasse einen Mitarbeiter, wenn ich nur die geringsten Anzeichen von ‹innerer Kündigung› spüre, das heißt, wenn ich merke, daß der Mitarbeiter nicht mehr bei der Sache ist, häufig zu spät kommt oder die Moral der Belegschaft untergräbt. So einer räumt bei mir unter Aufsicht den Schreibtisch und kriegt sofort Hausverbot. Denn ich habe es zur Genüge erlebt, daß mir einer noch das halbe Warenlager leergeklaut und die Kundenadressen fotokopiert hat. Der Schaden, der daraus entsteht, ist weitaus größer als die zwei oder drei Monatsgehälter, die ich ihm auszahlen muß.»

Zwei sehr extreme Meinungen, finden Sie nicht auch? Ich will sie bewußt nicht werten, sondern möchte Ihnen statt dessen ein paar Tips geben, an die Sie vielleicht bisher nie gedacht haben, und die Sie von anderen Arbeitgebern in wohltuender Weise unterscheiden werden.

Tip Nummer 1:
Lassen Sie durch den Stellenabgänger ein Übergabe-Dossier für seinen Nachfolger erstellen. Welche Dokumente sind wo zu finden? Wie ist der gegenwärtige Stand der Projekte? Welche Kontakte zu Lieferanten und Kunden wurden gepflegt? Gibt es erläuternde Hinweise dazu? Ein solches Dossier leistet Ihnen später unbezahlbare Dienste, denn erstens kann der Nachfolger nicht alles im Kopf behalten, und zweitens könnte er ja einmal krank werden.

Tip Nummer 2:
Veranlassen Sie, daß der Stellenabgänger sich mündlich und schriftlich von seinen wichtigsten Kunden und Lieferanten verabschiedet. Das zeigt den Kontaktpersonen, daß der Mitarbeiter nicht im Groll aus der Firma scheidet. In der schriftlichen Verabschiedung sollte er kurz die Gründe für seinen Stellenwechsel erläutern. «Um mich auf dem Gebiet XY weiterzubilden» oder «um mich neuen Herausforderungen zu

stellen» sind gute, unverfängliche Formulierungen. Falls der Nachfolger bereits bekannt ist, sollte er ebenfalls durch den Vorgänger vorgestellt werden.

Tip Nummer 3:
Sofern der Stellenabgänger fachliche Kompetenz bewiesen hat und Sie im Frieden auseinandergehen, gibt es keinen Grund, weshalb er Ihnen nicht bei der Suche eines Nachfolgers behilflich sein sollte. Schließlich weiß er am besten, welche Fähigkeiten jemand für den Posten mitbringen muß. Stellen-Annoncen, die aus der Sicht des Abgängers getextet wurden, haben schon sehr gute Resultate gezeitigt. Und sie haben den zusätzlichen Vorteil, daß die Öffentlichkeit Ihre Firma als „große harmonische Familie“ empfindet.

Voraussetzung für die Rekrutierung durch den Stellenabgänger ist allerdings, daß er über ein gesundes Selbstwertgefühl verfügt. Menschen mit Minderwertigkeitskomplexen neigen dazu, eher schlechtere Nachfolger zu empfehlen, weil sie sich insgeheim davon erhoffen, daß sich die Firma nach ihnen zurücksehnen wird.

Wenn Sie diese drei Tips befolgen, garantiere ich Ihnen eine Image-Wirkung, die Sie selbst durch eine teure Werbekampagne nicht besser erzielen könnten.

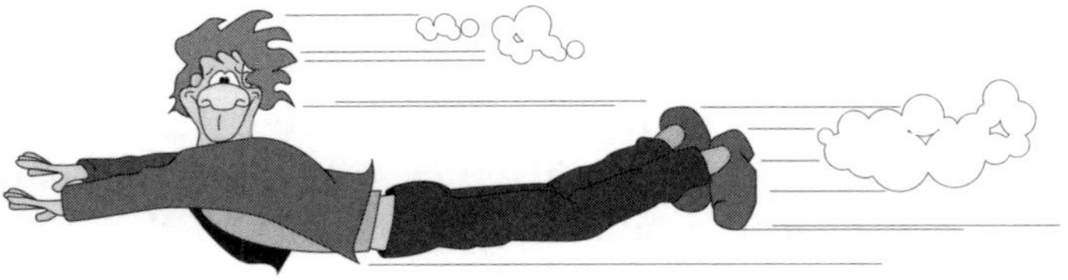

7. Wann wird es Zeit, einen Mitarbeiter zu feuern?

Bei Max Frisch habe ich den Satz gefunden: «Unsere Seelen lechzen nach Verrat.» Das klingt nicht sehr tröstlich. Und dennoch sehe ich diese Behauptung bei einigen Unternehmern bestätigt. Ich erinnere mich, daß mich einmal ein völlig aufgelöster Chef anrief, um mir mitzuteilen, er habe entdeckt, daß sein bester Mitarbeiter ein wahrer Teufel sei. Er habe ihn fristlos entlassen. Der Vorgang warf in der Belegschaft hohe Wellen, man konnte diesen übereilten Schritt nicht verstehen. Für mich ist noch heute nicht klar, ob es sich bei besagter Arbeitskraft tatsächlich um einen Psychopathen handelte oder ob der Unternehmer lediglich ein Opfer seiner allzu lebhaften Phantasie geworden war.

Der gesunde Menschenverstand genügt eigentlich vollauf, um zu wissen, wann es Zeit wird, einen Mitarbeiter zu entlassen. Wenn einer fachlich nicht die erwarteten Leistungen erbringt, sich als organisatorischer Chaot entpuppt oder Lügen und Gerüchte verbreitet, dann wird es zumindest Zeit, daß man einmal miteinander redet.

Sofern der Mitarbeiter seine Schwächen einsieht, könnte man ihm ja Unterstützung anbieten. Einen Weiterbildungskurs, den er zur Hälfte selbst bezahlt oder in seiner Freizeit absolviert. Ein Arbeitstechnik-Seminar, das ihm zeigt, wie er sich und andern das Leben leichter machen kann.

Wenn dann nach einem solchen Gespräch keine Besserung eintritt, dann sollte man ihn wieder zu sich rufen und ihm eröffnen, daß man entweder seine Kündigung erwarte oder ihm andernfalls selbst den blauen Brief ins Haus schikke. Je nach Charakter des Mitarbeiters würde ich in einem solchen Fall dazu tendieren, ihn den Schreibtisch unter Aufsicht räumen zu lassen und ihm Hausverbot zu erteilen. Vergessen Sie aber ja nicht, Ihre übrige Belegschaft sofort aus erster Hand zu informieren, ohne Groll und Vorwürfe, sonst macht sich unwillkürlich eine große Unsicherheit über Ihren Führungsstil breit. Vielleicht hatte der besagte Mitarbeiter gute Freunde im Betrieb. Dann wird die Unzufriedenheit sich wie ein Virus verbreiten, sofern Sie nicht eine vorbeugende «Spritze» verabreichen.

Für Ihre seelische Hygiene ist es besonders wichtig, daß Sie dem gefeuerten Mitarbeiter nichts nachtragen, selbst wenn er Sie materiell geschädigt hat. Ich kannte einen Unternehmer, der von seinem besten und vertrautesten Mitarbeiter um 60000 Schweizer Franken betrogen worden war. Dieser Mensch konnte noch monatelang kaum klar denken. Sie können sich vorstellen, wie sich so etwas auf die Produktivität einer Firma auswirkt. Anstatt nachtragend zu sein, überlegen Sie sich doch einfach, was Sie von diesem Mitarbeiter gelernt haben. Vielleicht hat er Ihnen etwas gezeigt, was Sie sonst auf noch schmerzlichere Weise hätten erfahren müssen.

Und dann machen Sie sich wieder an die Arbeit, und zwar fröhlich, wie sich das gehört!

Zusammenfassung für Schnell-Leser

1. Wenn Sie Ihre Firma vorbildlich führen, ziehen Sie automatisch das richtige Personal an, und zwar weitgehend unabhängig vom Arbeitsmarkt. Jemand hat einmal gesagt: Es gibt keine schlechten Mitarbeiter, nur schlechte Chefs.

2. Passen Sie Ihre Stellen-Inserate und Ihr Auswahl-Verfahren der heutigen Zeit an. Wenn jemand eine mangelhafte Bewerbung schreibt, heißt das noch lange nicht, daß er ein schlechter Mitarbeiter sein wird.

3. Sorgen Sie dafür, daß sich Ihre Mitarbeiter seelisch, geistig und körperlich wohl fühlen.

4. Wenn ein Mitarbeiter mit einem Problem zu Ihnen kommt, verlangen Sie immer gleich einen Lösungs-Vorschlag. Geben Sie dem Mitarbeiter die nötigen Werkzeuge in die Hand und lassen Sie ihn das Problem selbst lösen.

5. Nehmen Sie sich Zeit für sich und Ihre Mitarbeiter. Zeit haben alle Menschen, denn Zeit ist Leben.

Das will ich sofort umsetzen:

«Werbung richtet sich nicht an eine angetretene Armee, sondern an eine vorbeiziehende Truppe.»
(David Ogilvy)

Erster Irrtum
des mittelständischen Unternehmers:

V. «Werbung ist sündhaft teuer und nützt so gut wie nichts!»

Auf die Gefahr hin, daß mich sämtliche Werber im deutschsprachigen Raum geistig lynchen werden, gestehe ich Ihnen, daß ich jeden Klein-Unternehmer begreife, wenn er früher oder später zum Schluß kommt: «Werbung kostet einen Haufen Geld und bringt nichts ein.» Ich habe mich Anfang 1985 als Werber selbständig gemacht und bin diesem Vorurteil sehr oft begegnet. Wenn ich dann jeweils die Elaborate meiner Vorgänger etwas unter die Lupe nahm, wurde mir schlagartig alles klar.

Am besten gebe ich Ihnen ein paar Beispiele: Ein Firmeninhaber, der seinem Zielpublikum zeigen wollte, wie einfach das Sprachenlernen mit seiner Methode sei, erteilte einem Werbegrafiker den Auftrag für einen Slogan einschließlich dazugehöriger Illustration. Kosten: 12000 Mark. Die Arbeit bestand aus der Zeichnung eines Teufels, der neben dem geradezu genial originellen Spruch posierte: «Diabolisch einfach lernen». Dieser Werber ist nicht nur ein unverschämter Kerl in Sachen Honorar; er hat auch keinen blassen Dunst von Psychologie. Eine solche Werbung ist nach heutigen Erkenntnissen – und nach der bitteren und teuren Erfahrung des Auftraggebers – sogar kontraproduktiv.

Ein Optiker mit einem bescheidenen Werbebudget von 30000 Schweizer Franken im Jahr wollte von einer Werbeagentur ein Konzept für mehr Umsatz haben. Zufälligerweise mochte der «Creative Director» der Agentur besonders B12-Plakate, weshalb er mehr als die Hälfte des Budgets dafür verplante. Auch so etwas ist meiner Meinung nach eine Schande für die gesamte Werbeindustrie.

Ich gebe Ihnen noch ein drittes Beispiel: Eine Kosmetikerin beschloß nach drei Jahren erfolgloser Geschäftstätigkeit, einen Kredit von 20000 Mark aufzunehmen und in eine Werbekampagne zu investieren. Wissen Sie, was das «Werbebüro» ihr dafür lieferte? Ein neues Logo. Damit bedruckt man dann ein paar Briefbogen und -umschläge sowie das Privatfahrzeug und nennt es «Corporate Identity».

Es existieren Gott sei Dank löbliche Ausnahmen, aber leider geben sich ebenso viele Trittbrettfahrer und Scharlatane in dieser Branche ein Stelldichein.

Zum Thema «Werbung für Kleinbetriebe» gibt es ein hervorragendes Buch von Dr. Werner Meffert. Es heißt «Werbung, die sich auszahlt. Anders als die Großen, besser als Ihr Konkurrent». Ich empfehle es Ihnen dringend. Da steht so ziemlich alles drin, was ein Unternehmer über Werbung wissen muß.

Als Ergänzung dazu möchte ich Ihnen vor allem zeigen, wie Sie selbst einen Werbetext schreiben können, der Ihnen verkaufen hilft. Doch, dazu sind Sie in der Lage, ob Sie's glauben oder nicht! Ich habe meine Methode mit Unternehmern aller möglichen Branchen ausprobiert. Die Resultate würden selbst alten Werbehasen die Sprache verschlagen.

1. Was ist bloß mit den Werbern los?

Ein Unternehmer vertraute mir kürzlich an, er fühle sich gegenüber einem Werber wie ein Invalider, dem man den Rollstuhl gestohlen habe. Jeder erzähle etwas anderes, quassle über Bekanntheitsgrad, Imagepflege, Corporate Identity und Reminder und wolle damit in erster Linie ausdrücken, daß es viel kosten würde.

Bringen wir etwas Struktur in den Brei. Es ist nämlich einfacher als Sie vielleicht denken. Die drei Hauptzwecke der Werbung heißen: Imagepflege, Steigerung des Bekanntheitsgrades und Produzieren von Nachfrage.

Wenn Sie eine große Marke wie Coca-Cola als Beispiel nehmen, dann spielen die Imagepflege und der Bekanntheitsgrad eine übergeordnete Rolle. Da geht es darum, ein geistiges Bild vom «typischen» Coca-Cola-Trinker zu malen und dieses Bild in verstärkter Form der großen Masse zu vermitteln. Außerdem sollen so viele Menschen wie möglich so oft wie möglich den Coca-Cola-Schriftzug sehen. Damit bewirkt man zum Beispiel, daß die Hausfrau im Supermarkt eben zur Coca- und nicht zur Pepsi-Flasche greift oder daß einem sofort der Name «Coca-Cola» einfällt, sobald man vom Kellner gefragt wird, was man zu trinken wünsche.

Genügt es für solche Aufgaben, ein guter Grafiker zu sein? Sicher nicht. Um Meinungen und Einstellungen in der Bevölkerung in großem Stil zu verändern, muß man schon ein sehr geschickter Psychologe, Philosoph und Pädagoge sein. Gerade dort liegt aber das Hauptproblem. Unsere Werbeindustrie wird nämlich von Grafikern beherrscht. Nichts gegen Grafiker, das ist ein schöner und anspruchsvoller Beruf. Und die eigentliche Aufgabe des Grafikers bestünde an sich darin, eine Botschaft visuell so umzusetzen, daß sie «rüberkommt». Das tun jedoch die wenigsten, weil sie lediglich gelernt haben, wie man etwas «schön» und harmonisch gestaltet. Psychologische Aspekte und das Leseverhalten der Zielgruppe sind ihnen offenbar egal.

Psychologische Kenntnisse reichen noch nicht aus, um Einstellungen zu verändern und Bekanntheitsgrade zu steigern. Man braucht vor allem einen Riesenhaufen Geld. Für Coca-Cola kein Problem. Für Sie schon. Und daher sollten Sie sich auf die wichtigste Aufgabe der Werbung konzentrieren, nämlich auf das Produzieren von Nachfrage. Einen so großen Bekanntheitsgrad brauchen Sie nämlich als mittelständisches Unternehmen nicht zu haben, und Ihr Image pflegen Sie so quasi nebenbei mit jeder guten Werbung, die Ihren Schreibtisch verläßt. Natürlich ist es gut, wenn möglichst viele Menschen Ihr Geschäft *kennen*. Noch besser ist es jedoch, wenn sie es *mögen*. Und am besten ist es, wenn sie bei Ihnen *kaufen*.

Jetzt haben Sie nochmals ein Problem: Finden Sie einmal einen Grafiker, der verkaufen kann. Denn wenn der Kunde durch Ihre Werbung zum Kauf angeregt werden soll, dann ist Werbung nichts anderes als ein schriftliches Verkaufsgespräch. Logisch, nicht wahr?

Vergessen Sie also die «großen» Vorbilder. Ein Kleinbetrieb sollte sich hüten, Werbung betreiben zu wollen wie Coca Cola, IBM oder Siemens. Mit einem Budget, das tausendmal kleiner ist, funktioniert das nie im Leben.

Statt dessen sollte jede Mark, die Sie in die Werbung investieren, zehnfach zurückfließen. Oder mit anderen Worten: Nachdem Sie eine Annonce geschaltet oder einen Werbebrief verschickt haben, sollen die Kunden Ihnen die Bude einrennen. Das ist es, was Werbung für Sie tun soll. Alles andere können Sie vergessen.

2. Unglaublich, aber wahr: Ich kann texten!

Wenn Sie die nächsten beiden Kapitel gelesen haben, können Sie bereits Werbetexte nach ihrer Verkaufswirkung beurteilen und sogar Werbetexte schreiben! Glauben Sie mir nicht? Wir werden ja sehen!

Werbung, die sofortige Reaktionen hervorbringen soll, nennt man auch «Direct Response»-Werbung (sprich: Dairekt Rispons). Die beiden wichtigsten «Transportmittel» dafür sind die Anzeige und der Werbebrief. Daher will ich mich in meinem Buch auf diese beiden Medien beschränken.

Der wichtigste Grundsatz: Innerhalb von zehn, höchstens zwanzig Sekunden entscheidet der Leser, ob er Ihrer Werbung weitere Beachtung schenken will oder nicht. Diese zwanzig Sekunden sind Ihre einzige Chance. Wenn Sie die verpassen, blättert der Leser die Zeitungsseite um oder wirft Ihren Werbebrief in den Papierkorb. Das ist äußerst unangenehm, aber leider eine Tatsache, mit der Sie sich abfinden müssen.

In diesen zwanzig Sekunden erblickt der Leser eine Illustration oder ein Foto (falls vorhanden), eine Schlagzeile (falls sie groß genug ist) und Ihr Firmenlogo. Im Werbebrief kommt vielleicht noch die Adresse des Empfängers und Ihre Unterschrift hinzu. Wenn er in all diesen Elementen persönliche Vorteile erkennt, ist die Chance groß, daß er einen zweiten, etwas intensiveren Lesedurchgang startet. Jetzt liest er Bildlegenden, Unterschlagzeilen, Unterstreichungen und im Brief eventuell das P.S. Falls es Sie interessiert, welche Bilder am meisten beachtet werden, dann kaufen Sie sich am besten die Videokassette «Einführung in das Lese-Verhalten im Direktmarketing» von Professor Siegfried Vögele. Die Bezugsquelle finden Sie hinten im Buch. Professor Vögele untersucht im von ihm gegründeten Direktmarketing-Institut in München laufend Mailings mit Hilfe einer Augenkamera, die das Leseverhalten der Versuchspersonen genau aufzeichnet.

«Okay, Vorteile schön und gut», werden Sie sagen, «aber was heißt das?» Die größten Chancen haben Sie, wenn der erste Lesedurchgang nicht über Ihr Produkt oder Ihre Dienstleistung spricht, sondern von einem menschlichen Grundbedürfnis. Im Englischen beginnen sie alle mit P: Pride, Pleasure, Profit und Peace. Also Stolz, Vergnügen, Profit und Friede.

Wenn Sie Anerkennung, Bewunderung, Spaß, Geld, Wohlstand, Sparhilfen, Ruhe und Sicherheit versprechen, sind Sie Ihrem Mitbewerber meilenweit voraus. Wenn Sie überdies Ihren Text mit Eigenschaftswörtern wie «schön», «glücklich», «erfolgreich», «kostenlos», «ruhig» und «einfach» ausschmücken, dann haben Sie den Leser schon fast überzeugt.

Jetzt möchte er wissen, um was für ein Angebot es sich handelt, ob das etwas für ihn ist und wo er es bekommt. Das heißt, Angebot, Anbieter und Zielpublikum müssen auf einen Blick sichtbar sein.

Verstehen Sie jetzt, warum ein Werbebrief mit der Schlagzeile «Neuheiten in der EDV» oder «Unser Jahresprogramm» einfach keine Chance hat? Wenn so ein Werk dann noch mit dem Vermerk «im Juni 1990», der Anrede «Sehr geehrte Damen und Herren» und der Einleitung «Wir möchten uns Ihnen kurz vorstellen» beginnt, ist es endgültig vorbei mit Ihrer Lesebereitschaft. Die zwanzig Sekunden sind um, Sie haben keinen einzigen Vorteil erblickt. Eine Frechheit, Sie mit solch langweiligem Zeug zu belästigen!

Also nochmals: Wenn Ihr Angebot den Hobbygärtnern hilft, in kürzerer Zeit größeres Gemüse heranzuzüchten, versuchen Sie nicht, daraus einen Bestseller-Roman zu machen. Sagen Sie einfach: «Hobbygärtner aufgepaßt: So züchten Sie größeres Gemüse in kürzester Zeit!» oder «Wie Hobbygärtner in kürzester Zeit großes Gemüse züchten» oder «Wünschen Sie sofort größeres Gemüse?» Ich garantiere es Ihnen: Jeder gemüsezüchtende Hobbygärtner wird Stielaugen machen und weiterlesen.

Ich gebe Ihnen hier noch ein paar weitere Beispiele für Schlagzeilen, die sofortige Reaktionen erzielt haben:

- Möchten Sie ein Stück Natur in Ihrer Wohnung haben?
- Legen Sie Wert auf schöne Beine?
- Möchten Sie ein Auto, das Ihnen für wenig Geld viel Sicherheit bietet?
- Manager aufgepaßt:
  Möchten Sie mehr Zeit für sich haben?
- Brauchen Sie einen Fliesenleger, der da ist, wenn man ihn braucht?
- Wie Sie mit weniger Geld zu mehr Kunden kommen.
- Wie man einen Werbetext schreibt, der verkauft.

Kapiert? Ich hoffe es. Denn allein mit einer guten Schlagzeile verzehnfachen Sie die Wirkung Ihrer Werbung.

Versprechen Sie in Ihrer Schlagzeile, daß Ihr Produkt oder Ihre Dienstleistung Grundbedürfnisse abdeckt («So werden Sie reich und glücklich»), stellen Sie Fragen, anstatt Behauptungen aufzustellen («Möchten Sie nie mehr abwaschen müssen?»), verwenden Sie das Personalfürwort «Sie» statt «wir» (nicht «*wir* sind die Besten» sondern «so profitieren *Sie* von unserem Angebot»), bieten Sie Anleitungen an («Wie man Freunde gewinnt» oder «warum Sie jetzt bei der Firma XY vorbeikommen sollten»).

Bevor Sie mit dem Fließtext beginnen, überlegen Sie sich, was der Leser eigentlich von Ihrer Werbung erfahren möchte. Auch hierzu hat Professor Vögele interessante Antworten gefunden. Der Leser möchte unter anderem wissen, ob Sie für ihn etwas Sensationelles haben. Wenn das der Fall ist, sagen Sie es ihm: «Das ist sensationell: Mit der neuen Zahnbürste von XY brauchen Sie nur noch halbsoviel Zahnpasta!»

Legen Sie Wert auf schöne Beine?

Lesen Sie hier, wie Sie sofort und zu einem vernünftigen Preis etwas gegen Ihre Cellulitis tun können

Stellen Sie sich vor, Sie liegen irgendwo am Strand. Und plötzlich sagt Ihr Mann oder Ihr Freund zu Ihnen: «Sag mal, was machst Du eigentlich mit Deinen Beinen? Die werden ja immer schöner.»

Das ist kein Märchen. Genau diese Geschichte hören wir von unseren Kundinnen immer und immer wieder. Und was das Schöne ist: Meistens zeigt sich der Erfolg im Kampf gegen Cellulitis schon nach 10 Behandlungen. Was das kostet? Das ist das Beste dran:
Für 10 LINEA Stunden bezahlen Sie nur 190 Franken. Das hat in jedem Haushalt-Budget Platz. Finden Sie nicht auch?

Eine GRATIS-Probestunde ist für Sie reserviert. Buchen Sie sie jetzt gleich per Telefon und überzeugen Sie sich selbst.

031 22 66 77

Schlankheitsinstitut LINEA
Spitalgasse 4
3011 Bern

LINEA

Diese Anzeige ist weder ein literarischer Höhenflug noch ein grafisches Kunstwerk. Aber sie bringt meiner Frau regelmäßig unzählige Kundinnen in ihr Geschäft. Warum wohl?

Weiter möchte man erfahren, warum man ausgerechnet zu Ihnen kommen soll, um das Produkt oder die Dienstleistung zu kaufen. Haben Sie keine Hemmungen, solche Formulierungen zu gebrauchen: «Die neuen ABC-Kräuterbonbons gibt es in Berlin nur bei der Drogerie XY» oder «nur XY bietet Ihnen eine kostenlose Probestunde».

Jede Werbung, die etwas Sensationelles verspricht, macht gleichzeitig skeptisch, und die Frage taucht auf: «Wer beweist das, was der da behauptet? Haben das andere auch schon gekauft?» Auch dies kann man auf verschiedene Arten beantworten. Hier sind ein paar Beispiele: «Lesen Sie hier, warum schon über 5000 Deutsche in einem XY-Bett schlafen», «warum immer mehr Zahnärzte Zahnodent empfehlen», «warum immer mehr Menschen ihren eigenen Zimmerbrunnen haben wollen».

Eine wichtige Leserfrage, die in fast keiner Werbung beantwortet wird, lautet so: «Kann ich mir das leisten?» Natürlich sind Sie kein Hellseher. Sie können nicht feststellen, ob derjenige, der Ihre Anzeige oder Ihren Werbebrief liest, wohlhabend oder arm wie eine Kirchenmaus ist. Aber Sie könnten ihm folgendermaßen helfen: «Für weniger als 50 Pfennig pro Tag bekommen Sie den besten Kaffee, den Sie sich wünschen können», «ein XY-Gerät mit allem Drum und Dran gibt es schon ab zweihundert Mark», «das hat in jedem Haushalt-Budget Platz. Finden Sie nicht auch?»

Wenn der Kunde sich ernsthaft für Ihr Produkt oder Ihre Dienstleistung zu interessieren beginnt, weil Sie mehrere Grundbedürfnisse angesprochen haben, dann fragt er sich, was er denn jetzt tun soll, ob er weitere Unterlagen bestellen oder das Produkt irgendwo besichtigen kann, wer ihm weitere Auskunft geben kann und ob er befürchten muß, daß er einem Überredungskünstler in die Hände fällt. Diese Fragen müssen Sie ihm so genau wie möglich beantworten. Und wenn ich genau sage, dann meine ich das auch.

Ein Beispiel: In Deutschland wurde ein Werbebrief an 10000 Ärzte verschickt, wobei man sich gleichzeitig zu einem Test entschloß. Die ersten 5000 erhielten eine nach allen Regeln der Kunst gestaltete Aussendung mit Werbebrief,

Prospekt und Antwortkarte. Die zweiten 5000 erhielten genau das gleiche Mailing, jedoch mit folgendem Zusatz auf der Antwortkarte: «Lieber Arzt. Bitte füllen Sie diese Karte jetzt gleich aus, frankieren Sie sie mit 60 Pfennig und bringen Sie sie heute noch zur Post.» Sie haben es schon erraten: Das Mailing mit dem erwähnten Zusatz erzielte den doppelten Rücklauf. Warum das? Sind Ärzte so doof, daß sie nicht wissen, wozu eine Antwortkarte da ist? Nein, der Grund liegt ganz einfach in der mangelnden Lese-Energie. Wer Werbung liest, tut dies mit viel geringerer Energie als er für die Lektüre eines guten Buches aufwendet. Also müssen Sie in Ihrer Werbung auch mit ganz anderen Geschützen auffahren. Stellen Sie sich einen vielbeschäftigten Manager in seinem Büro vor. Es käme ihm nicht im Traum in den Sinn zu sagen: «Bitte keine Anrufe durchstellen. Ich lese jetzt Werbung.» Im Gegenteil: Während er rasch seine Fachzeitschrift durchblättert, klingelt das Telefon, die Sekretärin kommt herein und will etwas wissen, und unten auf der Straße rattert ein Preßlufthammer. Da müssen Sie mit Ihrer Werbung ganz ordentlich brüllen, um überhaupt noch wahrgenommen zu werden. Wenn der Empfänger nicht sofort und ohne Schwierigkeiten versteht, was Sie ihm zu bieten haben, wird er die Seite umblättern oder Ihren Werbebrief in den Papierkorb werfen.

Der berühmte englische Werbemann David Ogilvy hat einmal folgenden Spruch geäußert: «Werbung richtet sich nicht an eine angetretene Armee, sondern an eine vorbeiziehende Truppe.» Denken Sie immer daran, wenn Sie Ihre Texte schreiben. Und denken Sie auch an die mahnenden Worte von Professor Vögele: «Werbung an promovierte Akademiker muß für das Verständnis von Studenten im ersten Semester, Werbung an Handwerker für das Verständnis ihrer Lehrlinge im ersten Lehrjahr, und Werbung an die große Masse für das Verständnis von Zwölfjährigen getextet werden.» Noch einmal: Das liegt nicht daran, daß die Menschen so dumm sind, sondern einzig und allein an der mangelnden Lese-Energie. Für Sie bedeutet das konkret: Bevor Sie einen Text, der sich an die große Masse richtet, für gut befinden, geben Sie ihn einem Zwölfjährigen zu lesen. Worte, die er nicht versteht, dürfen Sie nicht verwenden.

Hier ist eine Kostprobe aus einem Werbebrief, der mir kürzlich zugeschickt wurde: «Ist in Ihrer Produktion die Überwachung des aktuellen Fertigungszustandes und das terminlich, kosten- und QS-mäßig richtige Agieren (...und Reagieren bei besonderen Vorkommnissen) sichergestellt?» Der Brief richtete sich an Chargenfertiger, was immer das auch sei. Ich zweifle daran, daß ein Chargenfertiger-Lehrling diesen Text auf Anhieb versteht. Und Sie wissen jetzt, daß dies für eine Werbung den sicheren Tod bedeutet.

In Ihrem Fließtext sollten Sie Wörter einstreuen, die den persönlichen Dialog ersetzen. Wenn Ihre Schlagzeile etwa lautet «Möchten Sie mit weniger Geld zu mehr Kunden kommen», dann schrecken Sie nicht davor zurück, Ihren Fließtext mit den Worten einzuleiten «Sie haben recht. Wer möchte das nicht?» Stellen Sie zwischendurch Fragen wie «Finden Sie nicht auch?», «Haben Sie das auch schon erlebt?», «Was sagen Sie dazu?», «Rechnen Sie selbst!», «Ist das ein Angebot?», «Interessiert Sie das?» Der Leser wird Ihnen zwar nicht antworten können, aber er fühlt sich ernstgenommen und mit in das Geschehen einbezogen. Im persönlichen Verkaufsgespräch gilt der Grundsatz: «Wer fragt, der führt.» Das ist im schriftlichen Verkaufsgespräch nicht anders.

Zwei Begriffe sollten Sie noch kennen, bevor Sie sich ans Texten machen: Verstärker und Filter. Ein Verstärker ist ein Wort, das im Leser ein kleines Ja hervorruft. Das sind zunächst alle positiven, erfolgversprechenden Wörter. Dann alle Wörter, die mit einem Grundbedürfnis zu tun haben, wie zum Beispiel schön, stolz, staunen, bewundern, freuen, Vergnügen, Geld, profitieren, sparen, ruhig, einfach, gelassen, friedlich. Und schließlich alle Wörter, die mit dem Leser zu tun haben, also «Ihr Wohlbefinden», «Ihr Auto», «Ihre Wohnung».

Ein Filter dagegen ist ein Wort, das im Leser ein kleines «Nein» bewirkt. Das sind alle negativen Wörter wie zum Beispiel «kompliziert», «mühsam», «Tod», «Invalidität», «aus und vorbei», «Unfall».

Daraus ergibt sich die einfache, aber zutreffende Formel: *Werbe-Erfolg ist gleich Verstärker minus Filter.*

Ich zeige Ihnen auf den nächsten Seiten zwei erfolgreiche Anzeigen. Die erste Version ist jeweils diejenige, die wir in der Zeitung veröffentlicht haben. Bei der zweiten unterstreiche ich für Sie alle Verstärker, damit Ihnen klar wird, warum solche Werbung von Erfolg gekrönt ist.

Und dann machen Sie sich ans Texten. Glauben Sie mir, das schaffen Sie bestimmt! Bevor Sie Ihre Annonce an die Zeitung geben, prüfen Sie sie rasch auf folgende Punkte:

- Sind Zielpublikum, Angebot und Anbieter auf einen Blick ersichtlich?
- Spricht die Schlagzeile eines oder mehrere Grundbedürfnisse an?
- Was sind die drei wichtigsten Kunden-Vorteile, die das Produkt oder die Dienstleistung bietet?
  Sind diese Vorteile klar ersichtlich und durch Unterstreichungen gekennzeichnet?
- Ist der Preis oder zumindest der Preisrahmen angegeben? (Zum Beispiel «weniger als 300 DM», «schon ab 195 DM», «zwischen 1000 und 3000 DM»)
- Weiß der Kunde genau, was zu tun ist, wenn er sich für das Produkt interessiert?
- Gibt es eventuell einen Bonus, wenn er jetzt gleich reagiert?

Wenn Sie Ihre Werbung dieser kurzen Prüfung unterziehen, dann werden Sie in Zukunft sagenhafte Erfolge erzielen.

Wie Sie ein Stück Natur in Ihre Wohnung zaubern

Lesen Sie hier, warum immer mehr Leute ihren eigenen aquatuff®-Zimmerbrunnen haben wollen

Die Antwort ist einfach: Weil aquatuff® die beste Möglichkeit ist, in Ihrem Wohn- oder Arbeitsraum ein gesundes und natürliches Klima zu schaffen. Ein Klima, in dem sich Pflanzen, Haustiere und Menschen gleichermassen wohlfühlen.

aquatuff® ist ein Stück poröser Tuffstein, an einem Bächlein in der freien Natur während Jahrhunderten zu dem gewachsen, was er heute ist. aquatuff® wird einfach in ein Pflanzengefäss gestellt und mit Hilfe der mitgelieferten Pumpe regelmässig mit Wasser berieselt. Für weniger als 5 Rappen Strom im Tag haben Sie den natürlichsten, besten und sparsamsten Luftbefeuchter.

Übrigens...Ihre Freunde werden staunen: Mit seinem sanften Plätschern zaubert der aquatuff®-Zimmerbrunnen eine einmalige Atmosphäre in jeden Raum. Es ist, als ob Sie ein eigenes Bächlein besitzen. Ein fixfertiges Arrangement mit Gefäss, Pflanzen, Tuffstein und Pumpe gibt es schon ab 280 Franken.

Rufen Sie doch jetzt gleich Herrn Felix Muster bei der Firma Muster AG an. Er wird Ihnen sagen, in welchem Fachgeschäft Sie Ihren aquatuff®-Zimmerbrunnen bekommen:

Telefon 031 80 17 11

aquatuff®

Muster AG
Beispielstr. 2
3000 Schöndorf

Mancher Werbefachmann wird Ihnen weiszumachen versuchen, daß lange Texte nicht gelesen würden. Irrtum. Sie werden gelesen, wenn sie interessant genug sind, und wenn man sie richtig «verkauft», wie in dieser Anzeige, die trotz einiger «germanistischer Unzulänglichkeiten» überaus erfolgreich war.

Wie Sie ein Stück Natur in Ihre Wohnung zaubern

Lesen Sie hier, warum immer mehr Leute ihren eigenen aquatuff®-Zimmerbrunnen haben wollen

Die Antwort ist einfach: Weil aquatuff® die beste Möglichkeit ist, in Ihrem Wohn- oder Arbeitsraum ein gesundes und natürliches Klima zu schaffen. Ein Klima, in dem sich Pflanzen, Haustiere und Menschen gleichermassen wohlfühlen.

aquatuff® ist ein Stück poröser Tuffstein, an einem Bächlein in der freien Natur während Jahrhunderten zu dem gewachsen, was er heute ist. aquatuff® wird einfach in ein Pflanzengefäss gestellt und mit Hilfe der mitgelieferten Pumpe regelmässig mit Wasser berieselt. Für weniger als 5 Rappen Strom im Tag haben Sie den natürlichsten, besten und sparsamsten Luftbefeuchter.

Übrigens...Ihre Freunde werden staunen: Mit seinem sanften Plätschern zaubert der aquatuff®-Zimmerbrunnen eine einmalige Atmosphäre in jeden Raum. Es ist, als ob Sie ein eigenes Bächlein besitzen. Ein fixfertiges Arrangement mit Gefäss, Pflanzen, Tuffstein und Pumpe gibt es schon ab 280 Franken.

Rufen Sie doch jetzt gleich Herrn Felix Muster bei der Firma Muster AG an. Er wird Ihnen sagen, in welchem Fachgeschäft Sie Ihren aquatuff®-Zimmerbrunnen bekommen:

Telefon 031 80 17 11

aquatuff®

Muster AG
Beispielstr. 2
3000 Schöndorf

Hier habe ich Ihnen alle Verstärker unterstrichen. Dieser Text wimmelt nur so davon. Kein Wunder, daß eine solche Anzeige sofort die gewünschte Nachfrage erzeugt. Diese Großhandelsfirma hat sich innerhalb von drei Jahren mit ihrem einzigartigen Service-Konzept einen Namen und eine solide Basis geschaffen.

Brauchen Sie eine neue Badewanne?

Lesen Sie hier, wie Hauseigentümer vom nbb-Wechselwannen-System profitieren können

Wenn Ihre Badewanne alt und reparaturbedürftig ist, haben Sie ganze drei Möglichkeiten: Sie können sie reparieren lassen. Dann hält sie wieder 3 bis 6 Jahre. Sie können eine neue Wanne in die alte einsetzen lassen. Dann hält sie 10 bis 15 Jahre.

Oder Sie lassen sich eine Wechselwanne nach nbb-System einbauen. Das kostet Sie weniger als 1600 Franken. Und Sie haben für die nächsten 30 Jahre Ihre Ruhe.

Wie rasch das geht? Innerhalb von 8 Stunden schneiden wir Ihre alte Wanne heraus und setzen eine neue ein. Die Plättli bleiben ganz! Und Sie bekommen eine moderne und robuste Acrylwanne in der Farbe Ihrer Wahl.

Ist das ein Angebot? Das nbb-System verfügt in der Schweiz über ein Netz von ausgewiesenen Fachleuten. Sie helfen Ihnen, rasch und günstig zu Ihrer neuen Badewanne zu kommen.

Rufen Sie jetzt gleich die nbb-Zentrale an. Verlangen Sie die ausführliche Dokumentation und ein nbb-Verzeichnis. Damit Baden auch bei Ihnen wieder Freude macht.

✆ 031 761 15 07

nbb-Zentrale Schweiz
Bernstrasse 31
3303 Jegenstorf
Telefon 031 761 15 07
Fax 031 761 19 15

Manch ein klassischer Werbetexter würde hier die Nase rümpfen. Aber auch diese Anzeige spricht die Sprache des Zielpublikums. Ein Deutschlehrer würde das Wort «Plättli» durch «Fliesen» oder «Kacheln» ersetzen... und damit an mindestens 70 Prozent der Schweizer vorbeireden.

Brauchen Sie eine neue Badewanne?

Lesen Sie hier, wie Hauseigentümer vom nbb-Wechselwannen-System profitieren können

Wenn Ihre Badewanne alt und reparaturbedürftig ist, haben Sie ganze drei Möglichkeiten: Sie können sie reparieren lassen. Dann hält sie wieder 3 bis 6 Jahre. Sie können eine neue Wanne in die alte einsetzen lassen. Dann hält sie 10 bis 15 Jahre.

Oder Sie lassen sich eine Wechselwanne nach nbb-System einbauen. Das kostet Sie weniger als 1600 Franken. Und Sie haben für die nächsten 30 Jahre Ihre Ruhe.

Wie rasch das geht? Innerhalb von 8 Stunden schneiden wir Ihre alte Wanne heraus und setzen eine neue ein. Die Plättli bleiben ganz! Und Sie bekommen eine moderne und robuste Acrylwanne in der Farbe Ihrer Wahl.

Ist das ein Angebot? Das nbb-System verfügt in der Schweiz über ein Netz von ausgewiesenen Fachleuten. Sie helfen Ihnen, rasch und günstig zu Ihrer neuen Badewanne zu kommen.

Rufen Sie jetzt gleich die nbb-Zentrale an. Verlangen Sie die ausführliche Dokumentation und ein nbb-Verzeichnis. Damit Baden auch bei Ihnen wieder Freude macht.

nbb® System

✆ 031 761 15 07

nbb-Zentrale Schweiz
Bernstrasse 31
3303 Jegenstorf
Telefon 031 761 15 07
Fax 031 761 19 15

Hier habe ich Ihnen wieder sämtliche Verstärker unterstrichen. So würden Sie Ihre Anzeige natürlich niemals in Auftrag geben. Als Regel gilt: Pro Absatz unterstreichen Sie einen Verstärker (3 bis 4 zusammenhängende Wörter). Allerdings niemals über einen Zeilenumbruch unterstreichen; das bedeutet für das Auge zu viel Arbeit.

3. Auf einmal lohnt sich Werbung

Ich würde es verstehen, wenn Sie gegenüber der Direct-Response-Methode noch etwas skeptisch wären. Aber vielleicht hilft es Ihnen weiter, wenn ich Ihnen sage, daß die wirklichen Werbe-Koryphäen genau nach diesen Regeln getextet haben.

Der amerikanische Werbemann Rosser Reeves sagte einmal zu einem Journalisten: «Ich meine nicht, daß charmante, witzige und herzliche Anzeigen nicht verkaufswirksam sein können. Ich weiß aber, daß ich Tausende von charmanten und witzigen Anzeigen gesehen habe, die dies nicht waren. Nehmen wir einmal an, Sie wären ein Fabrikant. Ihre Werbung ist nicht erfolgreich. Dabei hängt doch alles davon ab: Ihre eigene Zukunft, die Ihrer Familie ebenso wie die Zukunft von vielen anderen Familien. Und Sie kommen jetzt in dieses Büro, erzählen mir alles und sitzen da in diesem Stuhl. Was wollen Sie dann von mir? Einen schönen Text? Wollen Sie Meisterwerke? Wollen Sie irgendwelche glänzenden Bilder, die von Textern eingerahmt werden können? Oder wollen Sie, daß diese gottverdammte Absatzkurve endlich aufhört zu fallen und statt dessen wieder anfängt zu steigen?»

Dem ist, denke ich, nichts hinzuzufügen.

Mein Tip: Prüfen Sie, was Sie mit Ihrer Werbung erreichen wollen. Wenn Sie über genügend Geld verfügen und einfach Ihr grafisches Erscheinungsbild etwas aufpolieren oder Ihre Firmen-Fahrzeuge neu beschriften möchten, dann gehen Sie zu einem guten Grafik- oder Beschriftungs-Atelier.

Wenn Sie über sehr sehr viel Geld verfügen und Ihr Image verbessern oder Ihren Bekanntheitsgrad in der Region oder im ganzen Land steigern möchten, dann gehen Sie zu einer guten Werbeagentur. Übrigens... gute Werbeagenturen sind nicht unbedingt solche, die schon mal einen Preis gewonnen haben. Die Preise werden nämlich für die künstlerische Aufmachung und nicht für die bewirkte Umsatzsteigerung vergeben. David Ogilvy weiß zu berichten, daß von 81 Fernsehspots, die in den vergangenen Jahren den Clio-Preis empfangen durften, 36 der an den Spots beteiligten Agenturen entweder den betreffenden Werbe-Etat verloren hatten oder sogar Konkurs anmelden mußten.

Fazit: Bei der Wahl Ihrer Agentur sollten Sie sich besser auf Ihr Gefühl oder die Empfehlung von Geschäftsfreunden verlassen. Sie wollen ja mit Ihrem Werbegeld mit Sicherheit keine «armen Künstler» unterstützen.

Falls Ihr Werbebudget eher bescheiden ist und es Ihnen darauf ankommt, wirklich so rasch wie möglich Nachfrage nach Ihren Produkten oder Dienstleistungen zu erzeugen, dann sollten Sie bei der Wahl Ihres Werbeberaters sehr vorsichtig sein. Prüfen Sie seinen beruflichen Hintergrund. Wenn er keine Ahnung von Verkaufstechnik hat, kann er Ihnen keinesfalls helfen, Ihre Umsätze zu steigern.

Im Zweifelsfall tun Sie es lieber selbst. Seien Sie mutig! Sie können es! Wenn Sie eine Anzeige nach den erwähnten Kriterien getextet haben, probieren Sie sie einfach aus. Nach vier bis fünf Insertionen werden Sie sehen: Auf einmal lohnt sich Werbung!

3. Hilfe, die rennen mir die Bude ein!

Machen Sie sich auf etwas gefaßt! Wenn Ihr Produkt wirklich brauchbar ist und einem Bedürfnis entspricht, und wenn Sie Ihre Werbung tatsächlich so anpacken, wie ich es Ihnen empfohlen habe, dann kann es durchaus sein, daß die Kunden Ihnen die Bude einrennen.

Sorgen Sie dafür, daß der Nachschub gesichert und daß jeder Angestellte genau über Ihre Werbe-Aktivitäten im Bild ist. Ich habe es öfter erlebt, daß ein Chef seine Mitarbeiter im unklaren ließ. Wenn dann die Anrufe der Interessenten hereinkamen, hieß es: «Ach, wir haben eine Anzeige geschaltet? Davon weiß ich ja gar nichts. Und was steht bitte drin?» Sie können sich vorstellen, welchen Eindruck so etwas auf die Kundschaft hinterläßt.

Wir werden uns im nächsten Kapitel gemeinsam anschauen, wie Sie die Wirksamkeit Ihrer Werbung durch unterstützende Maßnahmen verbessern können. Ich möchte Ihnen hier nur noch ein paar Beispiele von Firmen nennen, die mit der Direct-Response-Methode sehr schnell erfolgreich wurden.

Da bin zunächst ich selbst: Ich gründete meine Firma vor einigen Jahren mit weniger als 15000 Franken «Gespartem». Nach der Anschaffung einer bescheidenen Büroeinrichtung und eines Computers blieb nicht mehr viel Geld übrig, und ich mußte dafür sorgen, daß sehr schnell etwas passierte. Nach etwa einem halben Jahr kam mir die «Erleuchtung»: Ich verschickte einen Werbebrief mit dem Titel «Wie Sie mit weniger Geld zu mehr Kunden kommen» an zweihundert Firmeninhaber meiner Region, und bot ihnen ein Merkblatt zum Thema Werbung an. Seither hatte ich immer genügend Arbeit.

Meine Frau kaufte 1984 in Bern ein Schlankheitsinstitut. Es war finanziell völlig am Ende, deckte nicht einmal mehr die Kosten für die Miete. Mit drei bis vier Anzeigen pro Monat und ihrem unermüdlichen Arbeitseinsatz brachte sie das Geschäft innerhalb eines Jahres wieder in die Gewinnzone. Die Anzeigen trugen Titel wie «Möchten Sie im Neuen Jahr etwas gegen Ihre Cellulitis tun?», «Wieviel ist es Ihnen wert, Ihre Cellulitis loszuwerden?» und «Legen Sie Wert auf schöne Beine?», und sie bringen noch heute im Durchschnitt 30 neue Kundinnen pro Monat.

Ein junger Fliesenleger, der sich gerade eben selbständig gemacht hatte, verlangte von mir einen Werbebrief, in welchem er den rund achtzig Architekten der Region seine Dienste anpreisen wollte. Ich rief drei Architekten an und wollte von ihnen wissen, wie sich denn in ihren Augen ein Fliesenleger vom anderen unterscheide. Nach einigem Grübeln kam bei allen etwa die folgende Antwort: «Na ja, er soll einen beraten können... er soll seine Arbeit gut machen... er sollte kompetent sein und freundlich... und vor allem sollte er dann da sein, wenn man ihn braucht!» Das war's. Das war der «heiße Knopf», wie man im Direct Response sagt. Ich schrieb sofort den Titel des Briefes: «Brauchen Sie einen Fliesenleger, der da ist, wenn man ihn braucht?» Fast die Hälfte aller Empfänger sandte den Coupon zurück, drei davon hatten sofort einen Auftrag für den frischgebackenen Firmenboß, der Rest bedankte sich für die Information und vertröstete auf später. Auch dieser Mann ist seither ausgebucht.

Ein Juwelier beklagte sich über das schlechtgehende Weihnachtsgeschäft. Ich schlug ihm vor, zwischen Sankt Nikolaus und Weihnachten jeden Tag einen großen Strauß roter Rosen ins Geschäft zu stellen. Dann schrieben wir seine Stammkunden an. Der Titel des Briefes lautete: «Sie haben eine Rose verdient!» Mit dem beigefügten Gutschein sollte der Empfänger im Juweliergeschäft seine Gratis-Rose abholen können, ohne irgendwelche Verpflichtung natürlich. Das Resultat: Mindestens jeder zweite kaufte sich ein Schmuckstück. Weihnachten war für diesen Juwelier so schön wie noch nie!

Ein Friseur gewann mit fünf Anzeigen von der Größe dieser Buchseite und mit der Schlagzeile «Was erwarten Sie von einem guten Friseur?» ganze 70 neue Kundinnen. Nach drei Monaten wiederholte er die Aktion und brachte es noch einmal auf 40 Anmeldungen. Danach bekam er offensichtlich Angst vor dem Erfolg und stellte die Werbung ein.

Ein Möbelgeschäft stand lange Zeit am Rande des Bankrotts. Dann investierte sein Inhaber in eine Kundenzeitung, die nach Direct-Response-Regeln getextet werden sollte. Nach zwei Jahren erzielte er pro Mitarbeiter einen Umsatz von beinahe einer halben Million Mark.

Ein Computer-Anbieter, dessen Geschäftsgang sich bereits sehen lassen konnte, entschloß sich dazu, jeden Monat eine Kundenzeitung nach der Direct-Response-Methode herauszugeben. Die Umsatzkurve schnellte fast explosionsartig nach oben, und er ist heute einer der wenigen, der tiefschwarze Zahlen schreibt.

Brauchen Sie noch mehr Beispiele? Ich könnte endlos fortfahren. Überall dort, wo diese Methode angewandt wurde, wo die richtige geistige Einstellung vorhanden war, wo seriös, integer und mit dem Kundenwohl vor Augen gearbeitet wurde, blieb der Erfolg nicht aus.

4. Doppelt so viele Leser dank der richtigen Schrift

Seit der große David Ogilvy im Jahre 1963 sein Buch «Bekenntnisse eines Werbemannes» veröffentlichte, müßte es eigentlich allen Werbefachleuten klar sein. Aber selbst als er zwanzig Jahre später mit seinem bunten und spannenden Werk «Über Werbung» nachhakte, hielten die Grafiker aller Länder an ihren alten Gewohnheiten fest. Die beiden Bücher stehen zwar im Bücherregal nahezu jeder Werbeagentur, aber gelesen hat sie offenbar keiner.

Ogilvy hatte nämlich schon sehr früh herausgefunden, daß gewisse grafische «Mätzchen» einen Text so mißhandeln können, daß er schlechter lesbar wird.

SO GIBT ES ZUM BEISPIEL NOCH IMMER TYPOGRAFEN, DIE GANZE TEXTBLÖCKE IN VERSALIEN, ALSO IN GROSSBUCHSTABEN SETZEN, OBWOHL MAN HEUTE WEIß, DAß DAS AUGE DADURCH SCHNELLER ERMÜDET. DAS BEDEUTET IN DER WERBUNG SCHLICHT UND EINFACH: ES HÖRT AUF ZU LESEN.

NOCH SCHLIMMER WIRD ES, WENN EINEM SOGENANNTEN WERBEGRAFIKER DER ZÜNDENDE GEDANKE KOMMT, MAN KÖNNTE SICH MIT HILFE VON NEGATIVSCHRIFT, ALSO WEISSER SCHRIFT AUF SCHWARZEM GRUND, VON DEN ANDEREN UNTERSCHEIDEN. ALS EINE ANZEIGE IN NEGATIV-SCHRIFT IN DER NEW YORK TIMES AUF ANRATEN OGILVYS

POSITIV GESETZT WURDE, VERDOPPELTE SICH DER RÜCKLAUF!

Ebenfalls schwierig zu lesen sind größere Textblöcke in einer sogenannten Grotesk-Schrift wie dieser hier. Was das ist, sehen Sie unten in der Abbildung. Antiqua-Schriften dagegen mögen in einzelnen Fällen ein etwas weniger schönes Bild ergeben, erzielen jedoch bis zu 30% mehr Leser.

Denn offensichtlich hat sich unser Auge durch die Schulbücher und Zeitungen, die alle fast ausnahmslos eine Antiqua verwenden, so sehr an diese Schriften gewöhnt, daß es alles andere als unnatürlich empfindet. Außerdem wird es durch die Serifen besser der Zeile nach geführt.

Das ist eine Antiqua-Schrift

Serifen (Füßchen)

Das ist eine Grotesk-Schrift

keine Serifen

Eine weitere Grafiker-Sünde können Sie am eigenen Leib erfahren, sofern Sie Brillenträger sind. Nehmen Sie die erstbeste Zeitung zur Hand, legen Sie Ihre Brille ab und blättern Sie den Annoncen-Teil durch. Welche Schlagzeilen können Sie noch lesen?

Die Schriftsetzer messen die Schriftgrößen in Punkt. Auf der nächsten Seite finden Sie einige Beispiele.

Ich selbst trage viereinhalb Dioptrien auf meiner Nase. Bei Schriften unter 24 Punkt habe ich ohne Brille keine Chance. Und genauso groß ist das Seh-Vermögen Ihres Lesers *mit* Brille! Denken Sie daran, er liest Werbung und

Das ist 9 Punkt

Das ist 10 Punkt

Das ist 12 Punkt

Das ist 14 Punkt

Das ist 18 Punkt

Das ist 24 Punkt

Das ist 30 Punkt

Das ist 36 Punkt

nicht ein gutes Buch. Schauen Sie sich einmal die Typografie der «Bild-Zeitung» an. Die haben nicht umsonst die größten Auflagen…

Nun kennen Sie sicher den Spruch «ein Bild sagt mehr als tausend Worte.» Ich weiß nicht, wer diesen Quatsch erfunden hat. Würde er stimmen, dann hätte ich dieses Buch als reines Bilderbuch herausgeben können. Oder Sie könnten sich «Doktor Schiwago» als Stummfilm ansehen und genauso herzzerreißend weinen. Ein Bild sagt insofern mehr als tausend Worte, als es eben beliebig interpretierbar ist. Aber Sie möchten ja, daß der Leser Ihre Botschaft genau so interpretiert, wie Sie es sich ausgedacht haben.

Wenn Sie nur diesen einen Satz beherzigen, hat sich Ihre Investition in dieses Buch bereits tausendfach gelohnt: Versehen Sie Ihr Inserat mit einer Schlagzeile in mindestens 24 Punkt Größe, und versprechen Sie darin einen Vorteil, der etwas mit Stolz, Anerkennung, Vergnügen, Profit, Ruhe oder Sicherheit zu tun hat.

Zusammenfassung für Schnell-Leser

1. Suchen Sie sich Ihre Werbeberater sorgfältig aus. Das Erzeugen von Nachfrage ist nichts anderes als ein schriftliches Verkaufsgespräch. Ein Werbefachmann, der keine Ahnung von Verkaufspsychologie hat, ist ein Scharlatan.

2. Orientieren Sie sich in Sachen Werbung nicht an den großen Konzernen. Die haben Millionen-Budgets zur Verfügung, mit deren Hilfe sie ihren Bekanntheitsgrad zu steigern versuchen. Sie jedoch sollten einfach dafür sorgen, daß Sie sofort neue Kunden gewinnen.

3. Sie sind fähig, selbst einen Werbetext zu schreiben, der Ihnen hilft, sofort zu verkaufen. Beachten Sie meine diesbezüglichen Tips, oder besuchen Sie eines der zahlreichen Seminare (siehe Hinweise am Ende des Buches).

4. Verzichten Sie auf «Grafiker-Mätzchen», die Ihnen vielleicht das Lob Ihrer Kollegen, aber keinesfalls neue Kunden einbringen.

Das will ich sofort umsetzen:

«Zu viel Angst und zu wenig Phantasie sind die Erfolgskiller Nummer eins. Oftmals sind auch sie es, die schuld sind am Phänomen der Arbeitslosigkeit.»
(Amerikanischer Unternehmer)

Zweiter Irrtum
des mittelständischen Unternehmers:

VI. «Kunde blöd, Kunde merkt nix!»

Vor Jahren absolvierte ich ein Praktikum in der Filmbranche. Immer wenn ich mit dem Regisseur zusammen im Schneideraum einen Auftragsfilm bearbeitete und ich ihn auf einen Fehler in der Bildachse aufmerksam machte, zitierte er einen tschechischen Kollegen, der sich jeweils so geäußert haben soll: «Kunde blöd, Kunde merkt nix!»

Genau diese Einstellung treffe ich heute ab und zu bei Klein-Unternehmern an. Aber der Kunde ist überhaupt nicht blöd, und er merkt sehr vieles. Er weiß vielleicht nicht, *was* ihn stört, aber *daß* etwas fehlt, spürt er in den meisten Fällen.

In diesem Kapitel will ich Ihnen quer durch das Gemüsebeet einige Tips vermitteln, bei deren Befolgung Ihr Kunde sehr wohl etwas merken wird und die den Aufstieg Ihres Geschäfts weiter beschleunigen werden.

1. Wozu ein Schaufenster gut ist

Wenn Sie einen Geschäftsinhaber fragen, wozu ein Schaufenster eigentlich gut ist, wird er Ihnen sofort sagen: «Zum Präsentieren der Ware natürlich!»

Wenn Sie dann weiter wissen wollen, welche Fragen sich wohl ein Mensch stellt, der zum ersten Mal vor diesem Geschäft steht, dann sprudelt es nur so aus ihm heraus: «Na ja, wenn ich selber vor einem fremden Geschäft stehe, dann bin ich gespannt, wie es dort drin aussieht, was die mir bieten können, ob das nette Leute sind und ob ich mich dort auch umsehen darf, wenn ich nichts kaufen will.»

Bei einem meiner Kunden haben wir genau diese Fragen im Schaufenster beantwortet. Ich nehme es gleich vorweg: Er hat seither doppelt so viele Passanten im Geschäft und erzielt ein Drittel mehr Umsatz. Wie hat er das gemacht?

Es war sehr einfach, wie alles, was gut ist. Zuerst ließ er sich und seine vier Mitarbeiter einzeln fotografieren. Dabei achtete er darauf, daß jeder lächelnd in die Kamera blickte. Das ist sehr wichtig! Dann wollte er Aufnahmen seiner Verkaufsräume haben, die sich über drei Stockwerke erstrekken. Auf seinem Computer stellte er einige Kleinplakate her, und jetzt sieht das Ganze so aus:

Im Schaufenster liest man links oben die Frage: «Wer bedient mich in diesem Geschäft?» Darunter hängen die Porträts der Mitarbeiter mit Vor- und Nachnamen sowie einer kleinen, launigen Beschreibung ihrer Tätigkeit. Daneben findet man die nächste Frage: «Was finde ich in diesem Geschäft?» Darauf antworten drei Poster mit der Abbildung der Verkaufsräume sowie einer blumigen Schilderung, warum es sich lohnt, jetzt gleich einzutreten. Und wer noch zweifelt, liest auf dem letzten Plakat: «Darf ich mich hier einfach mal umsehen?» Darunter die Antwort: «Aber selbstverständlich. Sie sind uns jederzeit willkommen! Sagen Sie einfach, Sie möchten nur ein wenig schnuppern. Und wenn Sie mögen, genießen Sie eine Tasse Gratis-Kaffee in unserer Kaffee-Ecke!» Das Bild einer dampfenden Tasse Kaffee rundet das Meisterwerk ab.

Wundern Sie sich noch über den Erfolg dieser Firma? Mein Tip, sofern Sie über ein Schaufenster verfügen: Nachmachen und genießen!

2. Noch einmal: Träume sind das A und O!

Einmal angenommen, Ihr Schaufenster hat es geschafft: Der Kunde überwindet seine Schwellenangst und tritt in Ihr Geschäft ein. Was glauben Sie, möchte er jetzt antreffen? Machen Sie die Probe aufs Exempel! Fragen Sie einmal ein paar Kunden, was sie eigentlich erwarten, wenn sie in Ihren Laden kommen!

Der größte Teil wird wahrscheinlich antworten: «Keine Ahnung. Ich lasse mich überraschen.» Haben Sie das gehört? Er will sich überraschen lassen. Und was tut der durchschnittliche Geschäftsführer? Er überrascht nicht, er enttäuscht. Und zwar mit einer völlig durchschnittlichen und langweiligen Präsentation seiner Ware. Einverstanden, wenn Sie ein Discounthaus leiten, das auf «billig» macht und nur über den Preis verkauft, dann mag eine durchschnittliche Gestaltung des Verkaufspunktes gerechtfertigt sein. Falls Sie jedoch ein Fachgeschäft führen, dann sollten Sie sich augenblicklich zu diesem Thema etwas einfallen lassen.

Die schönsten Verkaufspunkte entstehen dort, wo sich jemand einen Traum verwirklicht hat. Deshalb gilt auch hier: Träume sind das A und O. Wer die Menschen dazu bringen kann, ein paar Minuten zu träumen, dem ist der Erfolg sicher.

Schon gut. Ich höre bereits den Chor der Fleischermeister, Schuhverkäufer, Bäcker und Drogisten: «Wir verkaufen Waren des täglichen Bedarfs. Da hat eine stimmungsvolle Dekoration nichts zu suchen.» Und warum nicht? Oder anders gefragt:

Warum hat der Fleischermeister Müller während der Jagd-Saison viermal mehr Wild verkauft als sein Mitbewerber im gleichen Dorf? Und warum spricht man noch heute von ihm, während sein Konkurrent in der Vergessenheit versinkt? Weil Herr Müller aus seiner Fleischerei einen Erlebnispark gemacht hat. Zahlreiche Poster von wunderschönen Wäldern, abenteuerlichen Jagdszenen und stolzen Hirschen zieren die Wände der Metzgerei. Auf einem mit farbigen Herbstblättern dekorierten Bauerntisch gibt es hausgemachte Wildpastete zu degustieren. Und die Kinder können an einem kleinen Wild- und Jagdlehrgang mit anschließendem Wettbewerb teilnehmen.

Das ist besonders clever. Denn als Public-Relations-Profi weiß Fleischermeister Müller, daß Aktivitäten von allgemeinem Interesse (Bildung, Umweltschutz, Politik) bei Journalisten sehr beliebt sind. Sein Wild-Lehrgang brachte ihm denn auch einen ganzseitigen Bericht in der Lokalpresse ein.

Und noch etwas hatte sich Herr Müller überlegt: Ein knusprigbrauner Rehrücken frisch aus dem Ofen sieht wesentlich appetitlicher aus als ein rohes Stück Fleisch. Also ließ er zu jeder Fleischsorte eine farbige Fotografie anfertigen, die das Produkt im fertigen, angerichteten Zustand zeigte. So konnte sich die Hausfrau schon lebhaft vorstellen, wie sie mit ihrem herrlichen Sonntagsbraten in die gute Stube einmarschiert. Natürlich bekam sie von Fleischermeister Müller auch das richtige Kochrezept mitgeliefert.

Ja richtig, das ist auch ein Kapitel für sich. Müller ist laufend auf der Suche nach neuen Rezepten. Die tippt er dann in leicht veränderter Form in seinen Computer ein, versieht sie mit seinem Firmen-Logo, und fertig ist das Müllersche Rezept der Woche. Und was tun Müllers schlaue Verkäufer? Sie fragen die Kundin: «Brauchen Sie das Rezept nur für sich, oder möchten Sie es noch einer Freundin weitergeben?» Stellen Sie sich vor, welche Mund-zu-Mund-Propaganda da in Gang kommt, wenn Müllers Rezepte von Haushalt zu Haushalt weitergereicht werden!

Genügt das, um Ihre Phantasie anzuregen? Oder möchten Sie noch das Beispiel vom Drogisten Meier hören, der jeden Monat eine hochinteressante Informations-Schau zu einem seiner Produkte veranstaltet? Oder dasjenige des Möbelhändlers Schmidt, bei dem Sie einen Wohn-Erlebnispark mit dem Titel «Wohnen heißt Leben» vorfinden? Ich denke, das genügt, um Sie zu überzeugen, daß selbst das simpelste Produkt in einer phantastischen Atmosphäre präsentiert werden kann. Sofern man das Träumen nicht verlernt hat und bereit ist, etwas mehr zu bieten als die Konkurrenz...

3. Plakate helfen verkaufen – kostenlos

Nein, damit meine ich nicht die riesigen B-12er Plakate, die einem an jeder Straßenecke ein Süßgetränk oder ein Waschmittel schmackhaft machen wollen. Solche empfehle ich Ihnen übrigens nur, wenn Sie wirklich auf einen gewissen Bekanntheitsgrad angewiesen sind. Denken Sie daran, was ich Ihnen schon gesagt habe: «Bekanntsein ist gut, Verkaufen ist besser.»

Verkaufen helfen Ihnen unter anderem Kleinplakate, die Sie nahezu kostenlos mit Hilfe Ihres Computers herstellen, via Kopierer auf DIN A3 vergrößern, in Wechselrahmen fassen und in Ihrem Geschäft aufhängen können. Beispiel gefällig? Also. Da wäre zum Beispiel der Möbel-Fachhändler, der in seinem kleinen Geschäft einen Wohn-Informations-Rundgang beschilderte und damit nicht nur die Aufmerksamkeit seiner Kundschaft, sondern vor allem auch diejenige der Presse auf sich zog.

Wie er auf diese Idee kam, möchten Sie wissen? Ganz einfach. Er befragte einmal ein paar seiner besten Kunden, welchen Eindruck sie denn hätten, wenn sie in sein Geschäft träten. Ob ihnen bestimmte Ausstellungsstücke besonders auffielen. Darauf erhielt er fast einhellig die Antwort: «Wir wissen jeweils gar nicht, wo wir beginnen sollen. Für uns ist das alles eine große Möbelsuppe.» Das mußte man dem gewieften Unternehmer nicht zweimal sagen. Die Ausstellung wurde sofort mit Hilfe von Kleinplakaten strukturiert.

Überlegen Sie sich ganz unvoreingenommen, ob Sie das in Ihrem Geschäft auch anwenden können.

Die Idee ist übrigens nicht neu. Das erfolgreiche schwedische Möbelgeschäft IKEA verdankt einen Teil seines Erfolges genau dieser Verkaufspunkt-Information. Aber Sie haben es ja längst gemerkt: Lieber Gutes kopieren, als Schlechtes erfinden!

In den nächsten beiden Kapiteln zeige ich Ihnen, wie Sie mit geschickter Information am Verkaufspunkt zusätzliche Umsätze erzielen können.

4. Schwächen positiv ausgedrückt

John Caples erzählt in seinem Buch «Tested Advertising Methods» eine herrliche Geschichte: Ein cleverer Farmer in den USA hatte einmal beschlossen, seine Äpfel direkt an den Endverbraucher zu verkaufen. Nachdem er ein paar Annoncen in Tageszeitungen aufgegeben hatte, konnte er sich einen kleinen Kundenstamm aufbauen, den er mit Hilfe seines Computers regelmäßig mit Angeboten bediente.

Nun wollte es das Schicksal, daß einmal sämtliche Äpfel einer Jahresernte unschöne Hagelflecken aufwiesen. Was sollte der gute Mann tun? Verschickte er die Äpfel kommentarlos, würde er sicher mehr als die Hälfte zurückbekommen und all seine treuen Kunden vergraulen. Verzichtete er ganz auf den Versand, würde er Tausende von Dollar verschenken. Dabei waren die Äpfel wunderbar saftig und einmalig im Geschmack. Sie sahen einfach nur nicht so schön aus.

Der Farmer begab sich eine Stunde an die frische Luft, und da kam ihm die zündende Idee. Er setzte sich an seine Schreibmaschine und verfaßte folgenden Begleitzettel: «Beachten Sie bitte die Hagelflecken auf einigen dieser Äpfel. Sie beweisen, daß diese Äpfel in höheren Bergregionen herangewachsen sind, wo die plötzlichen Kälteeinbrüche von

Hagelstürmen das Fruchtfleisch kräftigen und die natürlichen Fruchtzucker entwickeln, die diesen Früchten ihren unvergleichlichen Geschmack verleihen.» Was denken Sie, wieviele Reklamationen er erhalten hat? Keine einzige. Im Gegenteil. Im folgenden Jahr flatterten ihm Bestellungen ins Haus mit dem Vermerk: «Wenn möglich mit Hagelflekken!»

War das ein Scharlatan? Ganz und gar nicht. Die Äpfel waren ja in der Qualität einwandfrei. Etwas anderes wäre es gewesen, wenn er seinen Kunden schlechte Ware verkauft hätte. Ganz nebenbei: Sicher gibt es Menschen auf diesem Planeten, die die Frechheit besäßen, einen angebissenen Apfel mit dem Slogan «Gebrauchsanweisung eingebaut» zu verkaufen. Mit solchen Erdenbürgern wollen jedoch weder Sie noch ich etwas zu tun haben.

Der Gedanke an die Apfel-Story rettete mich, als ich einmal ein Problem bei meiner Import-Firma zu lösen hatte. Von einem Mikrofon-Stativ, das wir verkauften, kam jeweils nach ein bis zwei Monaten die Hälfte defekt zurück. Offensichtlich hatten unsere Kunden nicht bemerkt, daß die Gelenkteile aus Kunststoff waren. Wenn sie das Stativ bewegten, ohne die Flügelschrauben zu lösen, brach das Gelenk entzwei. Zuerst regte ich mich furchtbar auf über die Dummheit der Leute, aber dann kam mir der rettende Einfall. Ich ließ zu jeder Stativ-Lieferung einen Zettel mit folgendem Wortlaut legen: «Achtung: Beim Mikrofon-Stativ sind die Gelenkteile aus Hart-Kunststoff, damit sie nicht rosten. Bitte immer zuerst die Flügelschrauben lösen, bevor Sie das Stativ bewegen.» Ob Sie's glauben oder nicht: Wir hatten keine einzige Reklamation mehr.

Wenn Sie mit ähnlichen Problemen zu kämpfen haben, überlegen Sie sich einfach, ob es sich dabei nicht um eine vermeintliche Schwäche handelt, die man auch positiv ausdrücken könnte. In den seltensten Fällen müssen Sie etwas an Ihrem Produkt oder Ihrer Dienstleistung verbessern. Sehr oft ist es nur eine Frage dessen, wie Sie's Ihrem Kunden erklären. Im Zweifelsfalle immer positiv!

5. Das goldene Geheimnis der Produkte-Story

Hat Ihr Produkt oder Ihre Dienstleistung eigentlich eine Geschichte? Wie bitte? Was das ist? Ganz einfach.

Stellen Sie sich vor, Sie sehen sich in einer Weinhandlung um, weil Sie ein paar gute Jahrgänge erstehen möchten. Bei einem Greco di Bianco lesen Sie am Regal diese Information: «Greco di Bianco, Dessertwein Italien, 1983, DM 39,50». Damit ist Ihnen nicht geholfen, das hätten Sie als Weinkenner auch vom Etikett erfahren können.

Nun stellen Sie sich vor, der Weinhändler wüßte um das goldene Geheimnis der Produkte-Story, und er hätte das Regal folgendermaßen beschriftet: «Greco di Bianco, samtiger, üppiger Dessertwein mit verführerischem Orangenblüten-Aroma, aus der traditionsreichen Familien-Kellerei von Antonio Rossi in Bianco (Südost-Kalabrien). Kann sehr lange gelagert werden, wird dann trockener und reichduftiger. Der Jahrgang 1983 ist jetzt, nach Jahren sorgfältiger Lagerung, am ausgeglichensten und darf sofort getrunken werden. Diese Woche nur DM 39,50 statt 43,—.»

Haben Sie den Unterschied bemerkt? Zweimal die gleiche Flasche mit dem gleichen Etikett. Zweimal der gleiche Traubensaft zum gleichen Preis. Aber beim zweiten Beispiel wird zusätzlich eine Story mitverkauft. Der Schweiß einer arbeitsamen Winzerfamilie und die Wärme eines kalabrischen Sommers stecken darin, so daß der Wert dieser Flasche in Ihrer Vorstellung unweigerlich ansteigt.

Wissen Sie, was das meistgehörte Gegenargument zur Produkte-Story ist? «Das liest doch sowieso keiner.» Das stimmt nicht. Auch wenn sie vielleicht nur zehn Prozent der Kunden lesen, der Rest hat immerhin bemerkt, daß Information da wäre, falls man sie haben möchte. Das zeugt erstens von der Kompetenz des Weinhändlers und zweitens davon, daß er seinen Kunden nützlich sein will. Oder was glauben Sie, wie kommt es sonst, daß Geschäfte mit Produkte-Story plötzlich deutliche Umsatzsteigerungen erfahren?

Produkte-Storys können Sie nahezu in allen Branchen verwenden. Es braucht einfach ein wenig Sachkenntnis, Phantasie und minimale Texter-Begabung. Aber dafür gibt es ja Profi-Texter. Wenn Sie diesen Federfüchsen die nötigen Sach-Informationen liefern, bekommen Sie die wunderbarsten Produkte-Storys, die Sie sich wünschen können. Weitere Kostproben gefällig?

Bei einem Käsehändler lief mir das Wasser im Mund zusammen, als ich das Schild auf seinem Greyerzer las: «Herrlich würziger Greyerzer aus der Molkereischule XY. Schön sämig und weich, wie echter Greyerzer sein soll. Aus unpasteurisierter Milch hergestellt, deshalb geschmacklich besonders reich. Dazu paßt besonders gut ein leichter Beaujolais (siehe Aktion).» Dieser clevere Geschäftsmann verkaufte mir nicht nur ein halbes Pfund seines wirklich hervorragenden Greyerzers, sondern auch drei Flaschen von seinem Aktionswein. Dabei wollte ich ursprünglich nur einen Liter Milch fürs Frühstück kaufen.

Einer meiner besten Kunden ist wohlhabend geworden durch den Verkauf von Steinen. Ja, Sie haben richtig gelesen. Der Mann kam aus der Garten-Branche und hatte eines schönen Tages die gloriose Idee, man könnte in einen Stein ein Loch bohren, diesen zusammen mit einer Pumpe in ein Pflanzgefäß stellen, das Ganze dekorativ bepflanzen, und man hätte einen wunderschönen Zimmerbrunnen und Luftbefeuchter. Die Sache hatte nur einen Haken. Das Produkt war aufgrund der überaus hohen Beschaffungs-, Reinigungs- und Bearbeitungskosten recht kostspielig. Und manch einer, der sich mit der Anschaffung eines solchen Brunnens befaßt hatte, fand, nachdem er den Preis in Erfahrung gebracht hatte, das sei für ein «Stück Stein» denn doch zu teuer. Wie bitte? Ein Stück Stein? Das schreit ja geradezu nach einer Produkte-Story, nicht wahr?

Sofort begann der Unternehmer, an den Verkaufspunkten Kleinplakate aufzuhängen, auf denen der Zimmerbrunnen-Interessent über die geschichtlichen Hintergründe aufgeklärt wurde: «Stellen Sie sich ein Bächlein in der freien Natur vor. Während es so friedlich dahinplätschert, finden einige Wassertropfen den Weg auf Moos und Blätter am Ufer. Das Wasser trocknet ein, zurück bleibt der Kalk, der wiederum vom Bächlein bespritzt wird. So entsteht im Laufe der Jahrhunderte ein sehr poröses, weiches Gestein, das man sich wie einen versteinerten Schwamm vorstellen kann. Aufgrund seiner Porosität ist der aquatuff®-Zimmerbrunnen der beste und sparsamste Luftbefeuchter, den Sie sich denken können. Er braucht sechs Mal weniger Strom als eine 60-Watt-Glühlampe und sogar fünfzig Mal weniger als ein herkömmlicher Luftbefeuchter.»

Na, hat's bei Ihnen auch «klick» gemacht? Jetzt ist es doch kein gewöhnliches Stück Stein mehr. Jetzt kaufen Sie sich ein Stück Natur, eine jahrhundertealte Geschichte und einen sparsamen Luftbefeuchter in einem.

Genügt Ihnen das, um für Ihr Produkt oder Ihre Dienstleistung eine verkaufsfördernde Story zu schreiben?

6. Mein Schreibtisch, das unbekannte Wesen

Vielleicht besitzen Sie weder ein Schaufenster noch ein Verkaufslokal, und Ihre Kunden kommen zu Ihnen ins Büro. Dann möchte ich Sie mit Ihrem Schreibtisch bekannt machen. Es mag Ihnen banal erscheinen, aber jeder erfolgreiche Mensch, den ich kenne, hat Ordnung in seinem Büro. Nur die Erfolglosen leisten sich einen Saustall. Um ihn vor sich und der Umwelt zu rechtfertigen, hängen sie dann die tausendmal gehörten Büro-Sprüche an die Wand: «Nur der Langweiler braucht Ordnung; Genies beherrschen das Chaos», «In meinem Büro herrscht Ordnung; ein Griff, und die Sucherei geht los» oder «In meinem Kopf herrscht tadellose Ordnung; nur mein Büro ist etwas durcheinander.»

Es hilft alles nichts. Wenn Ihr Kunde in Ihrem Büro ein heilloses Chaos antrifft, wird er den Eindruck von Inkompetenz und Schludrigkeit nie mehr los. Dasselbe gilt für veraltetes Büro-Mobiliar. Wer sich mit Bürostühlen und Schreibmaschinen vom Trödler begnügt, kann den Erfolg einfach nicht in sich tragen. So urteilen zumindest Ihre Kunden. Und sie haben gar nicht so unrecht. In den letzten Jahren passierte es mir immer öfter, daß ich allein aufgrund der

Büro-Einrichtung gewissen Firmen den baldigen Untergang prophezeite. Bis jetzt haben sich etwa achtzig Prozent meiner Voraussagen bewahrheitet.

Die einzige Ausnahme bilden vielleicht berühmte Künstler. Bei einigen von ihnen gehört das sogenannte «kreative Chaos» zum Markenzeichen. Aber solange Sie Inhaber oder Geschäftsführer eines Kleinbetriebes sind, vergessen Sie dieses Image! Es führt Sie nur in den Abgrund.

Zusammenfassung für Schnell-Leser

1. Finden Sie heraus, wo und wann Ihr Kunde direkt oder indirekt mit Ihrem Geschäft in Kontakt kommt. Finden Sie heraus, welche Fragen er sich dabei stellt, und beantworten Sie ihm diese Fragen in einer einfachen, leicht verständlichen Sprache.

2. Benutzen Sie Ihr Schaufenster und Ihren Verkaufspunkt nicht nur dazu, Produkte auszustellen. Beantworten Sie gleichzeitig Kundenfragen.

3. Falls hinter Ihrem Produkt oder Ihrer Dienstleistung eine spannende Story steckt, präsentieren Sie diese Geschichte in Form eines Kleinplakats oder eines Flugblatts. Falls die Geschichte nicht so spannend ist, dann machen Sie sie spannend!

4. Sorgen Sie auch dafür, daß Sie Ihre Kunden guten Gewissens hinter die Kulissen blicken lassen können. Wer es «hintenrum» an Ordnung fehlen läßt, verliert an Vertrauen.

Das will ich sofort umsetzen:

«Verkaufen heißt, dem Kunden zu helfen, das zu bekommen, was er braucht, und ihm dabei ein gutes Gefühl zu vermitteln.»
(Ron Willingham)

Dritter Irrtum
des mittelständischen Unternehmers:

VII. «Verkaufen heißt: Einem Eskimo einen Eisschrank aufschwatzen»

Wenn Sie hundert Leute auf der Straße fragen würden, ob Verkaufen in ihren Augen eine ehrenwerte Tätigkeit sei, bekämen Sie höchstwahrscheinlich 80mal zu hören: «Na ja, es kommt drauf an.»

Worauf kommt es denn an? Und wie ist es zu erklären, daß Verkaufen in unserer Welt nicht den besten Ruf genießt? Überlegen Sie sich doch nur einmal, was passieren würde, wenn sämtliche Verkäufer auf der Welt von heute auf morgen aufhören würden zu verkaufen. Das wäre der totale Stillstand, nicht wahr? Die Fabriken könnten noch so tolle Waren herstellen, wenn keiner bereit ist, sie an den Mann oder an die Frau zu bringen, ist Schluß mit unserer Wohlstands-Gesellschaft. Seien Sie daher stolz darauf, ein Verkäufer zu sein, und führen Sie Ihre verkäuferischen Fähigkeiten zur Perfektion. Verkaufen ist das größte und schönste Abenteuer. Wenn es Ihnen gelingt, diese Aufgabe zu bejahen, dann werden Sie auch Erfolg haben.

Übrigens sind alle erfolgreichen Menschen, ob sie nun im Verkauf tätig sind oder nicht, hervorragende Verkäufer. Sie schaffen es, sich selbst, ihre Fähigkeiten und ihre Ideen so zu «verkaufen», daß man ihnen glaubt und ihnen Vertrauen schenkt. Dieses Kapitel sollten Sie also mit besonderer Sorgfalt lesen. Es kann buchstäblich Ihr Leben verändern!

1. Das verkannte Abenteuer

Meine Superlearning-Verkaufsseminare beginne ich jeweils mit einer alten Definition: «Verkaufen heißt, dem Kunden zu helfen, das zu bekommen, was er braucht, und ihm dabei ein gutes Gefühl zu vermitteln. Und zwar vor, während und nach dem Kauf.» Mit diesem letzten Satz haben wir auch sämtliche Scharlatan-Verkäufer aus unserem Kreis ausgeschlossen. Dort stimmt es mit den guten Gefühlen nach dem Kauf nämlich oft nicht mehr so ganz.

Schauen wir uns doch diese Definition etwas näher an. Dem Kunden helfen, das zu bekommen, was er braucht, das ist noch lernbar. Da werden Sie mir sicher zustimmen. Wir werden im nächsten Kapitel auch gleich sehen, worauf es da ankommt. Wie aber wollen Sie dem Kunden ein gutes Gefühl vermitteln, wenn Sie selbst keines haben? Aus dem Kapitel über die innere Einstellung wissen Sie ja, daß Sie nur etwas geben können, was Sie auch besitzen.

Nun gibt es Menschen, die sich praktisch immer gut fühlen, selbst dann, wenn das Leben einmal nicht zimperlich mit ihnen umgeht. Sogar in Zeiten von Schmerz und Trauer ist bei ihnen eine Art Urvertrauen und eine Grund-Fröhlichkeit zu spüren, eine Zuversicht, daß alles seinen Zweck hat, und daß sich alles zum Guten wenden wird.

Eine zweite Kategorie von Erdenbürgern versucht sich krampfhaft oben zu halten. Diese Leute haben gelernt, daß positives Denken auch positive Gefühle weckt. Nur, und das ist ihr großes Problem, oftmals spielt ihr Gehirn das Spielchen nicht mit. Wenn am Morgen der Drill mit den Selbst-Suggestionen «Ich bin groß und stark und wertvoll» beginnt, fragt ihr Gehirn ganz doof: «Wie kommst Du denn darauf? Vorgestern hast Du nichts verkauft, gestern auch nicht, und heute wird's wohl nicht anders sein. Was, bitte, soll da noch wertvoll sein?» Diese Zeitgenossen haben vielleicht an hundertfünfzig Tagen im Jahr eine gute Stimmung. Den Rest verbringen sie in der Grauzone zwischen Frustration und Depression.

Und schließlich gibt es den ganz hoffnungslosen Fall. Er sieht sich jeden Tag als Opfer irgendwelcher äußerer Umstände. Er begreift nicht, wie jemand fröhlich sein kann, wenn doch die Welt so schlecht ist und alles kaputt geht. Er fühlt sich schuldig, wenn der Wald stirbt. Er fühlt sich schuldig, wenn ein Krieg ausbricht. Ja, er entschuldigt sich sogar bei seinen Mitmenschen dafür, daß es heute regnet.

Wir wollen nicht nochmals auf diese Probleme und deren Lösungen eingehen. Das haben wir im Kapitel über die innere Einstellung zur Genüge getan. Nein, ich möchte Ihnen interessante Parallelen zum Verkauf aufzeigen. Sie haben es bereits erraten. Derjenige, der sich praktisch immer gut fühlt, ist ein Spitzen-Verkäufer. Derjenige, der seine Seelen-

Zustände nicht so ganz im Griff hat, ist ein mittelmäßiger Verkäufer. Und derjenige, der sich völlig gehen läßt, ist ein lausiger Verkäufer. Wundert Sie das? Überlegen Sie sich nur einmal, mit welchen Menschen Sie am liebsten zusammen sind. Sind es die ewigen Nörgler und Weltverbesserer? Oder sind es die Fröhlichen und «Aufgestellten», die beschlossen haben, die fünfundsiebzig Jährchen auf diesem Planeten nach Herzenslust zu genießen?

Wenn Sie besser verkaufen wollen, kann ich Ihnen daher nur empfehlen: Arbeiten Sie daran, bessere Gefühle zu haben. Wenn Sie das alleine nicht schaffen, gibt es erstklassige Seminare. Ein Seminar hat den Vorteil, daß Sie gezwungen sind, etwas zu tun und sich ein paar Tage lang nur mit sich selbst zu beschäftigen. Denn wirklich lernen tun Sie nicht durch Lesen, sondern durch konsequentes Handeln.

Sie werden im nächsten Kapitel sehen, wie sich eine Veränderung Ihrer Gefühlswelt auf Ihren Geldbeutel auswirkt.

2. Die geheime Formel für den Verkaufs-Erfolg

Der amerikanische Verkaufs-Trainer Ron Willingham hat die Sache in seinem Buch «The Best Seller» auf den Punkt gebracht. Er rechnet den Verkaufs-Erfolg mit dieser Formel aus: Produkt-Kenntnis *plus* Verkaufstechnik *plus* Überzeugungskraft *mal* die positive Einstellung. Den letzten Punkt nennt Willingham wörtlich «achievement drive». Man könnte es auch mit «der Wille zum Erfolg» oder «der Drang, etwas zu erreichen» übersetzen.

Nehmen wir doch diese Formel ein wenig auseinander. Der erste Teil, die Produkt-Kenntnis, ist das Einfachste an der ganzen Geschichte. Aber Vorsicht! Auch dieser Schritt sollte systematisch und professionell erarbeitet werden. Sie sollten sich für jedes Produkt etwa zwei Stunden Zeit nehmen. Setzen Sie sich mit all Ihren Verkäufern zusammen. Stellen Sie eine zweispaltige Liste auf. Links schreiben Sie «das kann mein Produkt», und rechts «das bedeutet es für meinen Kunden». Dadurch übersetzen Sie Produkt-Eigenschaften in Kunden-Vorteile.

Ein Beispiel: Nehmen wir an, Sie verkaufen Staubsauger. Eine der Eigenschaften Ihres Staubsaugers ist seine Leistung von 1500 Watt. Darunter kann sich die durchschnittliche Hausfrau aber noch gar nichts vorstellen. Da müßten Sie ihr schon mitteilen, daß die herkömmlichen Staubsauger nur 1000 Watt vorweisen können, daß sie mit 1500 Watt ihre Hausarbeit schneller verrichten kann und somit mehr Zeit für sich und ihre Kinder gewinnt. Denken Sie an die vier Grundbedürfnisse der Menschheit, wenn Sie Kunden-Vorteile suchen. Wir haben sie schon im Kapitel über die Werbung kennengelernt. Pride, Pleasure, Profit und Peace heißen sie. Zu deutsch: Stolz, Vergnügen, Profit und Frieden.

Ein Versicherungs-Experte zum Beispiel verkauft nicht eine Rentenversicherung, sondern Profit, Frieden und vielleicht ein wenig Stolz. Profit in dem Sinne, daß der Kunde nach einigen Jahren wesentlich mehr Geld ausgezahlt bekommt, als er bezahlt hat. Frieden in dem Sinne, daß der Kunde keine finanziellen Ängste in bezug auf seine alten Tage mehr hegen muß. Und Stolz in dem Sinne, daß der Kunde seiner Verantwortung gegenüber Ehefrau und Kindern nachkommt. Spüren Sie, worum es geht? Dann erstellen Sie für jedes Produkt und jede Dienstleistung, die Sie anbieten, ein Verzeichnis der Kunden-Vorteile. Sie werden sofort mehr und besser verkaufen.

Der zweite Teil unserer Formel ist auch nicht allzuschwer zu handhaben. Über die Verkaufstechnik werden wir uns im nächsten Kapitel sehr ausführlich unterhalten.

Schon etwas schwieriger wird es beim dritten Punkt, der Überzeugungskraft. Überzeugen kann nur, wer es versteht, das Vertrauen seines Kunden zu gewinnen und beliebt zu sein. Und das wiederum ist weniger eine Frage des Fachwissens als vielmehr der Persönlichkeit. Richtig, jetzt kommt die Preisfrage: Wie werde ich eine Persönlichkeit? Antwort: Indem ich seelisch und geistig wachse. Und wie funktioniert das?

Geistiges Wachsen ist einfach. Bilden Sie sich ständig weiter. Lesen Sie Bücher, hören Sie sich Lern-Kassetten an, besuchen Sie Seminare. Seien Sie offen für neues Wissen; es liegt auf der Straße.

Seelisch wachsen Sie, wenn Sie sich bewußt werden, daß 99 Prozent Ihrer Person im Reich der Gedanken liegen, also in einer nicht materiellen Welt. Und das bedeutet: Hören Sie endlich auf, den größten Teil Ihrer Zeit mit materiellen Sorgen zu verbringen. So paradox dies klingen mag: Lösen Sie sich vom Geld. Erst dann kann es frei durch Ihr Leben fließen. Und erst dann sind Sie richtig frei.

Menschen mit Überzeugungskraft erkennen Sie daran, daß sie Fragen stellen. Ein altbekannter Leitsatz lautet «Wer fragt, der führt». Diese Menschen stellen aber nicht nur Fragen; sie wollen auch die Antworten hören, das heißt, sie interessieren sich für die Meinung der andern. Sie hören aktiv zu; man sieht an ihrem Nicken, ihrer Körperhaltung, ihrem Nachfragen, daß sie bei der Sache sind. Menschen mit Überzeugungskraft verstehen es, in die Schuhe der Mitmenschen zu schlüpfen und die Welt aus deren Sicht zu betrachten. Wenn Sie dieses Buch aufmerksam durchlesen und die Dinge tun, die ich Ihnen rate, dann werden Sie in einem halben Jahr automatisch mehr Überzeugungskraft ausstrahlen.

Der letzte Teil unserer Formel lautet «die positive Einstellung» oder «der Wille zum Erfolg». Wie Sie sehen, heißt hier die mathematische Anweisung nicht *plus* sondern *mal.*

Das heißt, dieser letzte Punkt ist der Multiplikator aller übrigen Eigenschaften.

Und jetzt begreifen Sie auch, weshalb das Kapitel über die positive innere Einstellung am Anfang dieses Buches steht. Falls Sie es also übersprungen haben, um sofort «zum Kern der Sache» zu gelangen, dann sollten Sie es jetzt gründlich studieren. Denn dort liegt das eigentliche Geheimnis des Erfolgs!

Auf dieser und der nächsten Seite finden Sie zwei Bewertungs-Skalen. Markieren Sie jetzt gleich mit einem Leuchtstift, welche Noten Sie sich heute geben würden. 10 ist die beste, 1 die schlechteste Bewertung. Angenommen, Sie hätten in Produkt-Kenntnis eine 5, in Verkaufstechnik eine 7, in Überzeugungskraft eine 6 und in der positiven Einstellung eine 4. Dann rechnen Sie: (5+7+6)x4=72. Jetzt notieren Sie, welche Noten Sie in einem halben Jahr erreichen können. Wenn Sie all meine Ratschläge befolgt haben, könnte Ihre Bewertung etwa so aussehen: Produkt-Kenntnis 9, Verkaufstechnik 9, Überzeugungskraft 10. Und mit der positiven Einstellung ist es wie mit dem Schwangersein. Entweder man ist es, oder man ist es nicht. Also auch eine 10. Jetzt sieht die Rechnung folgendermaßen aus: (9+9+10)x10=280. Das ist fast viermal mehr als heute. Und ob Sie's glauben oder nicht: Meine Erfahrungen haben gezeigt, daß dies auch den vierfachen Umsatz bedeutet. Also, an die Arbeit!

Diese Noten gebe ich mir heute:

Produkt-Kenntnis:

1	2	3	4	5	6	7	8	9	10

Verkaufstechnik:

1	2	3	4	5	6	7	8	9	10

Überzeugungskraft:

1	2	3	4	5	6	7	8	9	10

Positive Einstellung:

1	2	3	4	5	6	7	8	9	10

19x6 = 114

Verkaufs-Erfolg= 114

<u>Diese Noten erreiche ich in 6 Monaten</u>:

Produkt-Kenntnis:

1	2	3	4	5	6	7	8	9	10

Verkaufstechnik:

1	2	3	4	5	6	7	8	9	10

Überzeugungskraft:

1	2	3	4	5	6	7	8	9	10

Positive Einstellung:

1	2	3	4	5	6	7	8	9	10

25x9 = 225

Verkaufs-Erfolg= 225

Haben Sie gesehen, wie sich das geistige und seelische Wachsen direkt auf Ihren Geldbeutel auswirkt? Dann darf ich wohl annehmen, daß Sie jetzt top-motiviert sind, um eine der einfachsten und besten Verkaufstechniken der Welt näher kennenzulernen.

Wir besinnen uns dabei auf unsere beiden Hirnhälften, die logische und die gefühlsmäßige. Wie haben wir sie nur schon genannt? Richtig. Käpt'n und Schorsch. Eines meiner Geheimnisse lautet nämlich: Wenn der Käpt'n und Schorsch gleichzeitig ja sagen, kauft der Kunde. Klingt verlockend, nicht wahr? Jetzt müssen wir nur noch lernen, wie man den Käpt'n und den Schorsch unseres Kunden richtig anspricht.

3. Das 6-Stufen-Verkaufsgespräch

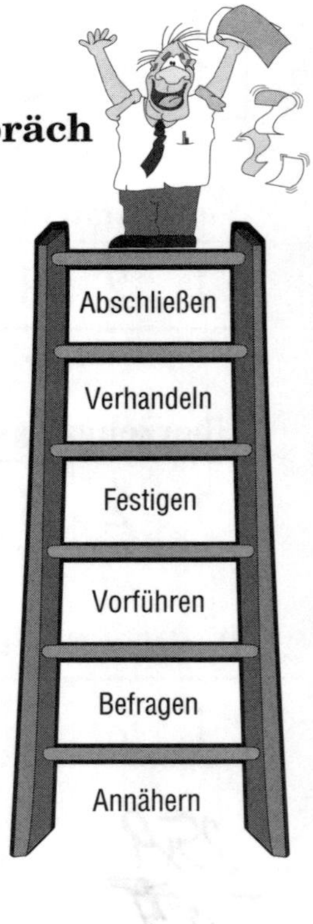

Das Vermitteln von Verkaufstechniken hat einen großen Haken. Viele Verkäufer glauben, sie könnten ein Verkaufsgespräch auswendig lernen und hätten dann das Erfolgs-Rezept in der Tasche. Sie, lieber Leser, wissen, daß das nicht funktionieren kann. Sie kennen die sogenannten Roboter-Verkäufer, die nur ihre Strategie im Kopf haben und völlig erschlagen sind, wenn etwas nicht in ihr Konzept paßt.

Es gibt Milliarden von Menschen auf dieser Welt, und jeder ist anders. Und es gibt Millionen verschiedener Produkte und Dienstleistungen. Also können Sie sich ausrechnen, daß es auch Milliarden verschiedener Verkaufsgespräche gibt. Die können Sie nicht auswendig lernen. Sie müssen Ihre Verkaufstechnik so sehr verinnerlichen, daß Sie immer intuitiv das Richtige tun. Oder anders gesagt: Ein Verkaufsgespräch, das nicht aus dem Bauch heraus geführt wird, hat wenig Chancen, erfolgreich zu sein.

Die sechs Stufen eines erfolgreichen Verkaufsgesprächs heißen folgendermaßen: Annähern, Befragen, Vorführen, Festigen, Verhandeln, Abschließen.

Ich möchte mit Ihnen nun jeden dieser Schritte im einzelnen besprechen. Und zwar jeweils zuerst auf der logischen Ebene, also in der Käpt'n-Sprache. Und anschließend wollen wir beim Schorsch das richtige Gefühl dazu verankern. Sind Sie einverstanden? Gut.

a) Annähern

Der erste Schritt eines erfolgreichen Verkaufsgesprächs hat mit dem Produkt oder der Dienstleistung, die Sie verkaufen, noch überhaupt nichts zu tun. Hier geht es erst einmal darum, daß Sie sich auf Ihren Kunden einstimmen. Blenden Sie die Welt aus und den Kunden ein. Zeigen Sie dem Kunden, daß er wichtig ist. Bringen Sie ihn dazu, daß er von sich spricht. Das macht ihn stolz und gibt ihm das Gefühl, daß Sie sich für ihn interessieren. Nicht Sie sollen den Kunden beeindrucken, sondern der Kunde soll Sie beeindrucken. Wenn ihm das gelingt, zeigen Sie ihm, daß Sie beeindruckt sind.

Das Ganze funktioniert natürlich nur, wenn Sie sich wirklich für Menschen interessieren. Einer meiner Seminar-Teilnehmer gab mir einmal unmißverständlich zu verstehen, daß er sich einen Deut um die Probleme seiner Kunden schere. Ich entgegnete ihm, das sei sein gutes Recht, aber dann gehöre er nicht in den Verkauf. Er hat meinen Rat beherzigt, geht jetzt einer handwerklichen Arbeit nach und ist viel glücklicher dabei. Wer im Verkauf arbeitet, kommt um die vier M's nicht herum: Man muß Menschen mögen!

Wenn Sie einen Kunden an seinem Arbeitsplatz besuchen, gibt es verschiedene Möglichkeiten einer Einstimmung. Wenn er ein schönes Büro sein eigen nennt, dann loben Sie ihn dafür. Vielleicht ist das Büro eher durchschnittlich, aber die Aussicht ist überwältigend. Dann loben Sie eben die Aussicht. Möglicherweise entdecken Sie Dinge, die auf eines seiner Steckenpferde hindeuten: Bilder von Fallschirmspringern oder Segelschiffen, ein Wein-Diplom, eine Amerika-Flagge oder eine Sport-Auszeichnung. Seien Sie aber vorsichtig. Sprechen Sie diese Dinge nur an, wenn Sie dazu auch Fragen stellen oder selbst etwas beitragen können. Ich habe einmal ein sehr schlechtes Beispiel erlebt: Ein Verkäufer entdeckte im Büro seines Kunden ein Wein-Diplom und sprach ihn darauf an. Als der Kunde voller Stolz zu erzählen begann, wie und wo er dieses Papier erstanden habe, meinte der Verkäufer: «Sie können mir alles erzählen. Ich habe von dem Zeug keine Ahnung. Ich trinke lieber Bier.» Ein toller Einstieg, finden Sie nicht auch? Dieser Verkäufer spricht von Themen, die ihn vom Kunden *trennen*. Um ein gutes «Gefühls-Fundament» aufzubauen, müssen wir jedoch *verbindende* Elemente betonen.

Wenn ich einen Fabrikationsbetrieb besuche, verlange ich immer eine kurze Betriebsbesichtigung. Diesen Wunsch melde ich schon bei der telefonischen Termin-Vereinbarung an, damit mein Partner genügend Zeit einplanen kann. Damit schlagen Sie zwei Fliegen mit einer Klappe. Erstens erweitern Sie Ihren eigenen Horizont, und zweitens machen Sie Ihren Kunden stolz und glücklich. Oder haben Sie noch nie beobachtet, wie gerne die Menschen von sich und ihren Errungenschaften erzählen? Ich möchte aber noch einmal betonen: Das funktioniert nur, wenn Sie an diesen Dingen aufrichtig interessiert sind. Wenn Sie mit dem Gedanken durch die Fabrik latschen, daß Sie das jetzt halt über sich ergehen lassen müssen, bevor Sie zur Sache kommen können, dann haben Sie den falschen Beruf gewählt.

Ich will von meinem Kunden jeweils auch wissen, wie lange er schon in dieser Firma ist, was er vorher getan hat, wie er zu diesem Posten gekommen ist und vieles mehr.

Setzen Sie auch kleine Werbegeschenke als Annäherungs-Helfer ein. Wenn ich bei einem Kunden eintrete, hole ich oft eine Handvoll Schokolade-Bonbons aus meinem Aktenkoffer und sage: «Darf ich Ihre Kaffeepause etwas versüßen?» Das kommt immer an, auch bei Top-Managern. Logisch, die haben ja schließlich auch einen Schorsch, der gestreichelt werden will. Wenn der Kunde Spaß versteht, ergänze ich noch: «Wissen Sie, das ist mein Trick, damit ich zu einer Tasse Kaffee komme.» Spätestens dann ist das Eis gebrochen. Und nicht selten werde ich aufgrund solcher Bemerkungen als erfrischend offen und unkompliziert eingestuft.

Wenn Sie im Innendienst tätig sind oder über ein Ladengeschäft verfügen, sieht die Annäherung natürlich anders aus. Dann kommen die Kunden zu Ihnen, und Sie haben weniger Einblick in ihr Privatleben. Das mindeste an Einstimmung, was Sie immer zu bieten haben, ist ein freundliches Lächeln und die Bereitschaft, sich eben voll und ganz diesem Menschen zu widmen, der den beschwerlichen Weg zu Ihnen auf sich genommen hat. Das ist schon sehr viel. Schreiben Sie bei Ihrem nächsten Einkaufsbummel einmal auf, wieviele Ladenverkäufer bei Ihnen ein gutes Gefühl hinterlassen haben. Es wird sicher eine verschwindend kleine Minderheit sein. Der Zusammenhang zwischen Freundlichkeit und Geldbeutel ist mir kürzlich in zwei amerikanischen Hotels besonders kraß aufgefallen. Dort gibt es ja zahlreiche Mitarbeiter, die auf Trinkgelder regelrecht angewiesen sind. Ich habe mir sagen lassen, daß Portiers in gewissen New Yorker Hotels sogar dafür bezahlen, daß sie dort arbeiten dürfen. Denn offensichtlich können Trinkgeld-Jobs außerordentlich lukrativ sein.

Wie dem auch sei, bei der Ankunft im ersten Hotel mußte ich jedenfalls selbst die Wagentüre öffnen. Ein mittelmäßig gelaunter Valet (das sind die Jungs, die einem das Auto parken) drückte mir kommentarlos einen Zettel in die Hand. Ein Typ in weißer Livree fragte, ob ich Gepäck dabei habe, trug meine Koffer aufs Zimmer und verabschiedete sich. Soweit, so gut. Normaler amerikanischer Hotel-Alltag. Der Valet bekam kein Trinkgeld (schließlich knallte man mir fürs Valet-Parking zehn Dollar pro Tag auf die Rechnung), den Bellboy speiste ich mit drei Dollar ab.

Im nächsten Hotel wurde ich geradezu mit Freundlichkeit überschüttet. Der Valet öffnete mir die Wagentür mit einem breiten, freundlichen Lächeln und sagte: «Good morning, Mister Zimerman, welcome to the Harbor Beach Marriott.» (Keine Ahnung, woher der meinen Namen kannte...) Dann wollte er wissen, woher ich komme und wie das Wetter dort sei, klärte er mich darüber auf, daß ich meinen Wagen auch selbst parken dürfe, wenn ich die Tagesgebühr von zehn Dollar einsparen wollte, und daß sein Kollege Brian sich gleich um mein Gepäck kümmern werde. Nach dieser netten Begrüßung war die Müdigkeit der Reise wie weggeblasen. Zum Dank drückte ich dem flotten Burschen einen Fünfdollar-Schein in die Hand.

Sein Kollege Brian verstand sein Metier genausogut. Auch er hieß mich willkommen, auch er kannte meinen Namen, und auch er setzte das freundlichste Lächeln auf, das er in sich finden konnte. Im Lift fragte er mich, woher ich komme und ob ich die japanische Küche möge. Er empfahl mir ein japanisches Restaurant im obersten Stock sowie einige Sehenswürdigkeiten, die ich auf keinen Fall verpassen dürfe. Im Zimmer angelangt, stellte ich fest, daß von dem versprochenen Meerblick nichts zu sehen war. Kein Problem für Brian. Das Hotel sei zwar gerammelt voll, aber für Mister Zimerman habe man mit Sicherheit ein Zimmer mit Aussicht. Brian telefonierte mit der Rezeption. Was, kein Zimmer mit Aussicht mehr frei? Ja, und die Suiten in der obersten Etage? Teurer? Komme gar nicht in Frage. Mister Zimerman habe ein Zimmer mit Aussicht zugesichert bekommen, und das kriege er auch.

Na, dämmert's Ihnen langsam? Muß ich noch erwähnen, daß mir Brian den Fernseher und die Mini-Bar erklärt und den obligaten Eiskübel mit frischem Eis aufgefüllt hat? Oder begreifen Sie auch so, warum ich mich mit zehn Dollar bei ihm für seinen Service bedankte? Ich habe Brian während dieses Aufenthaltes mehrmals getroffen. Einmal wollte ich von ihm wissen, wieviel Mehr-Umsatz er im Vergleich zu den weniger freundlichen Bellboys erziele. Antwort: «Ich habe keine exakten Zahlen, Sir, aber so das Dreifache dürfte es schon sein.» Haben Sie das gehört? Das Dreifache! Der Unterschied zwischen 2000 und 6000 Mark, zwischen bettelarm und wohlhabend! Und alles nur dank ein bißchen mehr Freundlichkeit.

Arbeiten Sie daran, sich selbst zu mögen. Dann mögen Sie auch andere Menschen. Und dann fließt das Geld in Ihr Leben, so, wie Sie es ver-dient haben.

So viel zum Thema Annäherung. Jetzt verankern wir dieses Gefühl noch bei unserem Schorsch. Während der Annäherungs-Phase sollten Sie etwa folgendes denken: «Lieber Schorsch meines Kunden, ich bin unheimlich gespannt zu erfahren, was du für ein Mensch bist, was dir wichtig ist und was du für Erfahrungen gemacht hast in deinem Leben. Ich möchte wissen, worauf du stolz bist und dich ein wenig davon erzählen lassen. Ich möchte, daß du dich freust über mich. Und das kann ich nur erreichen, wenn du dich zuerst einmal über dich selbst freust. Ich achte daher auf alle Signale, die mir Aufschluß über dich geben. Und ich stelle dir Fragen, die dich freuen, dich offen und bereit machen für unser Gespräch.»

b) Befragen

Auch am zweiten Schritt scheitern Tag für Tag unzählige Verkaufsgespräche, weil ihn viele Verkäufer liederlich durchführen oder sogar ganz weglassen. Bevor Sie Ihrem Kunden auch nur irgend etwas vorführen, müssen Sie seine Bedürfnisse abklären. Sonst riskieren Sie, daß Sie ihm Tatsachen über Ihr Produkt auftischen, die ihn nicht im geringsten interessieren. Und wenn Sie Ihr Gegenüber erst einmal fünf Minuten gelangweilt haben, dann wird es schwierig, seine Aufmerksamkeit zurückzugewinnen.

Sie kommen nicht darum herum, für jedes Produkt und jede Dienstleistung, die Sie verkaufen wollen, eine Befragungs-Checkliste aufzustellen. Überlegen Sie sich, was Sie von Ihrem Kunden alles wissen müssen, damit Sie ihm helfen können, das zu bekommen, was er braucht. Sagen Sie nicht, Sie bräuchten keine Checkliste, Sie hätten das alles im Kopf. Ich garantiere Ihnen: Wenn Sie sich zusammen mit Ihren Verkäufern hinsetzen und eine detaillierte Aufstellung aller möglichen Fragen ausarbeiten, erzielen Sie schon bald den doppelten Umsatz.

Ich habe eine solche Liste einmal für den Verkauf von Betten zusammengestellt. Sie wurde fünf Seiten lang. So etwas können Sie unmöglich im Kopf behalten. Ich gebe Ihnen hier einen kleinen Einblick:

1. Wie schlafen Sie normalerweise?
a) auf dem Rücken b) auf der Seite c) auf dem Bauch

2. In was für einem Bett schlafen Sie zur Zeit?
a) Schaumstoff b) Federkern c) anderes ______________

3. Leiden Sie unter Rheumatismus?
a) ja b) nein

4. Leiden Sie unter Rückenschmerzen?
a) oft b) manchmal c) nie

Und so weiter und so fort. Frage Nummer dreißig lautete schließlich: «Wieviel dürfte ein Bett kosten, das Ihnen Ihre Schlafbeschwerden lindern hilft?» Und an einunddreißigster Stelle wollten wir wissen: «Wie würden Sie Ihr neues Bett finanzieren? Barzahlung mit 3% Skonto? Mit Rechnung 30 Tage netto? Oder mit dem xy-Finanzierungsplan in sechs bequemen Monatsraten?» Haben Sie bemerkt, wie geschickt wir hier bereits allfällige Preis-Einwände vorweggenommen haben? Übrigens... der Betten-Umsatz verdoppelte sich bei diesem Geschäft innerhalb eines Jahres.

Ihre Checkliste sollte mit möglichst offenen Fragen beginnen, also Fragen, die der Kunde nicht mit ja oder nein beantworten kann. Ich gebe Ihnen ein Beispiel von einem Häusermakler, der etwa fünfmal mehr Häuser verkauft als seine Kollegen. Nehmen wir an, das Ehepaar Walter und Nadja Schmidt meldeten ihr Interesse an einem Reihenhaus an, das noch nicht fertig ausgebaut ist. Der schlechte Liegenschafts-Makler hätte jetzt einfach drei mögliche Grundriß-Pläne bereitliegen, die er den Schmidts der Reihe nach erklären würde. Warum ist das ein schlechtes Vorgehen? Richtig: Weil die Befragung fehlt.

Der gute Häusermakler beginnt also mit seiner Checkliste. Er will wissen, ob die Schmidts Kinder haben, wie sie heißen, wie alt sie sind und welche Hobbys sie pflegen. Er möchte mehr über das gegenwärtige Zuhause der Schmidts erfahren und was sie sich für die Zukunft wünschen. Das notiert er alles fein säuberlich auf seinem Notizblock. Und erst dann bringt er einen der Grundrißpläne zum Vorschein und schlägt den Schmidts eine Lösung vor: «Was würden Sie sagen, Frau Schmidt, wenn wir hier ein Mal-Atelier für Sie einrichten würden. Hier könnten wir das Zimmer von Susanne und hier dasjenige von Sascha planen. Dazwischen wäre das Badezimmer für die Kinder. Das gibt gleichzeitig etwas Schall-Isolation. Wenn Susanne auf dem Klavier übt, kann Sascha ungestört mit seiner Eisenbahn spielen.» Finden Sie nicht auch, daß man sich bei einem solchen Verkäufer buchstäblich zu Hause fühlt?

An dieser Stelle des Verkaufsgesprächs kann es Ihnen auch passieren, daß Ihr Kunde bereits nach dem Preis fragt. Schlechte Verkäufer weichen hier aus mit der Floskel: «Auf den Preis komme ich gleich zu sprechen.» ...und dann dauert es nochmals eine Stunde. Wenn der Kunde an dieser Stelle den Preis wissen will, kann das verschiedene Gründe haben. Vielleicht möchte er sicher sein, daß eine eventuelle Anschaffung tatsächlich in sein Budget paßt. Bei vielen Dingen haben wir ja keine Ahnung, ob wir uns im Bereich von Hunderten, Tausenden oder gar Zehntausenden von D-Mark bewegen. Stellen Sie sich nur einmal vor, Sie möchten von mir ein Werbe-Konzept haben. Hätten Sie auch nur die leiseste Ahnung, was das kostet? Es gibt Unternehmensberater, die verlangen dafür keinen Pfennig, weil sie sich die entsprechenden Aufträge erhoffen. Dann gibt es welche, die schlagen mit 6000 Mark zu Buche, und wiederum andere knöpfen Ihnen 30000 Mark ab. Sie müssen also Ihrem Kunden einen Budget-Rahmen liefern, wenn er danach verlangt. Das könnte ungefähr so klingen: «Herr Meier, wir haben Geräte zwischen 200 und 10000 Mark. Wenn Sie einverstanden sind, finden wir zuerst gemeinsam heraus, was Sie benötigen, stellen die Kosten zusammen, und dann können Sie frei entscheiden, ob Sie unser Angebot annehmen wollen oder nicht.» Damit haben Sie auch eine zweite Hürde aus dem Weg geräumt, nämlich die Angst des Kunden, daß Sie ihm etwas aufschwatzen wollen.

Wollen wir damit noch zum Schorsch gehen? Gut. «Lieber Schorsch meines Kunden, wir sind hier zusammengekommen, weil du meine Hilfe brauchst. Wenn ich dir helfen soll, muß ich zuerst deine Bedürfnisse kennen. Was ist dir wichtig in bezug auf mein Produkt oder meine Dienstleistung? Mit welchen Problemen kämpfst du, und wie hast du sie bis jetzt gelöst? Wie paßt mein Produkt oder meine Dienstleistung in deine Wünsche und Lebensgewohnheiten? Worauf müssen wir beide besonders achten, damit du dieses Produkt mit einem guten Gefühl kaufst? Ich bin gut vorbereitet auf diese Befragung. Falls nötig, habe ich eine Befragungs-Checkliste bereit, damit wir beide auch wirklich nichts vergessen. Weißt du, ich will dir nur etwas verkaufen, was dir auch wirklich dient.»

c) Vorführen

Erst jetzt sind Sie bereit, Ihrem Kunden ein Produkt oder eine Dienstleistung vorzuführen, die seinen Bedarf abdeckt. Und er soll spüren, daß Ihnen das einen Heidenspaß bereitet. Denn wenn Sie nicht überzeugt sind von Ihrem Produkt, wie soll es dann jemand anderes sein? Halten Sie mit Ihrer Begeisterung nicht hinter dem Berg. Enthusiasmus steckt an. Beziehen Sie Ihren Kunden aber in die Demonstration mit ein. Eine Vorführung darf nie zur Selbstbefriedigung entarten. Ich wollte mich kürzlich mit einer neuen Foto-

Ausrüstung belohnen. Der Foto-Verkäufer war ein freundlicher junger Mann, der es glänzend verstand, meinen geheimen Kamera-Wünschen auf den Grund zu gehen. Und eh ich mich's versah, hielt ich auch schon eine Kamera in der Hand. «Fühlen Sie selbst, wie leicht und kompakt die ist», forderte mich der Verkäufer auf. «Und probieren Sie den Autofocus aus. Sehen Sie, wie rasch der anspricht?»

So ist's gut. Der Kunde muß mit all seinen Sinnen an der Vorführung teilnehmen können. Wo es etwas zu fühlen gibt, lassen Sie ihn fühlen. Wo es etwas zu riechen gibt, lassen Sie ihn riechen. Wo es etwas zu schauen gibt, lassen Sie ihn schauen. Wo es etwas zu hören gibt, lassen Sie ihn hören. Und wo es etwas zu kosten gibt, lassen Sie ihn kosten. Je mehr Sinne Sie ansprechen, desto größer ist die Chance, daß der Kunde «sich angesprochen fühlt».

Einer meiner Kollegen wollte sich einmal ein Auto erstehen, das er sich schon lange gewünscht hatte. Der Autoverkäufer schlug ihm eine Probefahrt vor, setzte sich jedoch selbst ans Steuer. Er schwärmte meinem Freund vor, wie viele PS dieser Wagen aufweise, wie modern der Motor gebaut und wie revolutionär das Brems-System konstruiert sei, und so fort. Mein Kollege saß während der ganzen Fahrt wie ein dummer Junge neben dem allmächtigen Auto-Experten und durfte kaum ein Wort sprechen, geschweige denn irgend etwas tun. Dreimal dürfen Sie raten, ob er das Auto gekauft hat...

Er hat es gekauft, aber nicht dort. Im nächsten Autohaus ließ ihn der Verkäufer zuerst einmal zehn Minuten mit dem Auto allein, «damit Sie und das Auto sich aneinander gewöhnen können». Nach zehn Minuten war mein Kollege Feuer und Flamme. Er sah sich schon mit achtzig Sachen durch Bergstraßen kurven, die Stereo-Anlage voll aufgedreht, mit dem unübertrefflichen Gefühl von Sicherheit und Freiheit. Als der Verkäufer zurückkehrte, erkannte er sofort, daß dieses Auto bereits verkauft war, und holte zum letzten entscheidenden Schlag aus: «Wissen Sie was, lieber Kunde, mit mir eine Probefahrt zu machen, ist doch sinnlos. Nehmen Sie dieses Auto für einen Tag nach Hause und fahren

Sie mit Ihrer Gattin ein wenig über Land. Schließlich soll es ihr auch gefallen.» Und nun dürfen Sie noch einmal raten, ob mein Kollege das Auto gekauft hat.

Dieser Verkäufer hat seinen Kunden in die Vorführung einbezogen. Und nicht nur das. Er hat auch zwei weitere wichtige Punkte erkannt. Erstens überlegt sich der Kunde nicht nur, was ein Produkt ihm selbst bringt, sondern auch, wie es auf die anderen wirkt. Und zweitens sucht er den Kaufgrund immer auf zwei Ebenen, auf der logischen und auf der gefühlsmäßigen. Oder anders gesagt: Wenn der Käpt'n und Schorsch gleichzeitig ja sagen, kauft der Kunde. Ein Auto beispielsweise wird selten wegen der Anzahl seiner PS oder wegen der Übersichtlichkeit der Motor-Konstruktion gekauft, sondern meistens, weil das «Feeling» eben stimmt, weil sich die Lederpolster besonders weich anfühlen, die Stereo-Anlage besonders angenehm klingt, und weil sich der Mensch hinter dem Steuer stark und sicher fühlt. Also nochmals: Vernünftige Argumente gehören selbstverständlich ins Verkaufsgespräch, damit der Käpt'n sagen kann: «Jawohl, das ist vernünftig. Das hast du verdient. Du bist deiner Familie eine gewisse Sicherheit schuldig. Außerdem ist dieses Ding sparsam und umweltfreundlich.» Aber bitte denken Sie auch an den Schorsch. Er hat mit Vernunft nichts am Hut. Er will ausflippen. Er muß den Anstoß geben und sagen: «Los, los, kauf endlich. Ich fühl mich so gut!»

Haben Sie das begriffen? Wollen wir die Vorführung noch gefühlsmäßig verankern? Also. Bei der Vorführung sollten Sie etwa folgende Gedanken im Bauch haben: «Lieber Schorsch meines Kunden, du hast mir deine Bedürfnisse verraten. Wenn ich dich richtig verstanden habe, ist dir folgendes wichtig (die wichtigsten Punkte aufzählen). Und jetzt leuchten meine Augen. Denn jetzt kann ich dir etwas zeigen, was genau dein Problem löst. Ich komme mir dabei als Glücks-Vergrößerer vor. Und das ist ein Super-Gefühl. Spürst du auch, wie es mir Spaß macht? Fühlst du dich auch so unsagbar wohl?»

d) Festigen

Beim Festigen handelt es sich eigentlich nicht um einen getrennten Schritt; Festigen muß der Verkäufer während des ganzen Verkaufsgesprächs. Andere Verkaufstrainer nennen diese Stufe «Einwand-Behandlung», decken damit aber nur die Hälfte des Gebietes ab. Denn Festigen heißt auch, daß der Wert des Produktes im Gefühl des Kunden stetig wachsen, und daß im Gegensatz dazu der Preis immer vernünftiger erscheinen soll. Es bedeutet auch, daß Sie dem Kunden die Kauf-Angst überwinden helfen müssen, die naturgemäß bei größeren Anschaffungen auftritt. Untersuchen wir also die einzelnen Möglichkeiten der Festigung etwas näher.

Zuerst einmal sollten Sie Produkt-Eigenschaften in Kunden-Vorteile übersetzen. Das haben Sie ja im Kapitel «Die geheime Formel für den Verkaufs-Erfolg» bereits ausgiebig gelernt.

Dann sollten Sie Hintergrund-Informationen liefern, die den Wert betonen und den Preis begründen. Ich darf Sie nochmals auf unser Zimmerbrunnen-Beispiel (im Kapitel über Werbung) hinweisen. Ein Zimmerbrunnen besteht aus einer Steinzeug-Schale, einem Stück Stein, einer Pumpe und ein paar Pflanzen. Ein mittelgroßes Exemplar dieser Spezies kostet etwa 1600 Mark. Auf den ersten Blick ist das viel Geld. Und die aquatuff®-Verkäufer bekommen das auch oft zu hören. Aber sie haben mit diesem Einwand leben gelernt. Falls der Kunde die Geschichte, wie ein solcher Stein entstanden ist, noch nicht auf den Plakaten am Verkaufspunkt gelesen hat, übernimmt der Verkäufer diese Aufgabe. Er erzählt in den blumigsten Worten, wie dieser Stein an einem Bächlein in der freien Natur während Jahrhunderten zu dem gewachsen ist, was er heute ist. Ein Stück Natur, das man nach Hause tragen kann, und das ein einmaliges Raumklima verbreitet, in welchem sich Pflanzen, Haustiere und Menschen gleichermaßen wohl fühlen. Wenn er dann noch ergänzt, daß ein solcher Brunnen der beste, sparsamste und natürlichste Luftbefeuchter ist, und daß er fünfzig mal weniger Strom braucht als ein gewöhnliches Klimagerät, spätestens dann wird dem Kunden klar: Ein solches Wunderding hat seinen Preis.

Natürlich müssen Sie dafür Ihre natürliche, persönliche Ausdrucksweise finden. Wenn dies alles unnatürlich und «aufgesetzt» klingt, bewirken Sie das pure Gegenteil von dem, was Sie beabsichtigen. Sie erinnern sich vielleicht auch an die Flasche Wein im Kapitel «das goldene Geheimnis der Produkte-Story», wo aus einem gewöhnlichen Behälter mit Traubensaft plötzlich die abenteuerliche Geschichte einer ganzen Winzerfamilie wurde. Oder an die Story vom amerikanischen Farmer mit seinen verhagelten Äpfeln. Das sind alles Hintergrund-Informationen, die den Wert des Produktes betonen. Lassen Sie Ihre Phantasie spielen, Ihnen wird auf jeden Fall etwas einfallen. Aber Vorsicht: Ihre Geschichte muß der Wahrheit entsprechen. Wir wollen ja nicht unter die Scharlatane fallen. Es geht einfach darum, das Kauf-Erlebnis für den Kunden noch schöner zu gestalten. Einverstanden?

Zum Festigen gehört auch, daß Sie andere für sich sprechen lassen. Wenn Sie große, bekannte Firmen beliefern, dann stellen Sie doch einmal eine Referenz-Liste zusammen. Vielleicht veröffentlichen Sie diese in Ihrer Kundenzeitung, oder Sie hängen sie in Form eines Kleinplakates in Ihr Verkaufslokal. Referenzen zu Hilfe nehmen können Sie aber auch im mündlichen Verkaufsgespräch. Wenn der Kunde nicht sicher ist, ob das Gerät XY auch in extremen Situationen funktioniert, dann genügt ein «doch, doch, das funktioniert schon» meistens nicht. Sagen Sie doch einfach (falls es der Wahrheit entspricht): «Wir verkaufen dieses Gerät schon seit fünf Jahren. Es wird sowohl in extremer Kälte als auch in großer Hitze eingesetzt. Wir hatten bisher erst zwei Reklamationen. Einer hatte die Batterien falsch eingesetzt und beim anderen mußten wir einen Leistungs-Transistor auswechseln.» Klingt doch glaubwürdiger, nicht?

Und zum Schluß das Wichtigste zum Thema Festigen: Sie kommen nicht darum herum, für jedes Produkt und jede Dienstleistung, die Sie anbieten, eine Einwand-Checkliste zu erstellen. In der linken Spalte schreiben Sie: Welche Einwände und Fragen kann der Kunde vorbringen? Und in der rechten Spalte notieren Sie jeweils drei mögliche Antworten oder Gegenfragen dazu.

Ein Tip: Stellen Sie Vergleiche an, die der Kunde nachvollziehen kann. Beim Zimmerbrunnen beispielsweise taucht immer wieder die Frage auf: «Wie ist das denn mit der Pumpe; muß man die nicht alle paar Wochen reinigen?» Der mittelmäßige Verkäufer antwortet hier: «Nein, nein, das ist nicht so schlimm.» Der geschulte Fachmann schüttelt eine Gegenfrage aus dem Ärmel: «Haben Sie zu Hause eine Kaffeemaschine?» «Ja, haben wir.» «Wie oft müssen Sie die entkalken?» «Ja, so einmal pro Jahr, oder sogar nur alle zwei Jahre.» «Sehen Sie, genausowenig gibt Ihnen eine Pumpe zu tun. Sie legen sie einfach einmal pro Jahr über Nacht in etwas Essigwasser ein, dann haben Sie wieder Ruhe.»

Wenn der Kunde zögert, ob Ihr Produkt wirklich genügend Vorteile für ihn hat, schlagen Sie ihm doch vor, daß Sie dies mit Hilfe der Benjamin-Franklin-Methode herausfinden. Nehmen Sie ein Blatt Papier, teilen Sie es in zwei Spalten, schreiben Sie links ein Plus- und rechts ein Minus-Zeichen hin. Dann lassen Sie Ihren Kunden alle Vorteile

	-
einfache Handhabung	Preis
schnelle Installation	(Lieferfrist)
höhere Geschwindigkeit	
40% Zeit-Ersparnis	
unfallsicher	
platzsparend	
materialsparend	
stromsparend	

Die Benjamin-Franklin-Methode zur Entscheidungsfindung hilft dem Kunden über seine Kauf-Angst hinweg.

aufzählen, die er aus dem Produkt ziehen wird. Notieren Sie diese in der linken Spalte. Falls Ihnen noch zusätzliche Vorteile einfallen, schreiben Sie sie nicht einfach hin, sondern fragen Sie: «Ist das für Sie auch ein Vorteil? Soll ich das auch hinschreiben?» In der rechten Spalte notieren Sie dann die Nachteile. Egal, wie das Resultat ausfällt, werten Sie es nicht selbst. Drücken Sie das Blatt Ihrem Kunden in die Hand, und sagen Sie: «Das ist Ihre Entscheidungshilfe.»

Ich muß nochmals betonen: Setzen Sie sich so bald wie möglich mit all Ihren Verkäufern an einen Tisch, und stellen Sie eine Einwand-Checkliste zusammen. Wenn Sie es perfekt machen wollen, laden Sie noch drei gute Kunden dazu ein. Bezahlen Sie ihnen ein kleines Honorar, oder bieten Sie ihnen sonstwelche Vorteile. Gute Kunden sind nämlich oft allzu gerne bereit, Ihnen verkaufen zu helfen. Sie betrachten sich als Verbündete Ihrer Firma.

Genügt das zum Thema Festigung? Dann wissen Sie schon, was jetzt kommt, nicht wahr? Beim Schorsch klingt das etwa so: «Lieber Schorsch meines Kunden, jetzt habe ich dir mein Produkt vorgeführt oder meine Dienstleistung erklärt. Und jetzt hast du sicher Fragen. Das ist ganz normal. Vielleicht hast du auch Angst vor einer falschen Entscheidung. Auch das begreife ich sehr gut. Wollen wir uns nochmals gemeinsam anschauen, was du genau willst. Nicht wahr, du vertraust mir doch? Du hast doch jetzt keine Angst mehr? Träumen wir doch ein wenig zusammen, wie toll dein Leben aussehen wird, wenn du erst mein Produkt gekauft hast. Zu deiner Beruhigung kann ich dir auch Geschichten von Menschen erzählen, die mit diesem Produkt glücklich sind. Übrigens... vertraue ruhig auf dein Gefühl. Du bist Spitze. Ich mag dich. Ich genieße den Umgang mit dir.»

e) Verhandeln

Wenn alle Fragen und Einwände zum Produkt geklärt sind, beginnt, besonders bei kostenintensiven Anschaffungen, die wichtige Phase des Verhandelns. Hier geht es darum, zu welchem Preis, in welchen Mengen, mit welchen Lieferfristen und Konditionen der Kunde kaufen wird. Spätestens an diesem Punkt sollten Sie auch die ersten Abschluß-Versuche tätigen. Das könnte zum Beispiel so klingen: «Lieber Kunde, gibt es noch etwas, was wir berücksichtigen müssen, bevor wir Ihnen liefern dürfen?» Haben Sie die Methodik bemerkt? Man fragt nicht: «Kaufen Sie oder kaufen Sie nicht?» Der gute Verkäufer nimmt schlicht und einfach an, daß der Kauf zustande kommt. Das können Sie übrigens auch bei niedrigpreisigen Verbrauchsartikeln beobachten. Eine Dame kommt in die Drogerie und sagt, sie hätte gerne eine Seife. Der gute Verkäufer fragt: «Hätten Sie gerne eine, die gut riecht und gleichzeitig die Haut cremt?» Wenn die Kundin nickt, fragt der Drogist nicht: «Möchten Sie diese hier?» Er holt einfach eine gute Seife aus dem Regal und fragt: «Was darf es sonst noch sein?» In einer Geschenk-Boutique fragt die Verkäuferin: «Darf ich es Ihnen als Geschenk einwickeln?»

Auch der gute Versicherungs-Experte weiß, wie er seinen Abschluß einleitet: «Gibt es noch etwas, was wir berücksichtigen müssen, bevor Sie den Vertrag unterzeichnen?» Wenn der Kunde nein sagt, dreht der Versicherungs-Mann den Vertrag um, drückt dem Kunden einen Kugelschreiber in die Hand und zeigt ihm, wo er zu unterschreiben hat.

Ein Einwand, vor dem zahlreiche schlechte Verkäufer erzittern, lautet: «Das ist zu teuer!» Wie können wir darauf antworten? Nun, zunächst einmal gilt es herauszufinden, ob es sich um einen echten Einwand oder nur um einen Vorwand handelt. Stellen Sie einfach folgende Frage: «Angenommen, wir können uns über den Preis einigen, würden Sie dann das Geschäft mit uns abschließen?» Vielleicht kommt der Kunde jetzt mit einem anderen Einwand. Den behandeln Sie wie gehabt.

Wenn er jedoch zur Antwort gibt, daß der Preis das einzige Hindernis sei, dann handelt es sich offensichtlich um einen echten Einwand. Dafür sollten Sie einige Rezepte in der geistigen Schublade liegen haben. Eine Möglichkeit besteht in der Frage: «Können Sie mir sagen, womit Sie dieses Angebot vergleichen?» Das zwingt den Kunden zum Nachdenken. Vielleicht kommt er drauf, daß Ihr Produkt nicht zu teuer ist, aber daß ihm einfach im Moment das Geld fehlt. Dann ist es an Ihnen, Finanzierungs-Möglichkeiten aufzuzeigen, die den Kauf dennoch ermöglichen. Vielleicht bringt er Ihnen aber auch eine Konkurrenz-Offerte, die tatsächlich im Preis etwas tiefer liegt. Jetzt sind Sie gut dran, wenn Sie Ihre Mitbewerber-Produkte kennen. Wenn das nicht der Fall ist, schlage ich Ihnen die folgende Frage vor: «Sind Sie sicher, lieber Kunde, daß wir hier nicht Äpfel mit Birnen vergleichen? Bietet der Mitbewerber Ihnen genau die gleichen Vorteile?» Vielleicht gehen Sie dann die Vorteile einzeln durch und vergleichen mit der Konkurrenz-Offerte. Sollte es tatsächlich stimmen, daß der andere die besseren Leistungen zu einem günstigeren Preis anbietet, dann können Sie unglaublich Punkte schinden, wenn Sie Ihrem Kunden empfehlen, dort zu kaufen. In mindestens 80 Prozent aller Fälle und sofern Sie Ihrem Kunden sympathisch sind, wird er antworten: «Nein, ich möchte lieber bei Ihnen kaufen. Sie kenne ich schließlich schon.»

Zwei weitere Möglichkeiten, dem Preis-Argument zu begegnen, sind die Aufsplittungs- und die Abzahlungs-Technik. Bei der Aufsplittungs-Technik zeigen Sie Ihrem Kunden, wie wenig er pro Tag, pro Woche oder pro Monat bezahlen muß und wieviel er im Gegenzug dafür erhält. Das kann zum Beispiel so klingen: «Sie haben recht, lieber Kunde, 15000 Mark sind auf den ersten Blick viel Geld. Deshalb machen Sie einmal folgende Rechnung: Selbst wenn Sie diesen Computer nur während der nächsten zwei Jahre benützen, haben Sie für weniger als 25 Mark pro Tag ein Arbeitsinstrument, das Ihnen 40 Prozent Ihrer Zeit einsparen hilft. Wenn das für Sie interessant ist, dann sieht der Preis ganz vernünftig aus.»

In der Einleitung «Sie haben recht» liegt eine weitere Regel erfolgreicher Verhandlung versteckt. Sie stammt aus dem Judo-Sport und lautet so: «Wenn dein Partner dich stößt, ziehe ihn. Wenn er zieht, stoße ihn. Bewege dich immer mit dem Partner, nie gegen ihn.»

Die Abzahlungs-Technik ist einfach eine Verstärkung der Aufsplittungs-Technik. Anstatt, daß Sie dem Kunden nur vor Augen führen, wie wenig er pro Monat bezahlen muß, bieten Sie ihm diese Zahlungsart gleich richtig an. Da bietet sich die Zusammenarbeit mit einer guten Kleinkredit-Bank oder Leasing-Firma an. Wenn es Ihre Liquidität erlaubt, können Sie die Finanzierung auch selbst vornehmen und dabei erst noch etwas Kapital-Ertrag erwirtschaften.

Eine weitere Möglichkeit ist die Volkswagen-RollsRoyce-Technik. Die meisten Verkäufer von Investitionsgütern fallen dem Fehler zum Opfer, daß sie die billigste Variante als die Standard-Version anbieten. Wenn dann der Kunde sagt «zu teuer», bleibt nichts anderes mehr übrig als das leidige Rabatt-Gerangel. Bieten Sie doch einfach eine Luxus-Variante als Grundversion an. Dann können Sie auf das Argument «zu teuer» folgendermaßen kontern: «Okay, Herr Kunde, wir haben jetzt mal die RollsRoyce-Variante zusammengestellt. Vielleicht genügt für Sie jedoch der Volkswagen. Wollen wir einmal schauen, worauf Sie alles verzichten können?» Verzichten tut niemand gern, und so bleibt es meistens bei der Luxus-Version.

Sollten unerwartet Schwierigkeiten auftauchen, lassen Sie an dieser Stelle des Verkaufsgesprächs auch Ihren Kunden Vorschläge machen. Wenn Sie bis hierher gute Arbeit geleistet haben, ist Ihr Kunde zum Kauf entschlossen. Das heißt, er wird Ihnen sogar verkaufen helfen. Nicht selten ist es mir passiert, daß ich einer größeren Gemeinde-Delegation eine Beschallungs-Anlage vorgeführt hatte, und kurz vor dem Abschluß tauchte eine kritische Frage auf, die ich nicht sofort beantworten konnte. Dann warf ich jeweils selbstsicher in die Runde: «Herr Müller stellt da eine gute Frage. Hat jemand von Ihnen eine Antwort?» Jetzt haben Sie auf einmal zehn Gehirne, die für Sie arbeiten, und es kommt praktisch immer eine befriedigende Lösung dabei heraus.

Wenn es Ihr Produkt und Ihre Firmen-Politik zuläßt, dann bieten Sie doch Ihrem Kunden ein Rückgaberecht. Natürlich nur dann, wenn Sie spüren, daß er immer noch Angst vor einer falschen Entscheidung hat. Wenn Sie das Rückgaberecht zu früh ins Spiel bringen, kann es sein, daß Sie Profiteuren auf den Leim gehen, die nur mal zehn Tage lang ein neues Spielzeug ausprobieren wollen. Bei Investitionsgütern wird daher immer öfter der sogenannte Try-and-Buy-Kauf angeboten. Das heißt auf deutsch «Versuche und kaufe», und es geht so: Der Kunde kann die Anlage für einen Monat mieten. Die Miete sollte höher angesetzt werden als gewöhnliche Mieten; damit halten Sie sich die Profiteure vom Leib. Wenn sich der Kunde dann innerhalb einer gewissen Zeit zum Kauf entscheidet, wird die Miete voll angerechnet. Falls er Ihnen die Anlage zurückgibt, sollte die Miete, die er dafür bezahlt, Ihre erste Abschreibung decken. Denn schließlich können Sie dieses Gerät ja nicht mehr als neu verkaufen.

Einem Juwelier, der an einem meiner Verkaufsseminare teilnahm, habe ich zu fünfzig Prozent mehr Umsatz verholfen, indem ich ihm einen einzigen Satz beibrachte, nämlich den: «Was gibt es noch zu überlegen?» Dieser Juwelier ist auf Eheringe spezialisiert. Und er beklagte sich darüber, daß jedes zweite Brautpaar, sobald man einen passenden Ring gefunden habe, aufstehe und sich mit den Worten verabschiede: «Gut, dann überlegen wir uns das nochmals.» Seit meinem Seminar läßt der Juwelier diese Worte nicht mehr im Raum stehen, sondern er erkundigt sich: «Darf ich Sie fragen, was Sie sich noch überlegen möchten? Vielleicht kann ich Ihnen noch zusätzliche Informationen liefern.» In siebzig Prozent aller Fälle reagiert einer der Ehepartner mit den Worten: «Ja... also... überlegen... ich weiß nicht. Eigentlich gefällt dieser Ring uns ja sehr gut. Was meinst du, Schatz, wollen wir gleich bestellen? Also gut, wir nehmen ihn.» Zusätzlich hat sich dieser Geschäftmann ein Formular drucken lassen, das er seither als Abschlußhilfe einsetzt. Sobald er spürt, daß sich das Paar für einen bestimmten Ring zu entscheiden beginnt, holt er sein Formular hervor und fragt nach den Namen für die Gravierung, und ob es reiche, wenn sie die Ringe in einer Woche zugeschickt bekämen.

Lassen Sie sich auf keinen Fall von geschickten Einkäufern erpressen. Genauso, wie Sie als Verkäufer das Verkaufen systematisch erlernen, werden die nämlich in Kursen darauf gedrillt, einen Verkäufer an die Wand zu spielen. Da ist es immer von Vorteil, wenn Sie seine manchmal unverschämten und indiskutablen Forderungen kommentarlos notieren und ihm für den folgenden Tag eine Antwort versprechen. Wenn Sie ihn dann am nächsten Tag anrufen, sagen Sie nicht: «Herr Kunde, wir können Ihre Forderung unmöglich erfüllen.» Fangen Sie damit an, was Sie *können*. Sagen Sie zum Beispiel: «Herr Kunde, ich habe Ihren Auftrag mit unserer Geschäftsleitung diskutiert. Und wir können Ihnen folgendes vorschlagen...» Der Kunde weiß meistens gar nicht mehr, was er Unverschämtes gefordert hat. Er spürt ein Entgegenkommen und denkt: «Na, hab' ich es also wieder mal geschafft.» Außergewöhnliche Forderungen dürfen Sie niemals einseitig erfüllen. Auch der Kunde muß Ihnen entgegenkommen. Das könnte zum Beispiel so klingen: «Herr Kunde, wenn Sie unser Vorführmodell akzeptieren oder eine längere Lieferfrist in Kauf nehmen, geben wir Ihnen ausnahmsweise fünf Prozent Rabatt.»

So, jetzt haben wir aber genug verhandelt. Füttern wir damit noch unseren Schorsch: «Lieber Schorsch meines Kunden, jetzt haben wir alles besprochen. Ich spüre, du möchtest mein Produkt kaufen oder meine Dienstleistung in Anspruch nehmen. Jetzt willst du wissen, was das kostet. Ich nenne dir den Preis gern, weil ich weiß, daß mein Produkt mindestens das Fünffache wert ist. Ich weiß auch, daß du gerne etwas dafür bezahlst. Wenn du nach Rabatt fragst, heißt das nicht, daß du ohne Rabatt nicht kaufst. Es bedeutet nur, daß du ein geschulter Einkäufer bist. Das finde ich schön. Ich dagegen bin ein geschulter *Ver*käufer. Ich zeige dir nochmals, was du alles für dein Geld bekommst, und ich mache dich mit unserer unmißverständlichen Rabatt-Regelung bekannt. Wenn du ein Spielchen mit mir treiben willst, genieße ich es als Teil unserer Beziehung. Und ich werde dafür sorgen, daß jeder von uns aus diesem Geschäft als Gewinner hervorgeht.»

f) Abschließen

Es gibt ganze Bücher, Kassetten-Programme und Seminare zum Thema Verkaufs-Abschluß. Viel Lärm um nichts, würde ich sagen. Denn wenn Sie Ihre Arbeit bis hierher richtig gemacht haben, ist das Abschließen eine reine Formsache. Mit Ihren Abschluß-Fragen, die Sie dem Kunden ja längst gestellt haben, geht der Abschluß fast von selbst über die Bühne. Es kann höchstens sein, daß Sie jetzt noch eine Unterschrift unter einen Vertrag brauchen. Da die Unterschrift jedoch immer eine Sache ist, die viele Menschen nochmals ins Zaudern bringt, sind clevere Unternehmer dazu übergegangen, mit Hilfe von Abschluß-Fragen (Wann möchten Sie's haben? Wieviel dürfen wir Ihnen liefern? Möchten Sie das rote oder das blaue?...) eine mündliche Zusage zu erhalten und diese dann schriftlich zu bestätigen.

Wenn Sie vom rechtlichen Standpunkt her auf eine Unterschrift angewiesen sind, dann sollte das für Sie jedoch kein Hinderungsgrund sein, diese Unterschrift mit klaren Worten zu verlangen. Sie erinnern sich an unseren Versicherungs-Experten, der die Abschluß-Frage stellt: «Herr Kunde, gibt es noch etwas, was wir berücksichtigen müssen, bevor Sie den Vertrag unterzeichnen?» Wenn der Kunde meint, es wäre alles klar, dann braucht der Verkäufer ihm nur noch den Vertrag hinzustrecken und still auf eine Unterschrift zu warten.

Wenn Ihnen nichts mehr einfällt, dann fragen Sie halt einfach: «Herr Kunde, wollen wir dieses Geschäft zusammen abschließen?» Oder: «Darf ich Ihnen eine Auftrags-Bestätigung schicken?» Oder: «Darf ich mir diese Termine in meinem Kalender notieren?» Denken Sie immer daran, daß das Ziel jedes Verkäufers der Abschluß zu sein hat. Bringen Sie ein geglücktes Verkaufsgespräch auch zu einem erfolgreichen Ende.

Oder in der Schorsch-Sprache ausgedrückt: «Lieber Schorsch meines Kunden, jetzt wissen wir beide, daß du kaufen willst. Und du bist auch mit unseren Konditionen einverstanden. Nun gibt es verschiedene Möglichkeiten, die Sache zum Abschluß zu bringen. Entweder ich lasse dich das

Bestell-Formular oder den Vertrag unterschreiben, oder ich schicke dir eine Auftragsbestätigung, oder du bezahlst bar und nimmst die Ware gleich mit. Falls du zuerst noch deine Frau, deinen Chef oder sonstwen überzeugen mußt, gebe ich dir die nötigen Überzeugungshilfen mit und vereinbare mit dir einen nächsten Verhandlungs-Termin.»

4. Der größte Feind des Verkäufers

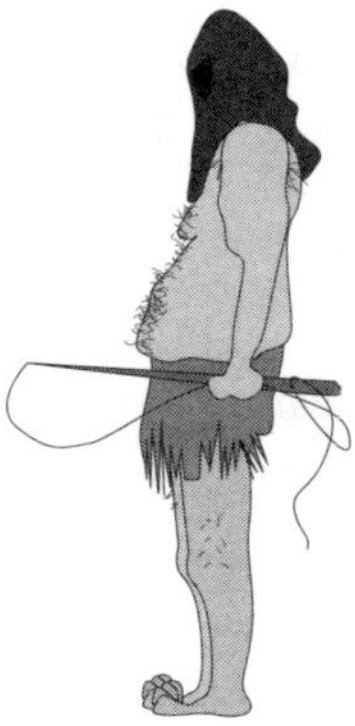

Kennen Sie den Film «Am Anfang war das Feuer»? Wenn nein, dann sollten Sie ihn sich in einer stillen Stunde zu Gemüte führen. Er handelt von den ersten Menschen, die vor ungefähr 30000 Jahren die Erde bevölkerten. Nach dem Betrachten dieses Streifens werden Sie froh und dankbar sein, daß Sie in der heutigen Zeit leben dürfen. Was da vor Urzeiten alles für Gefahren lauerten... Menschenfresser, wilde Tiere, Unwetter. Keinen Moment lang waren die Menschen sicher, und es gab tausend Gründe, Angst zu haben. Heute gehören diese Ängste der Vergangenheit an, nicht wahr? Menschenfresser gibt es seit Idi Amin fast keine mehr, jedenfalls nicht bei uns. Wilde Tiere sperren wir in ausbruchsichere Zoo-Gehege und führen sie am Sonntag unseren Kindern vor. Und gegen Unwetter sind wir versichert. Zum Glück leben wir heute ohne Angst! Wie bitte? Ach so, wir haben neue Ängste erfunden, meinen Sie? Dann wollen wir die doch ein wenig unter die Lupe nehmen.

Wenn ich die Teilnehmer an meinen Seminaren jeweils frage, wovor sie denn so alles Angst haben, kommt immer die folgende Liste zustande:

Angst vor dem Ungewissen
Angst, Erwartungen nicht zu erfüllen / nicht zu genügen

Angst, nicht akzeptiert zu werden
Angst vor Krankheit und Schmerz
Angst vor dem Tod
Angst, jemanden zu verlieren
Angst, zurückgewiesen zu werden

In der Tat ist die Angst vor dem Zurückgewiesenwerden einer der größten Erfolgshemmer für Verkäufer, vor allem für Außendienst-Angestellte, die ihre Kunden-Termine selbst zu vereinbaren haben. Nehmen wir es gleich vorweg: Diese Angst basiert immer auf mangelndem Selbstwert-Gefühl, sowie auf dem Mißverständnis, daß der Kunde mich als Person und nicht nur mein Angebot zurückweist.

Damit Sie die Angst in den Griff kriegen, wollen wir die einzelnen Formen dieser Erfolgshemmer etwas näher unter die Lupe nehmen. Es geht nämlich nicht darum, die Angst vollständig aus Ihrem Leben zu verbannen; das wird Ihnen nie gelingen. Nein, Sie sollen lernen, mit ihr umzugehen. «Fühle die Angst, und tue es trotzdem» lautet der Titel eines Buches von Susan Jeffers. Genau darum geht es. Erfolgreiche Menschen fürchten sich nämlich nicht weniger als andere. Sie haben lediglich gelernt, mit ihrer Angst umzugehen und sie als Motivator anstatt als Bremse einzusetzen.

Eine der unvernünftigsten Ängste, die aber leider am häufigsten genannt wird, ist die Angst vor dem Ungewissen. Was soll das? Möchten Sie tatsächlich wissen, was alles auf Sie zukommt? Möchten Sie bei Ihrer Geburt ein Drehbuch Ihres Lebens ausgehändigt bekommen? Stellen Sie sich vor, wie langweilig das wäre! Sie bräuchten sich überhaupt nicht anzustrengen. Das süße Brennen eines innigen Wunsches wäre mit einem Blick in Ihr Drehbuch abgehakt. Das Hochgefühl des Stolzes, das Sie empfinden, wenn Sie etwas Außergewöhnliches geschafft haben, würde sich erübrigen, da Sie ja von Anfang an wußten, daß das geschehen wird.

Nein, das Ungewisse ist das Salz in der Suppe unseres Lebens. Das Ungewisse treibt uns an, etwas zu unternehmen, dieses Ungewisse zu formen, diese leeren Drehbuch-Blätter vollzuschreiben mit aufregenden, spannenden Geschichten. Wenn ich meine Seminar-Teilnehmer jeweils frage, wie sie sich denn das Ungewisse in ihrem Leben vorstellten, lautet die Antwort in der Regel: «Nun, es kann etwas Positives sein, aber auch etwas Negatives. Es ist halt eben ungewiß.» Na also, dann nehmen Sie doch diese Angst vor dem Ungewissen und benutzen Sie sie als Motivator dafür, das Ungewisse in eine positive Richtung zu lenken. Dann können Sie sich auf das Ungewisse sogar freuen und brauchen davor keine Angst zu haben.

Nehmen wir die nächste Angst an die Reihe: Die Angst, Erwartungen nicht zu erfüllen. Ich frage Sie: Wessen Erwartungen? Und wie sehen die aus? Ich kann Erwartungen nur erfüllen, wenn ich sie kenne. Und wenn sie bekannt sind, dann sollte ich noch hinterfragen, warum ich diese Erwartungen erfüllen möchte? Wer sagt, daß ich sie erfüllen soll? Letztendlich muß ich auf diesem Planeten überhaupt nichts tun außer atmen und ab und zu etwas essen. Und selbst das verweigert eine zunehmende Zahl von Menschen. Die Selbstmord-Rate ist ja bekanntlich seit Jahren steigend. Ich erinnere mich an eine Stelle aus Max Frischs Roman «Mein Name sei Gantenbein»: «Ich habe ihn gekannt. Was heißt das! Ich habe ihn mir vorgestellt, und jetzt wirft er mir meine Vorstellungen zurück wie Plunder; er braucht keine Geschichten mehr wie Kleider.» Sie brauchen aber nicht zu sterben. Es liegt in Ihrer absolut freien Entscheidung, Ihren Mitmenschen sämtliche Vorstellungen und Erwartungen, die man an Sie stellt, vor die Füße zu schmeißen. Wenn Sie sich jedoch dazu entschließen, gewisse Erwartungen zu erfüllen, dann brauchen Sie auch keine Angst zu haben. Alles klar?

Der nächste Patient heißt: Die Angst, nicht akzeptiert zu werden. Frage an Sie, lieber Leser: Akzeptieren Sie alle Menschen? Nein? Na, dann ist es doch nichts als natürlich, daß auch Sie nicht von allen Zeitgenossen akzeptiert werden. Bringt Sie das um? Ganz und gar nicht. Natürlich ist es schön, von möglichst vielen Menschen geliebt und geachtet zu werden. Aber stellen Sie doch einmal folgende Überlegung an: Sie werden am meisten geliebt, wenn Sie so sind, wie die anderen Sie haben wollen. Wenn Sie aber so sind wie alle anderen, was haben Sie dann dieser Welt Besonderes zu bieten? Drehen Sie diese Angst also ins Gegenteil um: Wenn ich nicht mehr von allen Menschen akzeptiert werde, könnte das ein Zeichen dafür sein, daß ich etwas Besonderes bin. Denken Sie nur: Wenn ein Helmut Kohl nicht mit dem Gedanken lebengelernt hätte, daß ihn jeder dritte Bundesbürger ablehnt, müßte er sich doch längst umgebracht haben!

Die Angst vor Krankheit und Schmerz ist wohl die einzige Angst, die man einigermaßen vernünftig begründen könnte. Krank zu sein und Schmerzen ertragen zu müssen, ist sicher etwas, was wir unter allen Umständen vermeiden möchten. Dennoch will ich Ihnen dazu zwei Fragen stellen: Erstens, ist Ihnen auch schon aufgefallen, daß ängstliche Menschen öfter krank sind und häufiger in Unfälle verwikkelt werden als mutige? Könnte es also sein, daß das negative Denken Krankheit und Schmerz geradezu magnetisch anzieht? Bisher hat mir das jeder Mensch, den ich gefragt habe, bestätigt. Und zweitens, versetzen Sie sich einmal zurück in eine Lage, in der Sie sehr krank waren oder großen Schmerz empfanden. War das nicht eine der wertvollsten Lektionen Ihres Lebens? «Wir wachsen am Widerstand», hat mal jemand gesagt. Und das trifft hundertprozentig zu. Wenn dem Kleinkind die ersten Zähne wachsen, leidet es unter starken Schmerzen. In der Pubertät, einer Zeit ungeheuer raschen Wachstums, durchläuft der junge Mensch eine Phase seelischen (und manchmal auch körperlichen) Schmerzes. Schmerz ist also oftmals ein Zeichen von Wachstum. Die Angst vor Krankheit und Schmerz kann ich Ihnen nicht nehmen. Aber vielleicht können Sie jetzt besser damit umgehen.

Die Angst vor dem Tod ist, sofern es sich nicht um eine versteckte Angst vor Schmerz und Krankheit handelt, völlig unbegründet. Der Tod gehört zum Leben, wie alles andere auch. Ja, viel mehr noch: Der Tod macht eigentlich das Leben aus. Sie sind sicher einverstanden, daß es ohne Tod kein Leben gibt. Und stellen Sie sich einmal vor, Sie würden ewig leben. Wie langweilig das wäre! Sie würden einen sagenhaften Sonnenuntergang am Meer nicht genießen können, weil es ja noch unzählige davon gäbe. Sie würden eine wichtige Aufgabe nicht anpacken, weil ja morgen noch genug Zeit dafür wäre... oder übermorgen... oder nächste Woche... oder nächstes Jahr. Es würde nichts Aufregendes mehr geschehen. Wir müssen einsehen, daß in der Begrenzung die Herausforderung liegt. Stellen Sie sich einen sportlichen Wettkampf ohne zeitliche Begrenzung vor. Ein Fußballspiel, das ewig dauern würde. Kein Mensch würde mehr zuschauen, kein Spieler mehr mitspielen. Die Würze besteht doch darin, in diesen neunzig Minuten das Beste zu geben, ein Stück Fußball-Geschichte zu schreiben. Genauso ist es mit Ihrem Leben. Und Sie haben mehr als neunzig Minuten Zeit dazu. Nutzen Sie sie. Anstatt sich mit Todesängsten zu quälen, widmen Sie sich der Lebensfreude!

Nächste Angst: Die Angst, jemanden zu verlieren. Dazu ein Beispiel: Einer meiner Kollegen lebte jahrelang mit der Angst, seine Ehefrau zu verlieren, sei es durch einen Verkehrsunfall oder durch einen anderen Mann. Seine Angst war so groß, daß er seiner Frau verbot, ohne ihn irgend etwas zu unternehmen. Wenn er von der Arbeit nach Hause kam, hatte sie dort zu sein. Und wehe, wenn sie sich einmal zu einem Einkaufsbummel mit ihrer Freundin hinreißen ließ, das gab das größte Theater. Als sie ihren Mann einmal zur Rede stellte, meinte er, er sorge sich halt um sie, das sei doch ganz natürlich. Dann schenkte er ihr wieder ein sündhaft teures Schmuckstück und meinte, die Sache sei erledigt. Aber die Frau hatte mit der Zeit genug von ihrem goldenen Käfig. Sobald sie sich innerlich genügend von ihrem Unterdrücker gelöst hatte, fand sie einen Partner, der ihre persönliche Freiheit respektierte und förderte. Fazit: Mein Kollege verlor seine Frau gerade *wegen* seiner Angst, sie zu verlieren. Mehr brauche ich dazu wohl nicht zu sagen.

Kommen wir nochmals zurück auf die größte Angst des Verkäufers. Die Angst vor dem Zurückgewiesenwerden. Dazu gibt es folgendes zu sagen: Sie können nur herausfinden, ob ein Kunde Ihr Produkt will oder nicht, wenn Sie hingehen und es ihm zeigen. Wenn Sie die 6-Stufen-Verkaufstechnik richtig beherrschen, dann steigen Ihre Verkaufs-Chancen. Sollte der Kunde trotzdem nein sagen, dann weist er nicht

Sie als Person, sondern eben nur Ihr Angebot zurück Übrigens gilt auch hier das gleiche Prinzip wie bei allen andern Ängsten: Durch Angst ziehen Sie das Unheil an, durch Mut ziehen Sie den Erfolg an.

Und schließlich noch einige Alltags-Tips für den Umgang mit der Angst. Eleanor Roosevelt hat einmal gesagt: «Niemand kann Sie zwingen, sich minderwertig zu fühlen, wenn Sie es nicht zulassen.» Das gilt auch für die Angst: Niemand kann Sie zwingen, Angst zu haben, wenn Sie es nicht zulassen.

Ein anderer kluger Kopf hat folgendes herausgefunden: Tun Sie die Dinge, vor denen Sie Angst haben, und der Tod der Angst ist sicher. Gehen Sie dorthin, wo Sie lieber nicht hingehen möchten. Rufen Sie dort an, wo Sie lieber nicht anrufen möchten. Und Sie werden sehen: Es war alles halb so schlimm. Ein altes Sprichwort bringt es auf den Punkt: «Ein Feigling stirbt tausend Tode.» Wenn Sie Ihre Angst überwinden, haben Sie paradoxerweise auch weniger Grund, Angst zu haben.

Eine weitere Wahrheit, die wir sämtlichen Schülern dieser Welt in bezug auf ihre Lehrer beibringen müßten: Viele Menschen, vor denen Sie Angst haben, sind nicht groß, sondern nur lang. Oder was mag wohl in den Köpfen derjenigen Kinder vorgehen, die sich umbringen, um dem Schulstreß zu entgehen? Auch diese Quote ist ja bekanntlich steigend. Und unsere Lehrer sind offensichtlich noch immer besser in Mathematik, Geografie und Geschichte als in den Fächern Liebe, Harmonie, Umgang mit der Angst und Seelenfrieden.

Ein wichtiger Grundsatz: Bleiben Sie seriös und integer, dann können Sie auch allen Menschen in die Augen schauen. Sind Sie schon einmal von jemandem übers Ohr gehauen worden? Und haben Sie bemerkt, wie dieser Jemand Ihnen nachher nicht mehr in die Augen schauen konnte? Der hatte offensichtlich durch sein betrügerisches Handeln mehr Probleme als Sie! Wenn Sie also ehrlich und seriös bleiben, haben Sie es weniger mit der Angst zu tun.

Ein Geheimnis, dessen Wahrheit ich jeden Tag aufs neue erfahre: Seien Sie großzügig. Denken Sie ans Geben. Seien

Sie ein Glücksbringer und Wert-Generator. Fügen Sie dem Leben anderer Menschen Wert zu. Kennen Sie einen glücklichen Geizhals? Das gibt es nicht. Geiz ist immer ein Zeichen von Unglücklichsein. Der Geizige lebt in ständiger Angst, nicht genug für sich selbst zu bekommen. Diese Angst sollten Sie sofort über Bord werfen.

In der Überwindung der Angst liegt tatsächlich der Schlüssel zum Erfolg. Versetzen Sie sich einmal zurück zu dem Tag, an dem Sie Radfahren lernten. Am Tag davor konnten Sie es noch nicht. Am andern Abend erzählten Sie Ihrer Mutter freudestrahlend von Ihrem jüngsten Erfolg. Was hatte sich verändert? Hatten Sie über Nacht von irgendwoher neue körperliche Fähigkeiten erhalten? Sicher nicht. Das einzige, was Sie getan hatten, war, Ihre Angst zu überwinden, auf dieses Rad zu klettern und loszufahren. Genauso war es beim Laufen- und beim Schwimmenlernen. Genauso ist es mit allem, was Sie können oder eben noch nicht können. Tun Sie es, und der Tod der Angst ist sicher.

Zusammenfassung für Schnell-Leser

1. Verkaufen heißt, dem Kunden zu helfen, das zu bekommen, was er braucht, und ihm dabei ein gutes Gefühl zu vermitteln. Und zwar vor, während und nach dem Kauf.

2. Ihre Gedanken bestimmen Ihre Gefühle. Arbeiten Sie an Ihren Gedanken. Dann verbessern sich Ihre Gefühle, und Sie verkaufen automatisch besser.

3. Die Formel für Verkaufs-Erfolg lautet:
   Produkt-Kenntnis
   + Verkaufstechnik
   + Überzeugungskraft
   x Die positive Einstellung

4. Verinnerlichen Sie die bewährte 6-Stufen-Verkaufstechnik:
   Annähern, Befragen, Vorführen, Festigen, Verhandeln, Abschließen.

5. Angst ist der größte Feind des Verkäufers. Schreiben Sie auf, was genau Ihnen Angst macht, und lernen Sie, die Angst zu überwinden.

Das will ich sofort umsetzen:

im Leben gehen (vorwärts aufrecht)

«Verdienen kommt von Dienen. Wer dem Kunden Nutzen bringt, braucht nichts zu befürchten.»

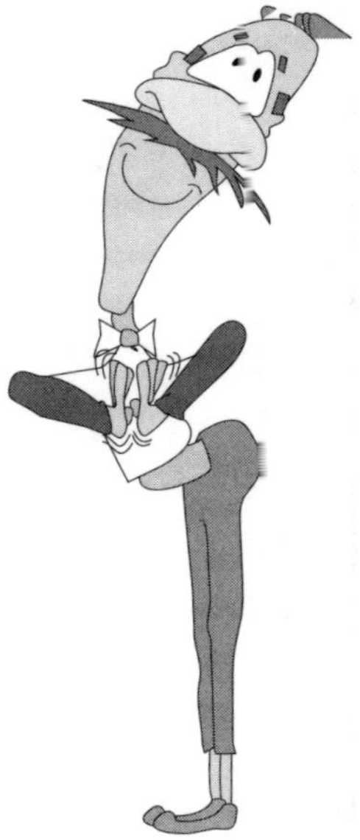

Größter Irrtum
des mittelständischen Unternehmers:

VIII. «Händchen reiben, ins Fäustchen lachen... und weg!»

Ein kalifornischer Autohändler, den ich eine Zeitlang beriet, freute sich über jeden Verkauf wie ein kleines Kind. Kaum war der Kunde draußen, stürmte er auf seine Mitarbeiter zu, rieb seine Hände vor lauter Erregung und prahlte: «Dem habe ich wieder ein Auto verkauft, und zwar das teuerste. Zuerst wollte er nicht. Aber dann habe ich Trick 77 angewandt. Jetzt ist er mir doch noch ins Netz gegangen.»

Zugegeben, man soll sich freuen können, auch über einen gelungenen Verkaufs-Abschluß. Aber diesen Firmenboß wollte ich bald nicht mehr in meinem Kundenkreis haben. Denn auch nach mehrmaligem Erklären begriff er nicht, daß Verkaufen nichts, aber auch gar nichts mit Schadenfreude zu tun haben kann. Er wollte auch nicht einsehen, daß die eigentliche Arbeit des Verkäufers erst nach dem Verkauf beginnt! Doch, Sie haben richtig gelesen. Beim schlechten Verkäufer ist nach dem Kauf die Arbeit erledigt, beim guten fängt sie erst richtig an. Ein Spitzenverkäufer hat sich einmal folgendermaßen geäußert: «Einen schnellen Verkauf bringt jeder zustande, aber einen Kunden so für sich zu gewinnen, daß er zum Verkäufer Ihrer Produkte wird, das ist die hohe Schule des Verkaufens.»

Wenn der Kunde zum Verkäufer Ihrer Produkte oder Dienstleistungen wird, nennen wir das in der modernen Verkaufs-Theorie eine aktive Vollreferenz. In den folgenden Kapiteln wollen wir gemeinsam ein paar Tips unter die Lupe nehmen, die Ihnen helfen sollen, aktive Vollreferenzen zu produzieren. Sie werden gleich sehen, wieviel wertvoller Boden da in den meisten Firmen brachliegt.

1. Nützlicher sein als die Konkurrenz

Eigentlich beginnt alles damit, daß Sie sich jeden Tag überlegen: «Wie kann ich meinem Kunden nützlicher sein als andere?» Falls Ihnen die Phantasie oder die Zeit fehlt (was oftmals dasselbe ist), dann fordern Sie doch einfach zwei bis drei gute Kunden auf, Ihnen Vorschläge zu bringen. Es sind meistens Kleinigkeiten, die Sie von der Konkurrenz unterscheiden.

Ein Blumengeschäft, das ich betreue, gibt beispielsweise zu jedem Blumenstrauß eine Anleitung ab, wie man dafür sorgen kann, daß diese Blumen länger frisch bleiben. Solche Flugblätter zu produzieren, ist für einen Computer der heutigen Generation ein Kinderspiel.

Denken Sie an ein Pferderennen. Dasjenige Pferd, das gewinnt, braucht nicht zehn- oder zwanzigmal besser zu sein als dasjenige auf dem zweiten Platz. Eine Nasenlänge weiter vorn genügt schon.

Das hat auch der Möbelhändler eingesehen, der zu sämtlichen Leder-Sitzgruppen, die er verkauft, eine Lederpflege-Anleitung abgibt. Und nicht nur das. Der Kunde erhält auch eine kostenlose Tube mit Lederpflege-Milch sowie eine Einladung zu einem Lederpflege-Kurs. Das kostet die Firma zwar ein paar Groschen, aber bei den 15000 Mark, die ein solcher Verkauf einbringt, ist das allemal drin. Und außerdem bringt der Möbel-Fachmann auf diese Weise den Kunden später nochmals ins Geschäft. Wer weiß, was er dann noch alles kauft...

Überlegen Sie sich also, was Sie Ihrem Kunden zusätzlich zum Produkt noch alles mitliefern könnten. Machen Sie nicht den gleichen Fehler wie der Geschäftsführer eines Garten-Centers, der meine diesbezüglichen Vorschläge ablehnte mit den Worten: «Das brauchen unsere Kunden nicht. Die sind genügend informiert.» Selbst wenn dies der Fall wäre: Es kommt auf die Geste an! Der Kunde wird Ihr Geschäft in angenehmer Erinnerung behalten. Übrigens... das besagte Garten-Center mußte in den vergangenen zwei Jahren drei Filialen schließen. Warum wohl?

2. «Ich hab' da was abzuliefern»

Ich habe den Schlüssel zum Erfolg im Kleinbetrieb einmal in drei Sätzen zusammengefaßt:

1. Finden Sie heraus, wo und wann der Kunde direkt oder indirekt mit Ihrem Geschäft in Kontakt kommt.
2. Finden Sie heraus, was für Fragen er sich in diesen Momenten stellt.
3. Beantworten Sie ihm diese Fragen in einer einfachen, leicht verständlichen Sprache.

Wir haben in diesem Buch einige dieser Kontakte kennengelernt. Wir haben festgestellt, welche Fragen wir dem Kunden in der Werbung beantworten müssen. Wir haben gesehen, wie ein Schaufenster mit Hilfe von Kleinplakaten Fragen beantworten kann. Wir haben Wege gefunden, durch Information am Verkaufspunkt Fragen zu beantworten. Wir haben das Verkaufsgespräch und die damit verbundenen Fragen näher untersucht.

Jetzt ist der Kauf abgeschlossen. Aber die (stumme) Fragerei des Kunden hat noch kein Ende. Nehmen wir an, er hat sich einen Luftbefeuchter angeschafft. Jetzt möchte er wissen, welche Pflege das Gerät braucht, wo er es im Falle eines Defektes reparieren lassen kann und wie lange die Garantiezeit dauert. «Das steht ja alles in der Gebrauchsanleitung», können Sie jetzt antworten. Das ist richtig. Aber der gute Verkäufer weist eben darauf hin, daß da alles drinsteht. Der junge Mann, der mir meine Foto-Ausrüstung verkauft hatte, verabschiedete sich mit folgenden Worten von mir: «Schauen Sie, Herr Zimmermann, hier in der Gebrauchsanleitung ist ein übersichtlicher Lehrgang enthalten, der Sie Schritt für Schritt in sämtliche Kamera-Funktionen einführt. Die Firma gibt Ihnen zwei Jahre Garantie. Wenn irgend etwas sein sollte, rufen Sie mich an, hier ist meine Karte. Ich bin übrigens ausgebildeter Fotograf. Wenn Sie ein aufnahmespezifisches Problem haben, helfe ich Ihnen gerne weiter.» Dieser letzte Satz führte dazu, daß ich mich eine Woche später mit einem Problem an diesen Verkäufer wandte und mein einfaches Blitzgerät gegen die Luxus-Version eintauschte. Hören Sie das Klingeln in Ihrer Kasse?

Ein Kundenkontakt, den fast jede Firma vernachlässigt, ist die Lieferung. Wenn Ihre Produkte so sperrig sind daß sie durch eine Transport-Firma geliefert werden müssen, dann kommen Sie nicht darum herum, auch das Lieferpersonal zu schulen. Glauben Sie mir, das wirkt sich unmittelbar auf Ihren Umsatz aus.

Stellen Sie sich vor, Sie haben bei Ihrem Möbelhändler ein neues Bett bestellt. Zwei Wochen später klingelt es an Ihrer Haustüre. Draußen steht ein zigarettenrauchendes, nach Schweiß stinkendes, unrasiertes Individuum, das undeutlich etwas von «abliefern» und «hier unterschreiben» murmelt. Auf Ihre Frage, wo denn die versprochene Matratzen-Auflage sei, hat der Typ nur ein müdes Schulterzucken übrig und die Bemerkung, er habe keine Ahnung von dem Zeug, er habe nur den Auftrag zu liefern. Und Sie machen sich schon Sorgen, wie Sie wohl das dezente Rauch- und Schweiß-Aroma aus Ihrer Matratze wieder herauskriegen.

Zugegeben, das ist ein stark überzeichnetes Bild. Aber Auszüge davon erlebe ich tagtäglich. Man kann auch regelmäßig beobachten, wie sich Firmen-Chauffeure auf den Straßen wie Rowdies benehmen, ohne sich zu überlegen, welch schlechtes Licht so etwas auf ihre Firma wirft.

Ich kenne eine vorbildliche Firma, die ihr Lieferpersonal mit dem gleichen Programm schult wie ihre Verkäufer. Außerdem existieren dort Richtlinien für das Verhalten auf der Straße sowie für Kleidung und Auftreten der Chauffeure. Warum diese Firma wohl seit Jahren auf Erfolgskurs ist?

Und noch ein Tip: Sobald die Ware geliefert ist, sollten Sie als Verkäufer oder Geschäftsleiter zum Telefon greifen. Rufen Sie Ihren Kunden an. Fragen Sie ihn, ob alles zu seiner Zufriedenheit erledigt worden sei und ob er noch Fragen habe. Sehr oft resultiert daraus ein Zusatz-Verkauf. Im Falle unseres Betten-Kaufs zum Beispiel könnte der Kunde ein neues Kissen oder eine Tagesdecke bestellen.

Der Zusatz-Verkauf sollte aber nicht Ihr Hauptmotiv sein, sondern einzig und allein Ihr Ziel, einen zufriedenen Kunden, eine aktive Vollreferenz zu gewinnen.

3. Adressen – das gigantische Kapital

Als ich vor Jahren eine Stelle als Projektleiter in einem Versandhaus antrat, zeigte mein Chef während der ersten Betriebsbesichtigung auf einen riesigen Panzerschrank und erklärte mir, dahinter verberge sich das Firmenkapital. «Was, Sie bewahren Ihr Geld hier im Hause auf?», fragte ich ganz erstaunt. Aber ich wurde sofort eines Besseren belehrt. Hinter der schweren Stahltüre verbargen sich 50000 Kundenkarten, und mir wurde schlagartig klar, welch gigantisches Kapital in einer gut geführten Adreß-Kartei steckt.

Wenn Sie jetzt denken, das gelte nur für Versandhäuser, dann habe ich eine Überraschung für Sie. Es gilt für ausnahmslos jeden Betrieb. Falls Sie über keine Kunden-Adressen verfügen, sage ich Ihnen gleich, wie Sie das ändern können. Lassen Sie mich aber vorher noch anhand eines Beispiels zeigen, wieviel Geld Sie verdienen, wenn Sie meinen Rat beherzigen.

Als ich von einem Möbelhändler wissen wollte, ob er eine Kunden-Kartei besitze und wie er sie nutze, meinte er: «Ja, natürlich bewahren wir die Anschriften unserer Kunden auf. Aber daß wir daraus Kapital schlagen könnten, ist uns noch nie eingefallen. Wir dachten immer, wenn der Kunde gekauft hat, dann braucht er nichts mehr.» Man kann es diesem Firmen-Inhaber nicht einmal übelnehmen. Diese Kurzsichtigkeit und Betriebsblindheit treffe ich in allen Branchen und quer durch die Firmen-Hierarchie an. Nachdem ich die Geschäftszahlen der letzten Jahre ausgewertet hatte, stellte ich fest, daß im letzten Jahr ungefähr 30 Prozent des Cash Flows durch Stammkunden zustande gekommen war. Ich veranlaßte sofort die Erfassung der Kundendaten auf einem Computer und bearbeitete die Stammkunden viermal jährlich mit Kundenzeitungen und Ausstellungs-Einladungen. Resultat: Nach einem Jahr dreißig Prozent Umsatz-Steigerung, und 75 Prozent des Cash Flows wurde durch Stammkunden erzielt.

Bitte reagieren Sie jetzt nicht mit dem BUIAGA-Syndrom. Sagen Sie nicht «*B*ei *u*ns *i*st *a*lles *g*anz *a*nders.» Es funktioniert restlos in jeder Branche. Wenn Sie beginnen, Ihre Stammkundschaft richtig zu betreuen und zu informieren, erleben Sie nicht nur einen überdurchschnittlichen Umsatz-Zuwachs; Sie machen Ihren Betrieb gleichzeitig stärker und weniger anfällig für Konjunktur-Schwankungen.

Übrigens... wenn Sie denken, Ihre Kunden seien werbemüde, dann fragen Sie sie doch einfach, ob das wirklich stimmt. Professor Vögele vom Direktmarketing-Institut in München hat herausgefunden, daß der Konsument in bezug auf Firmen, von denen er schon einmal gekauft hat, geradezu nach Information lechzt. Einen Werbebrief pro Monat hat die Mehrheit der Testpersonen als angenehm empfunden. Natürlich sollten Sie Ihre Werbung so gestalten, daß der Kunde seinen Nutzen erkennt. Aber das haben wir ja bereits im Kapitel über die Werbung gelernt. Es steht Ihnen natürlich frei, diesen Zahlen keinen Glauben zu schenken und Ihre Kunden-Adressen weiterhin ungenutzt herumliegen zu lassen. Aber es steht Ihnen auch frei, Ihr größtes Kapital zu nutzen und viel Geld zu verdienen.

Eine Frage drängt sich noch auf: Wie komme ich zu meinen Kunden-Adressen? Nun, wer mit Lieferscheinen und Rechnungen operiert, hat es leicht. Der braucht die genauen Daten seiner Kundschaft ohnehin. Wer aber ein Ladengeschäft führt und fast nur mit Laufkundschaft zu tun hat, der muß zu einem kleinen Trick greifen. Legen Sie in Ihrem Geschäft Zettel auf mit ungefähr folgendem Wortlaut:

«Liebe Kundin, lieber Kunde, die Firma XY (Ihr Firmenname) gibt regelmäßig Informations-Blätter zum Thema YZ (Ihr Fachgebiet) mit nützlichen Tips für den Alltag heraus. Wenn Sie möchten, erhalten Sie diese jeweils kostenlos zugestellt. Füllen Sie einfach diesen Gutschein aus und übergeben Sie ihn unserem Verkaufspersonal.»

Mit dieser Methode verfügen Sie in kürzester Zeit über wertvolles Adressen-Kapital. Denn nach meiner Erfahrung füllen etwa siebzig Prozent der Kunden einen solchen Gratis-Abo-Zettel aus. Und sehr oft bekommt das Verkaufspersonal positive Kommentare zu hören wie zum Beispiel: «Endlich eine Firma, die sich etwas einfallen läßt.»

Ich muß wohl nicht betonen, daß eine einmal begonnene Stammkunden-Pflege konsequent weitergeführt werden sollte. Sonst könnte sie sich auf Ihren Geschäftsgang sogar kontraproduktiv auswirken.

4. Der Geheimtip – Kundenzeitungen

Bitte lesen Sie dieses Kapitel zu Ende, und denken Sie nicht: «Bei uns kommt so etwas nicht in Frage.» Werfen Sie einmal einen Blick auf die Abbildung unten auf dieser Seite. Dort sehen Sie, was in der Regel mit einer Firma geschieht, die sich zur Herausgabe einer Kundenzeitung entschließt. Ich muß Sie allerdings dringlichst warnen. Machen Sie ja nicht den Fehler, es mit einer oder zwei Ausgaben zu versuchen und dann wieder aufzugeben. Damit erreichen Sie das pure Gegenteil. Dann denkt der Kunde nämlich: «Aha, der hat es auch versucht. Jetzt wird es ihm zu teuer.»

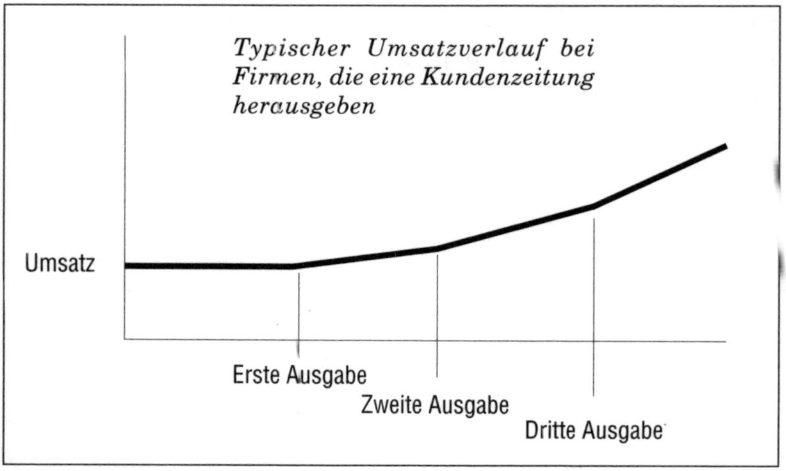

Typischer Umsatzverlauf bei Firmen, die eine Kundenzeitung herausgeben

Natürlich muß Ihre Kundenzeitung spannend, kurzweilig und auf Ihren Kunden zugeschnitten sein. Wie man das anpackt? Blättern Sie einfach zurück zum Kapitel «Werbung». Genau nach diesen Gesichtspunkten sollten Sie auch Ihre Kundenzeitung oder zumindest die Schlagzeilen davon texten. Ich gebe Ihnen ein paar Beispiele.

Ein Druckvorlagen-Hersteller gibt in der Titelstory seines Newsletters Tips zum besten, die seiner Kundschaft, nämlich Druckern und Werbeleuten, helfen sollen, Kosten zu sparen. «Über die Kosten-Entwicklung in der grafischen Branche» wäre so ein 0815-Titel, der niemanden hinter dem Ofen hervorlockt, geschweige denn jemanden zum Lesen des Artikels bringt. Da muß es heißen «Wie Drucker und Werber ihre Litho-Kosten senken können».

Ein Optiker möchte seinen Lesern eine kostenlose Anpassung ihres Brillen-Gestells anbieten, natürlich mit dem Hintergedanken, diese Kunden wieder einmal im Geschäft zu haben und eventuell Zusatzverkäufe tätigen zu können. Dazu fällt ihm nichts Besseres ein als der Schulaufsatz-Titel «Über die Wichtigkeit einer gut angepaßten Brille». Damit verschenkt er sich die Hälfte seiner potentiellen Leser. Wenn er sich von dieser biederen Haltung einmal löst, dann spürt er, daß die Headline «Tut Ihnen Ihre Brille weh?» ins Schwarze trifft.

Nur keine falschen Hemmungen! Kundenzeitungen werden mit der gleichen, äußerst schwachen Lese-Energie gelesen wie Werbung. Also müssen Sie mit entsprechend viel Power daherkommen. Übrigens empfiehlt es sich, jeden Artikel mit ungefähr dieser Phrase abzuschließen: «Falls Sie Fragen haben, steht Ihnen unser Team gerne zur Verfügung. Rufen Sie einfach an: Telefon ...» Warum muß das hinter jedem Artikel stehen? Ganz einfach. Kundenzeitungen sind typische WC-Lektüre. Ich weiß nicht, wie lange Sie auf dem Klo zu sitzen pflegen. Aber bei mir reicht es meistens nur für einen Artikel. Und wenn mich dessen Inhalt interessiert, dann will ich nicht lange suchen müssen, wo ich weitere Informationen erhalten kann. Doch, doch, auf solche Details kommt es an, glauben Sie mir. Wenn Sie jeden Artikel als abgeschlossene Einheit behandeln, wird sich das wohltuend auf Ihre Umsatzkurve auswirken.

Und bitte halten Sie sich an die KISS-Formel beim Texten. KISS stammt aus der amerikanischen Werbesprache und heißt: «Keep it simple and stupid!» Zu deutsch: «Halte es einfach und blöd!» Das «blöd» sollten Sie nicht allzu wörtlich nehmen. Aber wenn der Kunde zweimal über die gleiche Formulierung stolpert, kündigt er seine Lese-Bereitschaft ohne weiteres Federlesen auf. Beachten Sie einmal, wie dieses Buch geschrieben ist. Sie werden wahrscheinlich selten einen Satz mit mehr als dreißig Worten finden. Oder dreifach ineinander verschachtelte Nebensätze wie bei Heinrich von Kleist. Das liegt nicht daran, daß ich Sie etwa für blöd hielte! Ich denke lediglich, daß Sie Besseres zu tun haben, als meine verschlüsselten Gedankengänge zu entziffern. Kämmen Sie Ihre Kundenzeitung rigoros durch. Vereinfachen Sie, wo Sie nur können. Streichen Sie ganze Sätze, sofern sie nur das Vorhergehende wiederholen. Die Floskel «stellen Sie uns Ihre Anmeldung zu» wird zum simplen «melden Sie sich an». Professor Vögele sagt zu diesem Thema auch: «Fragen Sie jedes Komma, ob es nicht ein Punkt sein möchte. Meistens sagt es ja.» Eine Präposition am Satzanfang könnte zwar Ihrem Deutschlehrer fürchterliche Bauchschmerzen bereiten. Aber der hilft Ihnen ja auch nicht verkaufen, nicht wahr?

Ich muß es nochmals betonen: Es gibt kein sichereres Mittel, um schnell und einfach einen ansehnlichen Umsatz zu erzielen und zu konsolidieren als eine lockere, spritzig aufgemachte und interessante Kundenzeitung. Vorausgesetzt natürlich, daß Sie Ihr Geschäft in den übrigen Bereichen auf Vordermann gebracht haben und daß die Zeitung regelmäßig mindestens zweimal pro Jahr erscheint. Ich kenne jedenfalls keine Firma, die mit diesem System nicht erfolgreich ist.

Wenn ich mittelständische Unternehmer auf das Thema Werbung anspreche, bekomme ich oft zu hören: «Ach wissen Sie, wir machen sehr wenig Werbung. Wir legen mehr Wert auf die Mund-Propaganda. Das ist immer noch die beste Reklame.» Das ist richtig. Und eine Kundenzeitung ist eines der tauglichsten Mittel, um diese Mund-Propaganda anzukurbeln. Probieren Sie es aus! Sie werden Ihr blaues Wunder erleben...

5. Ein Werbebrief, der die Kassen füllt – und nicht den Papierkorb

Wie man einen verkaufswirksamen Werbetext schreibt, wissen Sie ja schon aus dem Kapitel «Werbung». In diesem Kapitel möchte ich Ihnen einige zusätzliche Informationen vermitteln, die Ihnen das Texten und Gestalten eines Werbebriefes erleichtern sollen. Wenn Sie das von der Pieke auf lernen möchten, empfehle ich Ihnen die Direktmarketing-Seminare von Professor Siegfried Vögele. Die Anschriften dazu finden Sie in der Bibliographie im hinteren Teil dieses Buches. Ich will Ihnen hier zeigen, was Sie davon für Ihren Kleinbetrieb übernehmen können und was Sie zusätzlich beachten sollten.

Der wichtigste Grundsatz lautet ebenso wie bei der Inserat-Werbung. In höchstens zwanzig, oftmals weniger als zehn Sekunden, muß der Leser Vorteile für sich erkennen können. Sonst bedeutet das für Ihre Werbung den Tod. Beim Inserat tritt er in Form von Nichtbeachten oder Umblättern ein, beim Werbebrief ist es der Papierkorb.

Ist es nicht niederschmetternd, daß mehr als neunzig Prozent Ihrer Werbebriefe nach zwanzig Sekunden ungelesen im Abfalleimer landen? Und dies, nachdem Sie nun wochenlang am runden Tisch darüber diskutiert haben, ob diese oder jene Formulierung besser klinge und ob man Ihr Mailing mit der Frankiermaschine oder von Hand bearbeiten soll.

Nun, einer der Fehler, den Sie ab sofort vermeiden können, ist das Diskutieren. Ein Fehler, der übrigens allzu oft auch in klassischen Werbeagenturen begangen wird. Da hokken die Texter, die Art und Creative Directors, die Media Planners und wie sie alle heißen, stundenlang im Sitzungszimmer, starren auf verschiedene Entwürfe und diskutieren darüber, welcher Brief denn nun den größten «Impact» auf die Zielgruppe habe, welcher am meisten «anspreche». Dabei unterliegen sie leider drei groben Irrtümern:

Erstens starrt kein Mensch so lange auf eine Werbung wie das die Werbe-Profis tun. Also müssen beim Beurteilen andere Gesetzmäßigkeiten gelten. Zweitens ist die Wahrscheinlichkeit, daß jemand zu den Nicht-Reagierern gehört, größer als 95 Prozent! Ist ja logisch, wenn Sie sich überlegen, daß ein Rücklauf von fünf Prozent bei einem Werbe-Aussand als geradezu phänomenal bezeichnet wird. Also ist es doch völlig unsinnig, wenn jemand aus den 95 Prozent der Nicht-Reagierer Ihre Werbung beurteilt. Und drittens handelt es sich bei Werbefachleuten meistens um intellektuell angehauchte Menschen. Auch das ist nicht die beste Voraussetzung, um eine Werbung «intuitiv» zu beurteilen.

Am besten fahren Sie also, wenn Sie wissenschaftlich vorgehen und Ihren Werbebrief anhand einer Checkliste anstatt mit Hilfe von netten Kollegen auf seine Wirkung hin prüfen. Nachfolgend einige Merkpunkte dazu.

Beim Werbebrief gibt es in der Regel drei Lese-Durchgänge. Der erste dauert höchstens zwanzig Sekunden. Während dieses kurzen «Überfliegens» nimmt das Auge des Lesers Fotos und Abbildungen auf, es liest kurze Schlagzeilen und Unterstreichungen, es überfliegt Bildlegenden und Unter-Schlagzeilen, und es prüft Adresse, Anrede und Unterschrift. Es sucht dabei vor allem Antworten auf folgende Fragen: Wer schreibt mir? Warum schreibt er mir? Soll ich das lesen? Welchen Vorteil habe ich, wenn ich es lese?

Wenn der Leser bei diesem Kurz-Dialog, den er mit dem Briefschreiber führt, Vorteile erkennt, dann geht er in einen zweiten, intensiveren Lese-Durchgang. Hier liest er ganze Textblöcke und Bildlegenden, wobei es selten bis gar nie vorkommt, daß er fein säuberlich oben links beginnt und unten rechts aufhört. Daher ist die weitverbreitete Annahme, man könne Werbebriefe im herkömmlichen Korrespondenz-Stil schreiben, so völlig falsch und absolut tödlich für Ihre Werbung.

Im zweiten Durchgang stehen beim Brief-Empfänger folgende Fragen im Vordergrund: Was genau bietet er mir an? Wie habe ich das bisher gelöst? Wer beweist das, was der da behauptet? Wäre das etwas, was mir mein Leben erleichtern würde? Lohnt es sich, wenn ich mich damit näher befasse? Was kostet das? Kann ich mir das leisten?

Falls Sie diese Fragen im Brief ebenfalls positiv beantworten können, gratuliere ich Ihnen. Jetzt kommt der Leser in die Abschluß-Phase. Jetzt will er es genau wissen. Höchstwahrscheinlich liest er jetzt sämtliche Informationen, die er finden kann. Folgende Fragen möchte er noch beantwortet haben: Wo und wie kann ich das prüfen? Gehe ich dabei ein Risiko ein? An wen kann ich mich wenden? Ist der nett? Muß ich sofort bestellen, oder kann ich weitere Informationen abrufen? Wie bestelle ich? Was geschieht nach meiner Reaktion?

Liebe Leserin, lieber Leser, es wird Zeit für ein ernsthaftes Wort. Sie haben in diesem Kapitel die achtzehn wichtigsten Leserfragen kennengelernt. Nun nehmen Sie doch bitte einmal Ihre letzten Mailings zur Hand und prüfen Sie, welche dieser Fragen Sie darin beantwortet haben. Wahrscheinlich werden Sie feststellen müssen: Fast keine. Und nun wundern Sie sich noch, weshalb Ihre Werbebriefe so wenig Resultate bringen?

Ich habe einen ganzen Stapel Mailings vor mir, die ich im letzten Monat in meinem Briefkasten vorgefunden habe. Und ich möchte Ihnen gleich anhand einiger Beispiele vorführen, welche Gedanken einzelne Passagen im Gehirn des Lesers auslösen:

Brief-Passage...	Was der Leser dabei denkt...
(Datums-Angabe) Im Frühjahr 1991	Offenbar weder dringend noch wichtig, sonst stünde hier ein genaues Datum.
(Schlagzeile) Die sieben von morgen...	Und wo liegt da mein Vorteil?
(Der Fließtext besteht aus einem einzigen, großen Textblock.)	Die haben offenbar das Gefühl, ich hätte unbeschränkt Zeit.
Beilage: 1 Prospekt mit integrierter Kontaktkarte	Das hätte ich auch selber gesehen. Ich bin ja nicht blind!
(Grußformel) Mit freundlichen Grüßen, MUSTER AG, Abteilung INFOCOM, P. Kurth	Ist dieser P. Kurth ein Mann oder eine Frau? Diese Person hat offensichtlich etwas zu verbergen. Ich glaube nicht, daß ich das alles lesen muß. Das kann man sicher getrost in den Papierkorb werfen.

Hätten Sie anders reagiert? Das ist durchaus möglich. Tatsache ist und bleibt aber, daß all diese Dinge im Werbebrief als Filter wirken. Und wir möchten ja Verstärker haben, und zwar so viel wie möglich. Noch ein Beispiel gefällig?

Brief-Passage...	Was der Leser dabei denkt...
(Auf dem Brief klebt ein Fruchtbonbon)	Oh, wie nett. Wollen die mir Bonbons verkaufen?
(1. Absatz) Ein Bonbon als amusebouche zum Frühstück, und Sie haben mit Messeständen und Schriften keine Sorgen.	Was zum Teufel ist ein amusebouche? Und ich habe doch keine Sorgen mit Messeständen. Und überhaupt, was hat das mit diesem Bonbon zu tun? Ach was, ich genieße jetzt mein Bonbon, und dieses Rätsel werfe ich ungelöst in den Papierkorb.

Noch einmal: Geben Sie dem Leser keine Rätsel auf! Schreiben Sie in einer Sprache, die er *mit Sicherheit* versteht! Bieten Sie ihm Vorteile auf einen Blick! Zeigen Sie ihm, was er bekommt und wie er reagieren muß!

Ein paar Worte noch zur Gestaltung: Der Empfänger eines Werbebriefes hat die Tendenz, oben links in den Brief einzusteigen und unten rechts auszusteigen. Entlang dieser Kurve sollten Sie ihn führen. Das heißt: Wenn Sie unten rechts eine auffällige Illustration plazieren (auch Ihre Unterschrift ist ein Bild-Element), und oben haben Sie wenig bis gar nichts, was sein Auge anzieht, dann haben Sie Ihren Leser direkt und ohne Informationen «zum Ausgang» begleitet, und der schöne Text, den Sie sich mühsam aus den Fingern gesogen haben, war vergebliche Liebesmüh'.

Wenn Sie hingegen, wie in Abbildung 3, Ihren Brief so geschickt gestalten, daß das Auge Ihres Lesers unweigerlich an Vorteilen hängen bleibt, dann nimmt die Wirkung Ihres Mailings sofort um ein Vielfaches zu.

Aber bitte denken Sie daran, was das heißt: Vorteile für den Leser. Obschon ich das den Teilnehmern an meinen

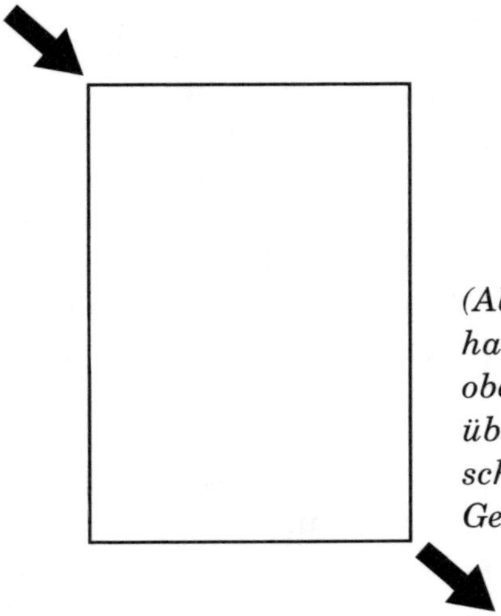

(Abb.1) Das menschliche Auge hat die Tendenz, einen Brief von oben links nach unten rechts zu überfliegen. Die Kurve dazwischen können Sie mit Hilfe der Gestaltung steuern,...

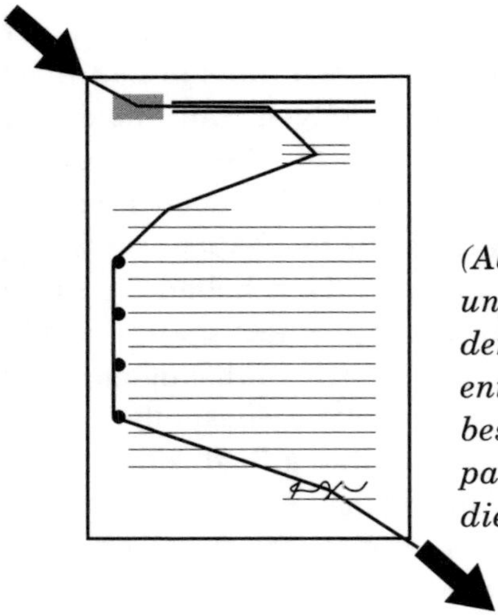

(Abb. 2) ...das kann, wie hier, so ungeschickt bewerkstelligt werden, daß der Leser im ersten, entscheidenden Lese-Durchgang bestenfalls Ihr Firmen-Logo, ein paar nichtssagende Punkte und die Unterschrift mitbekommt,...

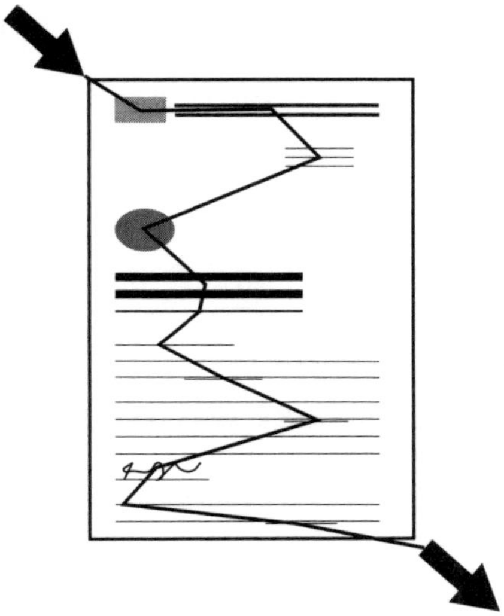

(Abb. 3) ...es kann aber auch so geschickt angepackt werden, daß das Auge auf seinem Weg «zum Ausgang» unweigerlich an Vorteilen hängen bleibt.

Werbe-Seminaren jeweils sehr ausführlich erkläre, stoße ich doch immer wieder auf Schlagzeilen solchen Wortlauts: «50 Jahre Nötzli-Optik». Darauf angesprochen, meint der gute Herr Nötzli: «Ja, aber das ist doch ein Vorteil für den Leser, daß es mich schon so lange gibt.» An diesem Beispiel sehen Sie, wie hartnäckig sich diese falsche Sicht beim mittelständischen Unternehmer eingebürgert hat. Denken Sie an die vier menschlichen Grund-Bedürfnisse: Pride, Pleasure, Profit, Peace. Zu deutsch: Stolz, Vergnügen, Profit und Frieden. Ihr Leser hält Ausschau nach allem, was sein Leben oder dasjenige seiner Lieben prestigeträchtiger, vergnüglicher, profitabler und einfacher macht. Alles andere läßt ihn kalt.

Zum Schluß möchten Sie vielleicht ein positives Beispiel eines Werbebriefes sehen. Jetzt können Sie selbst beurteilen, weshalb der Brief auf der nächsten Seite eine phänomenale Rücklauf-Quote von 22 Prozent erreicht hat.

apm werbung und audiovision | *Inhaber: Hans-Peter Zimmermann* | *CH-3302 Musterstadt*
Telefon 031 800 00 00 | *Telefax 031 800 00 01* | *Handy 077 12 12 12*

Beratung und Schulung in Marketing, Werbung und Verkauf
Bern • Nürnberg • Los Angeles

Diesen 30-seitigen Kurz-Lehrgang für Verkaufsleiter und Marketing-Fachleute erhalten Sie zum Selbstkostenpreis von nur 35 Franken. Jetzt gleich per Fax bestellen!

23. Mai 1991

Herrn
Hans Muster
Beispielstrasse 12
3000 Irgendwo

Wie man selber einen Werbetext schreibt, der verkauft...

Lesen Sie hier, wie Verkaufsleiter und Marketing-Fachleute sofort mehr Umsatz erzielen können

Lieber Herr Muster

Direct-Response-Werbung kann jeder normal begabte Mensch innerhalb kürzester Zeit erlernen. Sie haben recht. Das hat Ihnen wahrscheinlich noch kein Werber gesagt. Vielleicht bin ich auch der erste, der diese Aussage bei Schweizer Gewerbetreibenden getestet hat.

Ich kann Ihnen sagen: Ich habe selber gestaunt, was ein Mensch in Sachen Werbung zustande bringt, der bis anhin geglaubt hat, er sei weder im Schreiben noch im Werben begabt.

Woran das liegt? Ganz einfach: Professor Siegfried Vögele vom Deutschen Direktmarketing-Institut sagt, Werbung bestehe zu 90 Prozent aus Handwerk.
Und ein Handwerk kann man doch lernen. Nicht wahr?

Ein 30-seitiger Kurz-Lehrgang liegt jetzt für Sie bereit.
Bestellen Sie ihn doch jetzt gleich per Fax: 031 859 34 29.
Er kostet Sie nur 35 Franken. Und sollten Sie mit ihm nichts anfangen können, schicken Sie ihn einfach mitsamt der Rechnung zurück.

Übrigens… *apm* ist eine in Bern und Los Angeles tätige, renommierte Firma für Unternehmensberatung. Ich garantiere Ihnen persönlich, dass die Aussagen in diesem Brief der vollen Wahrheit entsprechen.

Mit freundlichen Grüssen

Hans-Peter Zimmermann
apm werbung und audiovision, Moosseedorf

P.S. Am einfachsten bestellen Sie Ihren Kurz-Lehrgang per Fax: 031 859 34 29.
Selbstverständlich nehmen wir auch telefonische Bestellungen entgegen: 031 859 07 95.
Denken Sie daran: Dank dem garantierten Rückgabe-Recht gehen Sie kein Risiko ein.

Anmerkung des Verlags: Dieser Lehrgang ist nicht mehr separat erhältlich. Er ist Bestandteil des zweitägigen Werbeseminars von Hans-Peter Zimmermann. Unterlagen erhalten Sie bei der Adresse hinten im Buch.

Zusammenfassung für Schnell-Leser

1. Nach dem Kauf beginnt die eigentliche Arbeit. Jetzt gilt es, aus einem einmaligen Kunden eine «aktive Vollreferenz» zu machen.

2. Wenn Sie Angst haben vor der Konkurrenz, dann lernen Sie, Ihrem Kunden nützlicher zu sein.

3. Sorgen Sie dafür, daß alle Ihre festen und freien Mitarbeiter bis ins letzte Glied auf Ihre Firmen-Philosophie eingestimmt sind. Schulen Sie auch Ihr Lieferpersonal.

4. Nutzen Sie Ihre Kunden-Adressen für Sonderangebote, Kurs-Einladungen und Präsentationen von Neuheiten.

5. Machen Sie auch gelegentliche Passanten zu Stammkunden, indem Sie ihre Adressen erfassen und systematisch bearbeiten.

6. Ihr Stammkunde will informiert werden. Liefern Sie ihm regelmäßig nützliche Tips und Informationen. Geben Sie Ihr Fachwissen weiter!

Das will ich sofort umsetzen:

«Das Telefon legt Ihnen die Welt zu Füßen.»

Dritte Klage
des mittelständischen Unternehmers:

IX. «Das Telefon – der ewige Störenfried!»

Gehören Sie etwa zu denjenigen Menschen, die sehr ungern telefonieren? Wenn ja, woran könnte das liegen? War das schon immer so? Oder erinnern Sie sich, daß Sie als Kind jeweils förmlich zum klingelnden Telefon rasten, weil Sie so fasziniert waren von diesem Ding? Einem Ding, das Ihnen buchstäblich die Welt zu Füßen legt? Vielleicht kam Ihre Abneigung tatsächlich erst später. Vielleicht erinnern Sie sich an zahlreiche Abende, an denen Sie das Gefühl hatten, den ganzen Tag nichts erreicht zu haben, weil Sie ständig vom Telefon unterbrochen wurden.

Ich will hier nicht die ganze Theorie meisterhaften Telefonierens wiederkauen. Dazu gibt es hervorragende Literatur. Meistens handelt es sich um kompakte kleine Büchlein, und ich empfehle Ihnen dringend, anstelle der Börsenkurse oder der letzten Katastrophen-Berichterstattung einmal ein solches Werk mit auf die Geschäftsreise zu nehmen. Im Buch «Meisterhaft telefonieren» zum Beispiel beschreibt Victor Scheitlin sämtliche Telefonsünden und wie man sie vermeidet, und zwar für alle Hierarchie-Stufen. Tips für Fortgeschrittene geben Richard A. Zarro und Peter Blum in ihrem Werk «Den richtigen Draht finden».

Was ich Ihnen hier vermitteln möchte, sind ein paar konkrete, persönliche Erfahrungen mit dem Telefon. Wenn Sie die in Ihrem Alltag umsetzen, werden Sie sofort wieder die alte, kindliche Freude spüren, jedesmal, wenn das Telefon klingelt oder wenn Sie sich mit dem Gedanken befassen, jemanden anzurufen.

1. Wer sich vom Telefon k.o. schlagen läßt, ist selber schuld

Mein erster und zugleich wichtigster Tip, so banal er klingen mag: Führen Sie Telefon-Blockzeiten ein: Zeiten, zu denen Sie Anrufe ausführen und entgegennehmen. Das Schlimmste, was Ihnen passieren kann, ist ein Arbeitstag, der durch das Telefon in lauter kleine Teile zerstückelt wird. Sie kennen das alle: Nach dem zehnten Anruf brüllen Sie Ihre Sekretärin an, daß Sie jetzt keine Anrufe mehr durchstellen soll. Und die arme Frau muß dann sämtlichen Kunden plausibel machen, daß Sie nicht da sind und daß sie nicht weiß, wann Sie zurückkommen. Eine äußerst hilfreiche Auskunft, finden Sie nicht auch?

Wäre es nicht wesentlich angenehmer für alle Beteiligten, wenn Ihre Sekretärin (oder Ihr Anrufbeantworter) melden dürfte, daß Herr XY zwischen 11 und 12 Uhr oder zwischen 16 und 17 Uhr persönlich erreichbar ist und während dieser Zeit auch gerne zurückruft? Kein einziges Geschäft wird Ihnen deswegen durch die Latten gehen, sofern Sie folgende Regeln einhalten:

Erstens sollte Ihre Sekretärin den Sinn dieser Abmachung einsehen. Nicht wie jene Mitarbeiterin, die mir immer anvertraut, daß ihr Chef zwar da sei, aber nicht gestört werden wolle, aber sie könne ja trotzdem einmal fragen, ob er für mich vielleicht zu sprechen sei. Und zweitens sollten Sie wirklich pünktlich und zuverlässig zu den angegebenen Zeiten zurückrufen.

Wenn Sie eine solche Regelung einführen, schaffen Sie glatt das doppelte Arbeitsvolumen. Am Morgen ist nämlich die Leistungsfähigkeit der meisten Menschen am höchsten. Diese drei bis vier Stunden sollten Sie nutzen, um ungestört wichtige Aufgaben zu erledigen. Ihr Standard-Tagesablauf sollte unbedingt Ihrer persönlichen Leistungskurve entsprechen. Auf der nächsten Seite finden Sie dazu ein praktisches Beispiel.

Selbstverständlich sollten Sie so flexibel sein, daß eine kleine Störung oder Änderung der Prioritäten Sie nicht gleich aus der Bahn wirft. Sie wissen ja sicher schon, daß wir nur etwa sechzig Prozent unserer Zeit verplanen sollten, nicht? Der Rest geht nämlich ohnehin durch Störungen und Unvorhergesehenes drauf. Aber wenn Sie fest entschlossen sind, sich Blockzeiten einzurichten, zu denen Sie auf keinen Fall gestört werden wollen, dann sind Sie auf dem besten Weg dazu, Ihr Leben selbst zu bestimmen und nicht einfach nur «gelebt zu werden».

An dieser Stelle möchte ich meinem Bruder Kurt für einen wichtigen Hinweis danken. Er ist Inhaber und Manager eines sehr erfolgreichen Kleinbetriebes im verfahrenstechnischen Anlagenbau. Als er sich einmal über die vielen

Der inneren Uhr angepaßter Tages-Ablauf

Zeit	Leistungsfähigkeit	Tätigkeit
7–11 Uhr	Top-Form	Bücher schreiben, Seminare vorbereiten, Cassetten konzipieren
11–12 Uhr	etwas weniger konzentriert	Anrufe entgegennehmen, Rückrufe tätigen, Anrufe ausführen, Kleinkram erledigen
12–13 Uhr	hungrig	Mittagessen und 1/2 Stunde Meditieren
13–14 Uhr	ziemlich müde	Post erledigen, Drucksachen studieren
14–16 Uhr	Bedürfnis nach frischer Luft	Besuche abstatten, Besuche empfangen, (längere Diskussionen erledige ich bei einem Spaziergang!)
16–19 Uhr	wieder voll da	Weiter an wichtigen Projekten arbeiten, Anrufe entgegennehmen, Rückrufe erledigen
19–19.30 Uhr	in freudiger Erwartung auf den Feierabend	Nächsten Tag planen, 1/4 Stunde Meditieren

Störungen durch seine Mitarbeiter beklagte und ich ihm die Einführung von Blockzeiten empfahl, meinte er: «Das geht bei uns nicht. Wenn die Werkstatt-Arbeiter mit ihrer Arbeit fertig sind, müssen sie doch wissen, womit sie weitermachen sollen!» Haben Sie es erkannt, das alte BUIAGA-Syndrom? «Bei uns ist alles ganz anders», wie oft man das doch zu hören bekommt.

Nichts gegen meinen Bruder. Er hat es immerhin geschafft, mit ehrlicher Arbeit sehr wohlhabend zu werden. Aber seine Reaktion zeigt doch einmal mehr, daß überall nur mit Wasser gekocht wird. Vielleicht hat er die ganze Geschichte nur nicht zu Ende gedacht. Oder er ist so festgefahren in den alten Gewohnheiten, daß er sehr viel Kraft braucht, um daraus auszubrechen. Aber wie wär's zum Beispiel, wenn er sich jeden Morgen für eine halbe Stunde mit seinem Werkstatt-Chef zusammensetzen würde, um den Tag zu planen? Richtig, da würde er auf ein weiteres Hindernis stoßen, nämlich auf die alten Gewohnheiten des Werkstatt-Leiters. Aber ich frage Sie: Soll sich ein Unternehmer jahrelang Tag und Nacht abrackern, um schließlich zum Spielball seiner Untergebenen zu werden? Ich kann Sie nur dazu ermuntern: Setzen Sie sich durch! Besonders, was die Zeitplanung anbelangt. Auf diesem Gebiet wird in sämtlichen Betrieben am meisten gesündigt. Dabei bedeutet effiziente Zeitplanung ein großes Stück Freiheit. Und das wollen wir doch alle, nicht wahr?

2. Drei Telefon-Sünden aus der Steinzeit

Schreiben Sie bei den nächsten zehn Anrufen einmal auf, wie sich die Person am anderen Ende der Leitung gemeldet hat. Hatten Sie das Gefühl, daß Ihr Anruf willkommen war? Haben Sie ihren Namen und den Namen der Firma verstanden? Es ist mir fast peinlich, nochmals betonen zu müssen, wie wichtig eine korrekte und freundliche Meldung am Telefon ist. Das steht in jedem Buch zum Thema Verkauf oder Telefon-Marketing. Jeder Verkaufstrainer setzt es an den Anfang seiner Kurse, und alle Teilnehmer nicken brav: Man meldet sich mit der Firmenbezeichnung *und* mit seinem eigenen Namen. Egal, ob Sie zehn oder hundert Anrufe pro Tag entgegennehmen. Und egal, wie komisch sich Ihr Name anhört. Die Menschen wollen wissen, mit wem sie es zu tun haben.

Ein Anruf der letzten Woche ist mir noch in guter Erinnerung. Nach dem sechsten Klingelzeichen (eine Ewigkeit!) meldete sich eine Dame mit den Worten «Reisebüro XY». Als ich sie fragte, weshalb sie mir ihren eigenen Namen nicht verraten wolle, meinte sie: «Wissen Sie, wir haben jeden Tag so viele Anrufe. Da mag man am Abend einfach nicht mehr.» Ich gab ihr zur Antwort, daß Sie mit mir an diesem Tag nur ein einziges Gespräch führe, und daß ich dann gerne wissen möchte, wie sie heiße.

Einer meiner Kunden, ein Österreicher, hat ein ähnliches Problem. Er heißt Astl, und weil dieser Name den Schweizern nicht sehr geläufig ist, muß er halt jedes zweite Mal seinen Namen wiederholen. Na und? Das kann man sich doch richtig zu einem Sport machen. «Astl, A-S-T-L, wie ein kleiner Ast», könnte er laut und deutlich sagen und dabei viel Sympathie gewinnen.

Wenn ich Sie jetzt persönlich vor mir hätte, würde ich Sie an den Schultern packen und Ihnen tief in die Augen blicken. Dies alles erzähle ich Ihnen nämlich nicht zum Vergnügen. Hier liegt Umsatz drin! Und wenn Sie Ihre Mannschaft nicht auf ein korrektes Telefon-Verhalten trimmen, verschenken Sie jeden Tag Unsummen von Geld. Wollen Sie das?

Ein Beispiel mag Ihnen dies veranschaulichen. Letzte Woche gab mein Wagen auf einmal seltsame Geräusche von sich. Nun bin ich von französischen Autos ja einiges gewöhnt. In der Werbung heißt es schon, sie seien «pleines de miracles», voller Wunder. Aber dieses Wunder verlangte nach einem Fachmann. Da ich mit meiner bisherigen Werkstatt nicht mehr zufrieden war (auch sie steckte voller Wunder), suchte ich mir im Telefonbuch ein paar Adressen heraus. Sind Sie bereit für die beste Telefon-Lektion Ihres Lebens?

Erster Anruf: Acht Klingelzeichen.
Wenn die meinen Wagen so nachläßig reparieren wie sie ihr Telefon bedienen, dann gute Nacht. Ich hänge ein.
Nächste Nummer: Es klingelt sechsmal. Dann meldet sich eine eher unfreundliche Stimme:
«Schibumassatschero» (oder so ähnlich).
«Ist hier die Auto-Werkstatt Müller?»
«Ja.»
«Und wie ist Ihr Name, bitte?»
«Autowerggestatte Muller.»
Offenbar ein Italiener. Und er klingt so, als hätte man ihn gerade gegen seinen Willen unter einem Auto hervorgezerrt.
«Nein, ich meine, wie ist Ihr persönlicher Name? Meiner ist zum Beispiel Zimmermann.»
«Aha. Igge binne Gino.»
«Guten Tag, Gino. Sie verstehen doch Deutsch, oder?»
«Was isse?»
(langsam und geduldig) «Ob Sie Deutsch verstehen?»
«Ah, Deutsche spregge. Jaja, klar.»
«Also, es geht um folgendes. Ich bin mit meiner bisherigen Werkstatt nicht mehr zufrieden und wollte fragen, ob Sie eine Reparatur ausführen könnten.»
«Ah. Scheffe magge mitte solge Sagge.»
«Gut. Ist Ihr Chef da?»
«Nein, isse nigge da.»
Eine klare Aussage. Soll man da noch weiterfragen? Ich wage es:
«Wann kommt er denn zurück?»
«Weisse nitte genau.»
Das reicht. Ich verabschiede mich und versuche es bei der nächsten Adresse:
«Autowerkstatt Balmer, Schula»
«Hier ist Zimmermann, grüßgott Herr... wie war Ihr Name, bitte?»
«Schula, wie Schokolade.»
Ein ungewöhnlicher Vergleich. Aber der Name sitzt.
«Guten Tag, Herr Schula. Ich habe eine Frage. Ich bin

mit meiner bisherigen Werkstatt nicht mehr zufrieden und suche eine neue. Mein Auto gibt so seltsame Geräusche von sich. Dürfte ich einmal bei Ihnen vorbeikommen?»

«Selbstverständlich. Dürfte ich bitte Ihre Adresse haben?» Ich gebe Herrn Schula (wie Schokolade) meine Anschrift.

«Und was für ein Auto fahren Sie?»

Auch diese Auskunft erteile ich mit Vergnügen.

«Und wann möchten Sie kommen?»

Ich brauche Sie wohl nicht zu fragen, welches Gespräch Ihnen am besten gefallen hat. Der letzte Gesprächspartner hat durch sein professionelles Telefon-Verhalten innerhalb von fünf Minuten einen neuen Kunden gewonnen. Und das bedeutet nicht nur ein paar kleinere Reparaturen, sondern auch sämtliche Autokäufe, die ich in Zukunft tätigen werde.

Die beiden weiteren Sünden, die ich Ihnen präsentieren möchte, waren in den gehörten Gesprächen bereits enthalten. Haben Sie sie erkannt? Richtig: «Der Chef ist nicht da.» Eine dümmere Antwort gibt es nicht. Und dennoch höre ich sie in mehr als siebzig Prozent aller Fälle. Es interessiert Sie doch keinen Deut, wann der Chef *nicht* da ist. Sie möchten wissen, wann er *da* ist. Eine intelligente Antwort wäre also: «Er kommt zwischen elf und zwölf Uhr ins Büro. Kann er Sie zurückrufen, oder kann Ihnen sonst jemand weiterhelfen?»

Den zweiten Punkt hat unser Herr... wie hieß er noch? Richtig: Herr Schula wie Schokolade. Er hat den zweiten Punkt vorbildlich präsentiert. Bei ihm liegt nämlich immer eine Checkliste neben dem Telefon. Darauf steht, was er beim Entgegennehmen von telefonischen Aufträgen beachten muß. Auch wenn Herr Schula selbst jemanden anruft, benutzt er ein solches Merkblatt. Das füllt er immer aus, bevor er zum Hörer greift. Dort steht dann zum Beispiel:

- Muß es ein Anruf sein, oder genügt ein Fax?
- Wie lange darf das Gespräch dauern?
- Wer ist mein Partner?

- Ist jetzt ein günstiger Zeitpunkt, um ihn anzurufen?
- Habe ich irgendwo den Namen der Sekretärin notiert?
- Welche Punkte will ich besprechen?
- Habe ich alle Unterlagen zur Hand?

Mit einer solchen Checkliste sparen Sie nicht nur eine Menge Zeit. Sie pflegen durch das professionelle Verhalten gleichzeitig Ihr Image und sparen in größeren Betrieben pro Jahr einige tausend Mark an Telefongebühren. Denn was da tagaus, tagein unnötig und unvorbereitet umhertelefoniert wird, ist geradezu erschreckend.

Das war mein bescheidener Beitrag zum Thema Telefonieren. Wie gesagt, wenn Sie darin ein Meister werden wollen, gibt es Unmengen guter Literatur und vorzüglicher Seminare. Aber selbst wenn Sie nur meine wenigen Tips beherzigen, werden Sie Ihrer Konkurrenz meilenweit voraus sein.

Zusammenfassung für Schnell-Leser

1. Führen Sie Telefon-Blockzeiten ein, die Ihrem persönlichen Lebens-Rhythmus entsprechen.

2. Setzen Sie sich in Sachen Zeitplanung gegen sämtliche alten Gewohnheiten Ihrer Mitarbeiter durch. Schließlich sind Sie der Chef!

3. Führen Sie die versprochenen Rückrufe pünktlich und zuverlässig durch.

4. Melden Sie sich <u>immer</u> mit der Firmenbezeichnung und Ihrem eigenen Namen.

5. Arbeiten Sie mit Checklisten, sowohl für hereinkommende wie auch für abgehende Gespräche.

6. Bevor Sie zum Hörer greifen, halten Sie einen Augenblick inne und setzen Sie ein Lächeln auf. Das überträgt sich... auch am Telefon!

Das will ich sofort umsetzen:

«Reklamierer sind die wertvollsten Kunden. Sie zeigen Ihnen, wo Sie sich noch verbessern können.»

Kurzlebigster Triumph
des mittelständischen Unternehmers:

X. «Dem hab' ich es aber gezeigt!»

Sie haben richtig geraten: Unser zweitletztes Kapitel handelt von Reklamationen. Macht Sie dieses Wort etwa auch erzittern, wie so viele andere Geschäftsleute? Wenn Sie diese paar Seiten gelesen haben, ist es mit dem Zittern vorbei. Dann werden Sie nämlich einsehen, daß Reklamationen zu Ihren größten Chancen gehören, Ihr Können und Ihre gefestigte Persönlichkeit unter Beweis zu stellen.

Wenn ein neuer Lieferant versucht, mit mir zusammenzuarbeiten, und ich mir nicht ganz sicher bin, ob es sich um eine seriöse Firma handelt, mache ich manchmal den Reklamations-Test. Ich tue so, als entspräche bei der ersten Lieferung etwas nicht meinen Wünschen. Dann schaue ich zu, wie der Lieferant reagiert. Wenn er die Reklamations-Behandlung im Griff hat, wird er mit großer Wahrscheinlichkeit auch den Rest des Geschäfts beherrschen. Dieser Trick ist zugegebenermaßen etwas gemein. Aber durch solche Gemeinheiten ist Kurt Felix mit seiner versteckten Kamera groß geworden. Ob er daraus so viel gelernt hat wie ich? Wie dem auch sei, selbstverständlich löse auch ich jeweils das Rätsel auf. Und wer den Test besteht, hat immerhin einen treuen Kunden gewonnen.

1. Wenn Kunden auch noch frech werden

Wenn ein Kunde Sie respektlos behandelt, kann das nur zwei Gründe haben. Entweder er hat Angst oder er spielt Ihnen etwas vor.

Im ersten Fall handelt es sich um die weitestverbreitete Krankheit der westlichen Zivilisation: Mangelndes Selbstwert-Gefühl. Ein Mensch mit zu wenig Selbstvertrauen erlebt laufend Enttäuschungen. Aus Angst vor weiteren Enttäuschungen reagiert er sehr rasch, wenn ihm irgend etwas nicht ganz koscher vorkommt. Bei solchen Menschen ist es ganz besonders wichtig, daß wir sie mit Liebe und Verständnis behandeln. Sobald er spürt, daß er bei Ihnen keine Angst haben muß und daß Sie sein Problem zu seiner Zufriedenheit lösen werden, ist er brav wie ein Lamm.

Beim zweiten Fall handelt es sich um einen selbstsicheren Menschen, der genau weiß, was er will, der aber im Laufe seines Lebens herausgefunden hat, daß man gewisse Menschen nur durch Einschüchterung motivieren kann.

Ich mußte diese Methode, obschon sie mir furchtbar zuwider ist, gerade kürzlich wieder praktizieren. Eine Gartenbau-Firma, die bei uns einen neuen Gartenzaun aufstellen sollte, stellte sich als furchtbar unzuverlässig heraus. Zuerst vertröstete uns der Inhaber monatelang immer auf den nächsten Monat. Dann verschob er den Termin von Woche zu Woche. Schließlich begann das Spielchen tageweise. Am Montag wollten sie kommen, meine Frau nahm sich einen Tag frei, um alles mit den Arbeitern zu besprechen. Kein Mensch erschien. Dann hieß es, am Dienstag morgen um halb sieben würde es jetzt endlich klappen. Wieder nichts. Schließlich wurde es mir zu bunt. Ich schickte dem Mann ein Fax, in dem ich ihm so richtig die Leviten las und mit einer Gerichtsklage drohte. Und siehe da: Es funktionierte. Allerdings nur bis zum nächsten Abend. Denn am folgenden Tag erschien wieder kein Mensch auf der Bildfläche. Also nochmals: Leviten lesen, drohen, brüllen, was das Zeug hielt. Und wieder klappte es. So schwer es mir fällt, das zu begreifen, aber gewisse Leute verstehen offensichtlich nur diese eine Sprache.

Bei Anthony Robbins habe ich für dieses Phänomen eine Erklärung gefunden. Robbins wurde in Amerika berühmt durch seine NLP[1]-Seminare, bei denen er die Teilnehmer dazu brachte, über glühende Kohlen zu laufen, ohne sich zu verletzen. In einer Weiterentwicklung des NLP-Modells, die er neuro-assoziatives Konditionieren nennt, erklärt er die beiden Grund-Triebkräfte des Gehirns. Es tut Dinge, die es mit Vergnügen verbindet. Und es vermeidet Dinge, die es mit Schmerz verbindet. Nun ist offenbar bei einigen Menschen, wahrscheinlich der Mehrheit, der zweite Teil stärker ausgebildet. Diese Menschen wollen um alles in der Welt Schmerz vermeiden. Also müssen Sie ihnen deutlich vor Augen führen, was alles Schreckliches passiert, wenn sie Ihren Anweisungen *nicht* Folge leisten.

Jetzt begreifen Sie vielleicht auch, weshalb es in Amerika eine Management-Strömung gibt, die sich «Management

[1] *NLP = Neuro-linguistisches Programmieren. Relativ junges Modell der Psychotherapie, das oft auf Verkauf, Beratung und Führung angewandt wird.*

by Intimidation» nennt, also «Führung durch Einschüchterung». Für mich ist es ein unbequemer Gedanke, durch die Welt zu gehen und Menschen einzuschüchtern. Wenn Sie aber beispielsweise einem Bauführer bei der Arbeit zuschauen, dann erleben Sie diese Einschüchterungs-Taktik auf Schritt und Tritt. Wenn Sie zu diesen Mitteln greifen müssen, ist es sehr wichtig, daß Sie tatsächlich nur «spielen». Lassen Sie die Gefühle von Nervosität und Ärger nicht in sich einsinken, sonst wirken sie selbstschädigend.

Management by Intimidation wurde bei uns in der Schweiz lange Zeit in der Armee praktiziert. Da die meisten Wehrmänner den blinden Gehorsam nicht mit Vergnügen verbinden wollten, drohte man ihnen halt mit dem «Schmerz» des scharfen Arrests. Das funktionierte fast bei allen. Seltsamerweise verbanden die meisten das Stichwort «scharfen Arrest» mit sehr viel Schmerz. Dabei bedeutete das nichts anderes als fünf Tage lang mit sich allein zu sein und nachzudenken. Die Frage, warum das schmerzlich sein soll, würde ein weiteres Buch füllen. Den Versprechungen der Armeeführung zufolge soll sich die militärische Führungsmethode jetzt allmählich ändern. Schön wär's ja. Aber die Frage bleibt dennoch offen, was man mit all jenen macht, die sich nur durch Schmerz motivieren lassen.

2. Jede Reklamation ist eine Chance

Mein Lexikon definiert den Begriff «Chance» als eine «günstige Gelegenheit, Glück zu vergrößern». Wenn wir also sagen, jede Reklamation sei eine Chance, dann heißt das: Jede Reklamation ist eine günstige Gelegenheit, Ihr Glück und dasjenige des Kunden zu vergrößern. Und diese Gelegenheit wollen wir doch beim Schopf packen, wenn sie uns begegnet, nicht wahr?

Anstelle einer theoretischen Abhandlung gebe ich Ihnen gleich ein praktisches Beispiel: Ein Gemeindeschreiber, dem ich eine Lautsprecher-Anlage verkauft hatte, rief mich eines Tages ganz aufgebracht an:

> «Herr Zimmermann, Ihre Anlage ist der größte Mist, den ich je gesehen habe. Die funktioniert überhaupt nicht. Ich sage Ihnen, ich schicke den ganzen Plunder zurück, und dann will ich mein Geld zurückhaben. Das lasse ich mir nicht bieten.»
> Ich ließ ihn zuerst einmal seinem Ärger Luft verschaffen und meinte dann mit ruhiger Stimme: «Ich habe Ihren Namen nicht ganz verstanden.»

«Bührer von der Gemeindeverwaltung Waltisberg. Ehrlich, ich habe mich gestern derart aufgeregt über Sie.»
«Grüßgott Herr Bührer. Zunächst einmal danke, daß Sie mich so rasch anrufen. Wir können ja Mängel nur dann beheben, wenn unsere Kunden uns mitteilen, was nicht funktioniert.»
«Ja, das ist nämlich wirklich mühsam. Wissen Sie, was das für ein Gefühl ist, wenn die ganze Gemeinde in einem Saal versammelt ist, die Lautsprecher-Anlage gibt keinen Pieps von sich, und alle blicken auf mich? Als ob ich etwas dafür könnte.»
«Es tut mir leid, Herr Bührer, daß Sie mit unserer Anlage Probleme hatten. Ich kann mir vorstellen, wie peinlich das für Sie gewesen sein muß.»
«Ja, und wie. Also, Herr Zimmermann, Sie müssen sofort jemanden herschicken, der die Anlage repariert. Sonst will ich mein Geld zurück.»
«Herr Bührer, ich verspreche Ihnen, die Sache sofort und zu Ihrer Zufriedenheit zu regeln. Darf ich Ihnen ein paar Fragen stellen, damit unser Service-Techniker die richtigen Ersatzteile mitnimmt? Haben Sie das Gerät vor sich?» «Nein, es ist im Lagerraum.»
«Wann hätten Sie denn Zeit, die Anlage für zehn Minuten herzuholen, damit wir gemeinsam herausfinden können, wo das Problem liegt?»
«Nach elf Uhr paßt es mir am besten.»
«Gut, Herr Bührer, dann rufe ich Sie um zehn nach elf an, und wir bringen die Sache sofort in Ordnung. Einverstanden?»
«Ja, gut. Und entschuldigen Sie, daß ich so aufbrausend war. Ich hatte eine solche Wut im Bauch.»
«Aber das ist doch völlig natürlich. Ich an Ihrer Stelle hätte genau gleich reagiert.»

Sie haben schon bemerkt, worum es hier geht. Im nächsten Kapitel verrate ich Ihnen zum Thema Reklamations-Behandlung eine nützliche Eselsbrücke. Zunächst wollen wir aber Herrn Bührer weiter zuhören...

«Also, Herr Zimmermann, ich habe die Anlage jetzt vor mir.»
«Gut, Herr Bührer. Bitte schalten Sie sie ein und kontrollieren Sie, ob die rote Kontroll-Lampe blinkt.»
«Ja, das tut sie. Aber wissen Sie, das habe ich alles kontrolliert. Ich sage Ihnen, die Anlage ist kaputt.»
«Eben, wir wollen ja herausfinden, was genau defekt ist. Jetzt stecken Sie die beiden Lautsprecher ein.»
«Habe ich getan. Aber es kommt kein Ton.»
«Haben Sie das Mikrofon eingeschaltet?»
«Logisch. Und die Lautstärke ist voll aufgedreht.»
«Wo haben Sie die Lautsprecher eingesteckt, Herr Bührer?» «Dort, wo man sie eben einsteckt. In den beiden Buchsen für die Lautsprecher.»
«Können Sie bitte mal lesen, was dort steht.»
«Ja, da steht, warten Sie, das ist glaub'ich englisch, da steht LINE IN.»
«Das ist der Linien-Eingang. Die Lautsprecher gehören an die Ausgänge SPEAKER OUT.»
«Ich Esel! Das gibt's ja nicht. Mein Gott, wie bin ich blöd.» «Sie sind überhaupt nicht blöd, Herr Bührer. Genau an solche Bedienungsfehler hat der Hersteller gedacht, als er die Kurzschluß-Sicherung einbaute. Jede andere Anlage wäre jetzt hin.»
«Zum Glück haben wir Ihre Anlage gekauft und nicht eine andere. Sonst würde ich jetzt blöd dastehen.»
«Machen Sie sich nichts draus, Herr Bührer. Wir sind schließlich da, um zu helfen. Wenn unser Verkaufsberater in der Nähe ist, wird er bei Ihnen hereinschauen, um Fragen zur Bedienung zu klären. In der Zwischenzeit empfehle ich Ihnen, die Seite vier der Gebrauchsanweisung nochmals genau zu studieren. Da steht alles drin, was Sie wissen müssen. Darf ich Sie noch etwas fragen? Wieviel Personen nehmen normalerweise an Ihrer Gemeindeversammlung teil?»
«Nun, in der Regel zwischen 1000 und 1500 Gemeindemitglieder und dann noch der Vorstand, der besteht aus acht Personen.»

«Können die Gemeindemitglieder im Saal sich auch zu Wort melden?»
«Ja, selbstverständlich.»
«Möchten Sie bei der nächsten Versammlung einmal ein drahtloses Mikrofon ausprobieren? Das könnten Sie dann herumgeben lassen, während Sie am Gemeinderats-Tisch ein festes Mikrofon installiert haben.»
«Ach, gibt es das tatsächlich? Das wäre natürlich super.»
«Gut, Herr Bührer. Ich schicke Ihnen ein solches Mikrofon zur Probe. Und bei der nächsten Gemeindeversammlung können Sie gleich abstimmen, ob Sie es gerne kaufen möchten. Einverstanden?»

Herr Bührer war nicht nur einverstanden. Er setzte sich auch mit aller Kraft für die Anschaffung dieses Mikrofons ein. Die fünfzehn Minuten Reklamations-Erledigung hatten mir also nicht nur 1200 zusätzliche «Fränkli» eingebracht, sondern auch einen zufriedenen Kunden.

Und das Schönste kommt noch: In der folgenden Woche rief mich ein anderer Gemeindeschreiber an. Er interessiere sich für eine Lautsprecher-Anlage. Herr Bührer von der Gemeinde Waltisberg habe uns über alle Maßen gelobt. Dämmert's Ihnen langsam? Übrigens... Herr Bührer hat uns mittlerweile vier weitere Kunden gebracht. Daraus ersehen Sie, daß die korrekte Erledigung von Reklamationen das beste Instrument ist, um die Mund-zu-Mund-Propaganda anzukurbeln.

Ich wünsche Ihnen zwar möglichst wenig Beanstandungen. Aber wenn sie auftreten, um Gottes willen, betrachten Sie sie nicht als lästige Störung, sondern als eine Riesenchance!

3. So haben Sie stets alles im Griff

Da ich in Bern geboren und aufgewachsen bin, habe ich mir mit diesem Wort eine eigene kleine Eselsbrükke für Reklamationen gebastelt. BERN steht für *B*edanken, *E*ntschuldigen, *R*ückfragen/*R*egeln und *N*achfassen. Der erste Schritt kann in der Praxis etwa so klingen: «Ich bin froh, daß Sie mir das sagen, Herr Schmidt. Wir können uns ja nur verbessern, wenn wir von unseren Kunden auch die nötigen Informationen bekommen. Ich werde der Sache sofort auf den Grund gehen.»

Der zweite Schritt könnte sich so anhören: «Es tut mir leid, Herr Schmidt, daß Sie mit unseren Produkten Probleme hatten. Bei Ihnen ist das ganz besonders schlimm, weil Sie zu unseren besten Kunden zählen.»

Der dritte Schritt besteht aus zwei Teilen. Falls nötig, stellen Sie Fragen, die den Sachverhalt genauer abklären. Rückfragen kann also sowohl Rückfragen beim Kunden wie auch innerhalb der Firma bedeuten. Anschließend regeln Sie die Angelegenheit zügig und kulant.

Der letzte Schritt hebt Sie von den «gewöhnlich Sterblichen» empor zu den Meistern ihres Fachs. Meinem Herr Bührer aus dem vorangehenden Kapitel habe ich anschließend ein Briefchen mit folgendem Wortlaut geschickt: «Lieber Herr Bührer, ich komme zurück auf Ihre Reklamation betreffend unserer Lautsprecher-Anlagen und möchte mich nochmals höflich entschuldigen für die Unannehmlichkeiten, die Sie damit hatten. Wir werden die entsprechende Passage in der Gebrauchsanleitung in Zukunft besonders hervorheben. Als kleines Trostpflästerchen erlaube ich mir, Ihnen etwas apm-Schokolade beizulegen.»

Für solche Zwecke und auch als «Türöffner» für den Außendienst hatte ich kleine Schokolade-Bonbons mit meinem Firmenlogo drucken lassen. Darauf stand der Spruch: «Verwöhnen Sie sich. In Ihrem Leben sind Sie der wichtigste Mensch.» Das gilt auch für Reklamierer!

4. Bleiben Sie nicht im Regen stehen!

Vor einer Sorte Menschen muß ich Sie allerdings noch warnen, nämlich vor den sogenannten Profi(t)-Reklamierern. Ich bin zwar immer noch der Meinung, der Mensch sei an sich gut. Aber offensichtlich gibt es Zeitgenossen, die darauf programmiert sind, überall und immer nur Vorteile für sich selbst zu sichern. Ein Beispiel: Ein Druckvorlagen-Hersteller, der schon seit Jahren immer wieder knapp am Konkurs vorbeisegelt, ruft mich an, um mir von einer Reklamation zu berichten: «Herr Zimmermann, der Drucker Meier hat mich angerufen. Meine Vorlagen seien unbrauchbar, er brauche neue. Außerdem sei durch den Unterbruch seine Druckmaschine einen halben

Tag stillgestanden. Ob er mir den Betriebsausfall von 8000 Mark von der Rechnung abziehen dürfe?» Mir schwante Übles: «Sie haben hoffentlich nein gesagt». «Also, ich habe ihm zu verstehen gegeben, daß ich höchstens 4000 Mark bezahle.» Auweia, kann ich da nur sagen! Später stellte sich heraus, daß dieser Mann schon mehrmals einem Profit-Reklamierer auf den Leim gegangen war. Also Vorsicht: Bei aller Zuvorkommenheit, lassen Sie sich nicht ausnutzen.

Im Notfall nehmen Sie mit einem Rechtsanwalt Verbindung auf oder kontaktieren eine kostenlose Rechtsberatungs-Stelle, wie es sie bei zahlreichen Berufsverbänden gibt.

Zusammenfassung für Schnell-Leser

1. Jede Reklamation ist eine Chance, Ihr Können und Ihre gefestigte Persönlichkeit unter Beweis zu stellen.

2. Wenn Kunden Sie respektlos behandeln, haben sie entweder Angst oder sie spielen Ihnen etwas vor.

3. Behandeln Sie Reklamationen nach dem BERN-Prinzip. Bedanken, Entschuldigen, Rückfragen/Regeln, Nachfassen.

4. Vorsicht bei Profi(t)-Reklamierern. Lassen Sie sich nicht übervorteilen!

Das will ich sofort umsetzen:

Letzte Frage des mittelständischen Unternehmers:

XI. «Das Geld kommt 'rein – was jetzt?»

Ich gratuliere Ihnen. Sie haben es fast geschafft. Wußten Sie übrigens, daß drei Prozent der Bevölkerung 95 Prozent aller Bücher kaufen? Das bedeutet: 97 Prozent der Bevölkerung lesen praktisch keine Bücher. Wenn Sie sich bis zu dieser Seite vorgekämpft haben, gehören Sie also zu einer dreiprozentigen Elite. Herzlich willkommen im Club!

Wenn Sie jetzt noch damit beginnen, Schritt für Schritt in Ihren Alltag umzusetzen, was Sie gelernt haben, dann rücken Sie noch höher auf. Nehmen Sie sich nicht zuviel auf einmal vor. Rom wurde auch nicht an einem Tag erbaut. Beginnen Sie mit einer oder zwei Verbesserungen. Setzen Sie sich zum Ziel, daß Sie diese zwei Punkte bis in einem

Monat in den Griff kriegen. Für den folgenden Monat nehmen Sie sich dann zwei weitere Punkte vor, bis Sie jedes Gebiet optimiert haben. Ich verspreche es Ihnen: Sobald Sie damit beginnen, werden Sie positive Veränderungen spüren.

Etwas möchte ich Ihnen besonders ans Herz legen: Nehmen Sie sich jeden Tag 20 Minuten Zeit für eine kurze Entspannungsübung. Wenn Sie dabei Hilfe brauchen, können Sie eine der zahlreichen Tonband-Kassetten kaufen, die im Handel erhältlich sind. Oder Sie buchen ein Seminar bei Silva Mind Control. Dort lernen Sie, mit Ihrem Gehirn richtig umzugehen (Die Adresse finden Sie hinten im Buch). Es ist nämlich so, daß Sie nur dann richtig Zugriff zu Ihrer rechten Hirnhälfte haben, wenn Sie entspannt sind. Und die rechte Hirnhälfte liefert Ihnen genau diejenigen Dinge, die Sie seelisch, geistig und materiell reich machen.

Wenn als Resultat Ihrer Bemühungen das Geld so richtig zu fließen beginnt, könnte es aber auch sein, daß sich in Ihnen eine große Leere breitmacht. Das geschieht vor allem dann, wenn Sie Ihren Schorsch lange Zeit nicht gepflegt haben, wenn Sie auf Urlaub verzichten, zu viel Alkohol, Nikotin und Kaffee zu sich nehmen und zu wenig schlafen. Es könnte auch daran liegen, daß Sie sich zu sehr auf materielle Dinge konzentriert haben. In solchen Momenten wird es höchste Zeit für eine Neuorientierung. Nehmen Sie sich Zeit für sich selbst. Fragen Sie sich wieder einmal, was Sie eigentlich noch alles unternehmen würden, wenn Sie nur noch ein Jahr zu leben hätten. Und tun Sie diese Dinge dann vermehrt.

Außerdem – und jetzt kommen wir wirklich in ein Gebiet für Fortgeschrittene – sollten Sie sich vermehrt auf das Geben konzentrieren. Wayne Dyer wird nicht müde zu betonen, daß das Universum die höchsten Zinsen gibt. Und ich erfahre dies täglich am eigenen Leib. Seit ich mich dazu entschlossen habe, jeden Monat zehn Prozent meines Einkommens für gute Zwecke zu verschenken, fließt Geld in mein Leben, wie ich es nie für möglich gehalten hätte. Und was an seelischer Nahrung zurückkommt, kann ich ohnehin nicht beziffern.

Wenn Sie beim Gedanken an das Verschenken von Geld erschrocken sind, dann macht das gar nichts. Lassen Sie einfach diese neuen Ideen reifen. Irgendwann kommt der Moment, wo Sie gar nicht mehr anders können. Einen Krug muß man zuerst leeren, bevor man ihn mit neuer Flüssigkeit füllen kann. Mit dem Geist ist es nicht anders. Alte Denkmuster müssen Schritt für Schritt und mit Hilfe der täglichen Erfahrung abgebaut werden, damit neues, aufbauendes Gedankengut Platz finden kann.

Wenn Sie den Berg des Erfolgs erklimmen – und mit Erfolg meine ich seelisches, geistiges und materielles Wachstum – dann werden Sie feststellen, daß der Gipfel nicht sehr stark bevölkert ist und daß die Luft etwas dünner wird. Aber mit den Menschen, die Sie dort antreffen, und vor allem mit sich und Ihrem Schorsch, da läßt sich's trefflich leben. Außerdem wartet dort eine Aussicht auf Sie, wie Sie sie noch nie erlebt haben.

Ich wünsche Ihnen ein spannendes, sinnvolles und erfülltes Leben!

Das will ich sofort umsetzen:

Nachtrag 1998

Das finden Sie auf den folgenden Seiten...

Allgemeines

- Warum dieses Buch ein Bestseller wurde
- Wie sich der Autor seit 1991 entwickelt hat
- Wozu dieser Nachtrag gut ist

Innere Einstellung

- Warum heute nur noch ganzheitliche Unternehmensführung zum Erfolg führt

Investitions-Politik

- Warum Sie sich so rasch als möglich einen elektronischen Briefkasten zulegen sollten
- Warum Sie sich das Buch «Buchhaltung – ein Kinderspiel» beschaffen sollten

Personalführung

- Drei Schlüssel zum Erfolg in den Märkten des 3. Jahrtausends

Werbung

- Wer jetzt nicht lernt, was Erlebnis-Marketing ist, verschwindet bald von der Bildfläche!
- Die Kundenpflege-Zwiebel und wie Sie damit viel Geld sparen können
- Wie Sie übers Internet viele neue Kunden gewinnen

Verkauf

- Wie Sie aus dem Konkurrenz-Kampf ausbrechen können
- Möchten Sie verkaufen oder lieber kaufen lassen?

Warum dieses Buch ein Bestseller wurde...

Mehr als sechs Jahre sind vergangen, seit ich in meinem Büro im schweizerischen Moosseedorf zum ersten Mal davon träumte, ein paar tausend Inhaberinnen und Inhabern von Kleinbetrieben mit einem Buch zum Erfolg zu verhelfen.

Soll ich jetzt die alte Bescheidenheits-Platte ablaufen lassen und Ihnen erzählen, daß ich «niemals mit diesem Erfolg gerechnet hätte»? Nein, das wäre gelogen. Und dieses Buch war bis jetzt ein ehrliches Buch, dann soll es auch so bleiben. Also, die Wahrheit ist: Ich habe voll damit gerechnet, daß dieses Buch ein Bestseller wird. Und für den Fall, daß Sie auch davon träumen, einmal ein Buch zu schreiben, will ich Ihnen hier verraten, warum:

1. Das Buch enthält klare Anweisungen für den Alltag und nicht irgendwelche abstrakten Ideen.
2. Das Buch ist in Dialogform geschrieben, so, als stünde ich vor Ihnen und würde Ihnen Schritt für Schritt erklären, was zu tun ist.
3. Das Buch ist locker gestaltet. Ein Abschnitt ist durchschnittlich zwei Seiten lang, so daß man jederzeit die Lektüre unterbrechen kann, ohne dabei den Faden zu verlieren.
4. Jede Überschrift ist nach den vier menschlichen Grundbedürfnissen getextet, die Ihnen nach der Lektüre dieses Buches sicher bestens bekannt sind.
5. Ich arbeite mit Spannungsbögen, genau so, wie das ein Romanautor tun würde. Das heißt, ich erzähle immer mal wieder, was für interessante Informationen später noch kom-

men. So bleibt der Leser am Ball und freut sich aufs Weiterlesen.

6. Ich habe das Buch nach den neuesten Erkenntnissen der Kommunikations-Theorie getextet. Wenn Sie mit dem Neurolinguistischen Programmieren (NLP) vertraut sind, werden Sie feststellen, daß visuelle, auditive, kinästhetische und auditiv-digitale Begriffe gut ausgewogen sind.

Falls Sie mein Stil anspricht und Sie ebenfalls lernen möchten, so zu texten, verlangen Sie die Unterlagen zu meinem Texter-Seminar. Was, Sie können sich nicht vorstellen, ein literarisches Werk zu veröffentlichen? Ich bitte Sie, jemand muß doch schließlich die vielen Bücher schreiben!

Wie sich der Autor seit 1991 entwickelt hat...

Möglicherweise interessiert Sie dieses Kapitel gar nicht. Dann überspringen Sie es einfach. Ich bin jedoch der Meinung, daß jeder, der sich die Zeit nimmt, meine Weisheiten zu studieren, auch das Recht hat zu wissen, mit wem er's zu tun hat.
Hier also eine kurze Zusammenfassung:
Als 1991 bereits meine ersten beiden Eigenauflagen dieses Buches die Bestseller-Listen zierten, wurde in meiner Frau und mir der Wunsch wach, ein bißchen etwas Abenteuerliches zu unternehmen. Nach ein paar Milchbüchlein-Rechnungen kamen wir zu dem Schluß, daß wir es uns leisten konnten, unsere Zelte in der Schweiz abzubrechen und für ein Jahr nach Kalifornien zu ziehen. Der Umzug sollte im Frühjahr 1993 vonstatten gehen, und ich würde viermal im Jahr in die Schweiz fliegen, um meine Seminare durchzufüh-

ren. Dazwischen würde ich genügend Zeit haben, um Bücher zu schreiben und Motivations-Kassetten zu produzieren.

Genau so hat es dann auch stattgefunden, mit dem Unterschied, daß wir jetzt schon vier Jahre im sonnigen San Clemente wohnen und jeden Tag nach Herzenslust genießen.

In der Zwischenzeit habe ich hier nicht nur meine Helikopter-Lizenz erworben, sondern habe im September 1997 ein Zusatzstudium mit dem Doktortitel in Klinischer Hypnotherapie abgeschlossen. Was das mit Unternehmensberatung zu tun hat, verrate ich Ihnen gleich.

Lassen Sie mich zuerst noch etwas zum Unterschied zwischen äußerer und innerer Entwicklung sagen. Es gibt Leser, die nach der Lektüre dieses Buches denken, ich sei so einer dieser materiell orientierten Erfolgsheinis, wie es sie zuhauf gibt. Ich muß Ihnen sagen: Das Beste, was Ihnen passieren kann, ist, daß Sie so rasch als möglich wohlhabend werden. Warum? Weil Sie dann feststellen, daß es im Leben viel Wichtigeres gibt. Und weil Sie dann endlich Ihre spirituelle Entwicklung in Gang setzen können, ohne daß Sie die ganze Zeit von Geldproblemen abgelenkt werden.

Ich bin übrigens mittlerweile 40 Jahre alt geworden, bin seit 17 Jahren mit meiner Frau Nany zusammen und seit 12 Jahren mit ebenderselben verheiratet. Ich traue mich sogar zu sagen, daß unsere Ehe auch heute noch jeden Tag Spaß macht und Tag für Tag noch besser wird. Wenn Sie die Ehe nicht als einen lebenslangen Eintritt in einen Vergnügungspark betrachten, sondern als Klassenzimmer, dann garantiere ich Ihnen, daß sie funktioniert. Warum ich das schreibe, in einem Buch über den Kleinbetrieb? Glauben Sie mir: Sobald Sie einmal Probleme mit Ihrer privaten Beziehung haben und sich diese Probleme in Ihrer Lebensenergie und damit in Ihrem Geldbeutel bemerkbar machen, dann wissen Sie, warum. Ich habe zahlreiche Unternehmerinnen und Unternehmer erlebt, die sich eine Zeitlang nur um ihre Geschäfte gekümmert hatten, um dann postwendend die Quittung dafür zu bekommen. Es ist eine Tatsache: Sie können geschäftlich nicht auf lange Sicht erfolgreich sein, wenn Sie es privat nicht sind, und umgekehrt. Mehr darüber können Sie in meinem Buch «Jetzt will ich endlich mehr verdienen» (mvg-Verlag) nachlesen.

Wozu dieser Nachtrag gut ist...

Sie haben sicher beim Lesen einiger Passagen gemerkt, daß das Buch schon ein paar Jahre alt ist. Heute muß man keinen Unternehmer mehr von den Vorteilen eines Faxgeräts überzeugen. Dafür sind wir jetzt in Sachen elektronischer Post (E-Mail) etwa gleich weit wie damals beim Fax.
Ich bin der Meinung, daß so ein Buch ein Zeitdokument ist, und habe deshalb nichts am Text geändert. Dafür will ich Ihnen in diesem Nachtrag ein paar wertvolle Tips liefern, die hoffentlich während der nächsten drei bis vier Jahre aktuell bleiben. Bei einigen meiner Tips wage ich zu behaupten, daß ein Unternehmer, der sie jetzt nicht begreift und umsetzt, das dritte Jahrtausend nicht erleben wird. Zumindest nicht als selbständiger Unternehmer. Es lohnt sich also, wenn Sie am Ball bleiben!

Warum heute nur noch ganzheitliche Unternehmensführung zum Erfolg führt...

In diesem Buch habe ich ein paar Firmen erwähnt, die mir damals als Vorbilder dienten. Vielen von ihnen geht es heute nicht mehr besonders gut. Das liegt nicht etwa an den äußeren Umständen, sondern ganz allein an den Firmeninhabern.

Wenn ich heute in eine krisengeschüttelte Firma komme, frage ich mich nicht, was da in Sachen Marketing wohl falsch gelaufen sein mag. Das ist zwar immer der Fall, aber es ist nicht die eigentliche Ursache. Die eigentliche Ursache ist in den seelischen Blockaden des Firmeninhabers zu finden. Seine limitierenden Entscheide aus der Kindheit oder aus noch früherer Zeit erlauben es ihm gar nicht, langfristig erfolgreich und glücklich zu sein.

Und damit habe ich Ihnen auch den Grund verraten, warum ich mich mittlerweile zum Hypno- und Reinkarnations-Therapeuten habe ausbilden lassen. Wenn Sie beim Wort «Reinkarnation» erschrocken sind, dann rufe ich Ihnen zu: Machen Sie endlich die Augen auf! Wir leben schon bald im dritten Jahrtausend! Es sind genügend Fälle dokumentiert, und es entspricht einer klinischen Realität (ich liebe dieses Wort...), daß die menschliche Seele mehr Informationen beherbergt, als der Mann oder die Frau von der Straße sich bewußt sind. Ich denke, daß Sie aus dem Mittelmaß aussteigen wollen. Dann hören Sie bitte endlich auf, zu denken wie ein Mittelmäßiger. Okay?

So, damit habe ich genügend im Seelenbrei herumgerührt. Jetzt kommen die sogenannten Realisten wieder auf Ihre Kosten. Sind Sie bereit für ein paar handfeste Tips?

Warum Sie sich so rasch als möglich einen elektronischen Briefkasten zulegen sollten...

Ich nehme doch schwer an, daß Sie einen Computer besitzen. Und daß Sie ihn nicht nur besitzen, sondern auch mit ihm umzugehen und ihn für Ihr Geschäft zu nutzen wissen. Nicht so wie jener 50jährige Unternehmer, der mir anvertraute, er habe Angst vor dem Computer, daher lasse er lieber die Finger davon. Meine Prognose: In fünf Jahren wird er noch mehr Angst vor dem Computer haben! Die Entwicklung wird dann so weit fortgeschritten sein, daß ein blutiger Anfänger jahrelang brauchen wird, um auch nur ein paar Grundideen zu begreifen.

Der langen Rede kurzer Sinn: Falls Sie nicht vorhaben, diesen Planeten demnächst zu verlassen, sollten Sie jetzt den Anschluß ans Computer-Zeitalter vollziehen. Im dritten Jahrtausend heißt die Handelsware Nummer eins «Informationen». Und mit diesen Informationen werden Sie nur dann handeln können, wenn Sie wissen, wie man einen Computer bedient.

Wenn Sie bereits einen Computer bedienen können, schließen Sie sich mit einer minimalen Investition ans Internet an, dann können Sie mir zum Beispiel per Knopfdruck eine Nachricht direkt von Ihrem Computer auf meinen Computer in Kalifornien schicken. Auch hier erlaube ich mir eine Prognose: Die Entwicklung in Sachen E-Mail wird noch schneller vonstatten gehen als damals beim Fax. In ein paar Monaten wird kein Mensch mehr fragen «Haben Sie E-Mail?» sondern lediglich «Können Sie mir bitte Ihre E-Mail-Adresse bekanntgeben?» Und wenn Sie dann noch nicht einmal wissen, wie ein Computer von weitem aussieht, sehen Sie ganz schön alt aus.

Mehr über die faszinierendste Erfindung dieses Jahrtausends erzähle ich Ihnen im Abschnitt über die Werbung. Hier noch rasch meine E-Mail-Adresse: «hpz@hpz.com». Ich beantworte alle E-Mails persönlich; haben Sie daher etwas Geduld.

Warum Sie sich das Buch «Buchhaltung – ein Kinderspiel» beschaffen sollten...

Sie erinnern sich, daß ich Ihnen im Kapitel «Investitions-Politik» den Besuch eines Buchhaltungskurses nahegelegt habe. Ich habe jahrelang darauf gewartet, daß ein gewiefter Buchhalter endlich ein leicht verständliches Buch zu diesem Thema herausbringt. Vergeblich. So habe ich halt 1996 selbst eines geschrieben. Wenn Sie sich in Buchhaltung bereits gut auskennen, wird Sie vor allem das Kapitel «Wenn ich zu meinem Banker geh'» interessieren. Ich verrate Ihnen darin ganz genau, was Sie tun müssen, um von Ihrer Bank Geld zu bekommen, wenn Sie es brauchen.

Ach, wissen Sie was? Ich mache Ihnen ein kleines Geschenk. Hier ist das Kapitel gratis. Sagen Sie selbst: Bin ich nicht der großzügigste Mensch, dem Sie je begegnet sind?

«Wenn ich zu meinem Banker geh'» oder: Wie man seine Vorhaben finanziert Probekapitel aus dem Buch «Buchhaltung – ein Kinderspiel»

(Anmerkung: Das Buch «Buchhaltung – ein Kinderspiel» enthält zusätzlich nützliche Illustrationen, die hier nicht wiedergegeben werden. Wenn Sie es im Original kaufen, wissen Sie nicht nur, wie ein Budget, ein Liquiditätsplan und ein Marketing-Plan aussehen, sondern erwerben sich zehn weitere spannende und informative Kapitel dazu.)

Hand aufs Herz, liebe Leserin und lieber Leser: Gehören Sie auch zu denjenigen Menschen, die behaupten, Bank-Angestellte seien grundsätzlich doof und gäben nur denjenigen Geld, die schon genug davon haben?
Nun, ich habe eine Überraschung für Sie: Der Anteil an doofen Menschen ist bei Bank-Mitarbeitern nicht größer als bei jeder anderen Berufskategorie. Wenn Klein-Unternehmer einen gewünschten Kredit nicht bekommen, dann liegt es meistens an der Unwissenheit. Und zwar an der Unwissenheit des Unternehmers, nicht derjenigen des Bank-Angestellten. Woher soll der Unternehmer wissen, was dem Banker wichtig ist? Auch das ist leider etwas, was an unseren Schulen nicht gelehrt wird. Warum? Weil die Lehrer keine Kredite brauchen, darum! Oder tue ich den Lehrern schon wieder unrecht? Wie dem auch sei: Tatsache ist, daß ich bisher noch keinen einzigen Inhaber eines Kleinbetriebes angetroffen habe, der auch nur halbwegs versteht, was Banker wollen.

Wir haben uns für Sie umgesehen (ist doch schön von uns, oder?)

Als ich meinen Workshop «Groß-Erfolg im Kleinbetrieb» vorbereitete, wollte ich es endlich wissen. Ich befragte ein halbes Dutzend Banker, worauf Sie bei der Kreditvergabe genau achten. Bevor ich Ihnen zeige, wie Sie in Zukunft Ihre Vorhaben finanzieren, will ich Ihnen ein paar Todsünden verraten, die bei Kredit-Anträgen immer wieder begangen werden:

Fünf Todsünden im Umgang mit Banken (bei Erstkontakten):

1. Der Kreditgesuchsteller (das wären also Sie) hat keine schriftlichen Unterlagen bei sich.

2. Der Kreditgesuchsteller hat zwar schriftliche Unterlagen bei sich, aber die falschen. (Merken Sie sich: Kataloge und Preislisten interessieren den Banker nicht die Bohne!)

3. Der Kreditgesuchsteller verwechselt den Banker mit einem Unternehmensberater. («Glauben Sie nicht auch, daß dafür ein Markt besteht?» «Das müßte sich doch verkaufen lassen, oder?»)
   Denken Sie daran: Sie sollten bereits überzeugt sein, wenn Sie zum Banker gehen. Und nicht nur das: Sie sollten auch die Hausaufgaben gemacht haben. Doch davon später...

4. Der Kreditgesuchsteller besitzt zu wenig konkrete Vorstellungen. Bei Produkten weiß er nicht, wie viele Stück er pro Jahr zu verkaufen gedenkt. Er hat keine Rentabilitätsrechnung aufgestellt, geschweige denn einen Marketingplan. Bei Dienstleistungen weiß er nicht, ob seine Leistung überhaupt einem Bedarf entspricht.

5. Der Kreditgesuchsteller hat keinen Schimmer von Finanzplanung. Zum Thema «Budget» weiß er nur, daß die Regierungen aller Länder lange darüber debattieren und es dann doch nicht einhalten. Und den «Liquiditätsplan» verwechselt er mit einer Therapie für Alkoholiker.

Weitere sechs Todsünden im Umgang mit Banken (bei bestehenden Kontakten):

Bei bestehenden Kontakten gelten dieselben Todsünden wie bei Neukontakten. Zusätzlich gibt es sechs weitere Möglichkeiten, wie Sie das einmal gewonnene Vertrauen Ihres Bankers sehr rasch wieder verlieren können.

1. Die Information bleibt aus, sobald der Kredit einmal gewährt ist. Der Banker hat das ganze Jahr über keine Ahnung, was Sie mit seinem Geld machen und ob Sie schon fast Millionär sind oder knapp vor dem Bankrott stehen. Ich schicke meinem Banker mindestens alle drei Monate einen Brief, in dem ich ihn über vergangene Erfolge und über meine Zukunftspläne informiere. Gleichzeitig bekommt er von mir den neuesten Liquiditätsplan (wie man so etwas aufstellt, zeige ich Ihnen gleich!)

2. Die zweite Todsünde habe ich bereits erwähnt: Mangelnde Liquiditätsplanung. Der Grundtenor bei Bankern lautet folgendermaßen: «Wir sind jederzeit bereit, vorübergehende finanzielle Engpässe überbrücken zu helfen. Aber wir möchten gerne vorher wissen, wann sie auftreten!»
   Recht haben sie, die Banker! Denn schließlich haben wir ein Budget, und mit einem Liquiditätsplan können wir leicht herausfinden, wann es eng wird. Es gibt keinen Grund, den Banker erst dann zu informieren, wenn einem das Wasser bis zum Hals steht.

3. Viele Klein-Unternehmer möchten ein Vertrauensverhältnis zu ihrem Banker aufbauen, glauben jedoch, ihn jederzeit schamlos anlügen zu dürfen. So kann keine Beziehung funktionieren. Wenn Sie Ihren Banker als langfristigen Partner gewinnen wollen, dann seien Sie ehrlich mit ihm!

4. Die meisten Klein-Unternehmer kommen sich wie Bettler vor, wenn sie von ihrem Banker einen Kredit haben wollen. Das ist völlig falsch! Sie sollten zwei Dinge nicht vergessen:
   a) Geld ist ein Rohstoff. Man kauft es ein wie jeden anderen Rohstoff auch. Also hat man auch das Recht, über die Konditionen zu verhandeln.
   b) Die besten Bankkunden sind diejenigen, die am meisten Geld von ihrer Bank «kaufen». Das Geld der Bank muß arbeiten können, damit es sich rentiert. Ohne Sie ist der Banker aufgeschmissen! Die meisten Banker sind sich dessen bewußt und werden Sie dementsprechend gut behandeln. Allerdings nur dann, wenn sie Ihnen vertrauen können, das heißt, wenn Sie professionell mit ihrem Geld umgehen.

5. Die meisten Klein-Unternehmer spielen selber Bank, obschon sie es sich überhaupt nicht leisten können. Sie führen ihr Mahnwesen zu wenig straff. Zuerst wird drei Monate gewartet mit der ersten Mahnung, dann folgt eine ganz sanfte Anfrage, ob der Kunde nicht eventuell dann doch einmal vielleicht zahlen möchte, denn man habe schließlich auch seine Verpflichtungen, und so weiter. Sie kennen das sicher bestens. Hierzu habe ich nur eines zu sagen: Wenn Sie Ihre Arbeit hervorragend erledigt haben, dann stehen Sie auch zu Ihren Forderungen, und zwar mit aller Konsequenz! Es gibt keinen Grund für Sie, Bank zu spielen. Und jeder, der es dennoch tut, tut es nicht für lange...

6. Die meisten Klein-Unternehmer lassen den Banker monatelang warten, bis sie ihm endlich einen Jahresabschluß liefern. Das liegt natürlich unter anderem auch daran, daß die meisten Inhaber von Kleinbetrieben sogenannte Schuhschachtel-

Unternehmer sind. Oder müßte man eher sagen «Schuhschachtel-Unterlasser»? Ein Schuhschachtel-Unternehmer ist einer, der sämtliche Belege in einer Schuhschachtel sammelt, die er dann am Ende des Jahres seinem Treuhänder bringt. Wenn Sie nach der Lektüre dieses Buches immer noch zu dieser Sorte gehören, dann ist Ihnen nicht mehr zu helfen. Wenn Großbetriebe es schaffen, bis zum 7. Januar ihre riesigen Jahresabschlüsse abzuliefern, dann müßten Sie doch eigentlich in der Lage sein, Ihren Mini-Abschluß in den ersten vierzehn Tagen des neuen Jahres fertig zu haben, oder? Im Notfall habe ich meinem Banker auch schon mal einen provisorischen Abschluß geschickt mit der Bemerkung «steuerliche Optimierung erfolgt noch». Egal, wie Sie es machen: Lassen Sie Ihren Banker nicht im unklaren. Sagen Sie es ihm, wenn es Verzögerungen gibt. Wenn Sie ihn das ganze Jahr über korrekt informieren, wird er Ihnen eine kleine Verspätung mühelos verzeihen.

Na, haben Sie sich in einigen dieser Todsünden wiedererkannt? Keine Angst. Sie kommen deswegen nicht in die Hölle. Obwohl... ich kenne ein paar Unternehmer, die behaupten, deswegen durch die Hölle gegangen zu sein. Aber das hat ja auch sein Gutes: Wer durch die Hölle gegangen ist, hat erstens etwas zu erzählen, und zweitens ist die Chance groß, daß ihn dieses Erlebnis stark gemacht hat. Wenn Sie trotzdem auf diese Erfahrung verzichten möchten, lesen Sie weiter...

Die drei Säulen eines Betriebes und warum Sie sie kennen sollten...

Wenn Sie begreifen wollen, worauf der Banker achtet, dann müssen Sie zuerst begreifen, wie ein Betrieb überhaupt aufgebaut ist. Jeder Betrieb besteht aus drei Säulen:

1. Management
2. Produkt
3. Finanzen

In den ersten Bereich gehören unter anderem die Eigenschaften der leitenden Personen. Der Werdegang, die fachliche Kompetenz und (bitte nicht unterschätzen!) die Ausstrahlung. Die Ausstrahlung und die Kommunikationsfähigkeit der Führungspersönlichkeiten sind es auch, die auf das Betriebsklima abfärben. Und das ist wiederum etwas, was jeden ernsthaften Banker zu interessieren hat, weil er weiß, daß ein Betrieb mit schlechtem Arbeitsklima dem Untergang geweiht ist.

Der zweite Bereich ist das Produkt mit allem, was dazugehört. Unter anderem gehört dazu der gesamte Marketing-Mix. Diesen können Sie wiederum aufteilen in:

1. Marktleistung (Eigenschaften und Qualität des Produktes, Preis)
2. Kommunikation (Definition der Zielgruppen, Verkaufsförderung, Werbung)
3. Warenfluß (Nachschub, Transport, Lagerhaltung, Vertriebskanäle)

Der dritte Bereich sind die Finanzen. Und diesen können Sie wiederum einteilen in:

1. Sicherheit
2. Rentabilität
3. Liquidität

Mein Banker, übrigens einer der klügeren Sorte, hat einmal die folgenden Vergleiche aufgestellt:

- Sicherheit ist das Fett einer Firma.
- Rentabilität ist die Nahrung einer Firma.
- Liquidität ist der Atem einer Firma.

Ist das nicht genial? Das bedeutet für Sie: Das Wichtigste für den Banker ist, daß sich Ihre Firma rentiert und daß sie liquid ist, das heißt, daß sie genügend Luft und Nahrung bekommt. Das Fett wird sie sich im Laufe der Jahre schon anfressen. In diesem Vergleich sehen Sie auch, was das absolut Wichtigste ist, nämlich die Liquidität. Wenn Ihnen die Bank den Atem zudrückt, nützen Ihnen weder das Fett noch die Nahrung etwas, um den Betrieb am Leben zu erhalten. Das hat sich in der letzten Rezession bei mehreren Zusammenbrüchen von Großkonzernen bestätigt. Daher möchte ich es Ihnen nochmals an Herz legen: Lernen Sie die Denkweise Ihres Bankers kennen, und liefern Sie ihm das, was er braucht! Und damit sind wir endlich beim Thema:

Worauf der Banker wirklich achtet...

Ob Sie's glauben oder nicht: Jeder seriöse Banker schaut zuerst auf die erste Säule, das Management. Als Zweites kommt das Produkt. Und erst zuletzt wird er sich mit Ihrer finanziellen Lage auseinandersetzen. Unten finden Sie eine kleine Checkliste, die Ihnen darüber Auskunft gibt, welche Fragen sich der Banker stellt, wenn Sie von ihm einen Kredit haben wollen. Sie tun gut daran, auf alle Fragen eine passende Antwort bereit zu haben. Damit wollen wir uns im nächsten Abschnitt befassen...

Management

Ist er eine Unternehmer-Persönlichkeit?
Ist er überzeugt von der Sache?
Vermag er auch andere zu überzeugen?
Besitzt er die nötigen Kenntnisse? (Werdegang!)
Besteht eine Unternehmens-Vision?

Produkt / Dienstleistung
Hat er den Bedarf abgeklärt? Wie zuverlässig?
Wieviel gedenkt er zu verkaufen?
Ist das ein wachsender Markt?
Besteht ein Marketing-Plan?

Finanzen
Besteht ein Budget?
Besteht eine Liquiditäts-Planung?
Wie ist die Rendite?
Wieviel Eigenkapital ist vorhanden?
Gibt es Sicherheiten?
Gibt es stille Reserven?

Was Sie tun können, um einen Kredit zu bekommen

Sind Sie einverstanden, wenn wir die einzelnen Fragen des Bankers der Reihe nach durchgehen und uns überlegen, wie wir sie beantworten können? Okay, dann nichts wie los...

Frage 1:
Ist das eine Unternehmer-Persönlichkeit? Ist er überzeugt von der Sache? Vermag er auch andere zu überzeugen? Besitzt er die nötigen Kenntnisse?

Antwort:
Es liegt mir zwar fern, die Menschen in Schubladen einzuteilen. Aber der Übersicht halber möchte ich Ihnen dennoch weitergeben, was mir ein Banker anvertraut hat. Er unterteilt seine Kreditgesuchsteller in drei Kategorien:

1. Der hervorragende Fachmann mit mangelnder Selbstsicherheit. Er stellt sein Licht unter den Scheffel und hat keine Ahnung, wie man sich richtig verkauft. (Preisfrage: Warum heißt eines meiner beliebtesten Seminare wohl «Wie man sich selber besser verkauft»?)

2. Der energiegeladene Aufschneider. Daß er ein Aufschneider ist, merkt man meistens daran, daß er keine schriftlichen Unterlagen bei sich hat. Oder wenn er sie hat, dann stammen sie von irgend einem Finanzberater, und man spürt im Gespräch, daß der Gesuchsteller keine Ahnung hat. Was er aber hat, sind Träume. Und er möchte, daß die Bank sie ihm ruck zuck materialisiert. Aufschneider sind, je nachdem wie clever sie sich geben, nicht auf Anhieb als solche zu entlarven. Daß sie außerdem mit einem Maßanzug auftreten und lässig einen Mercedes-Schlüssel auf den Besprechungstisch fallen lassen, macht die Aufgabe für den Banker auch nicht besonders leicht.

3. Der Vollblut-Unternehmer. Das sind die Lieblingskinder der Banker, nur kommen sie leider sehr selten vor. Ein Vollblut-Unternehmer ist eine gewinnende Persönlichkeit und fachlich kompetent. Er weiß, was er kann und er weiß, wovon er spricht. Er kommt perfekt dokumentiert an und betrachtet seinen Banker als gleichwertigen Geschäftspartner. Er ist von der Sache überzeugt und versteht es auch, den Banker zu überzeugen.

Ich überlasse es Ihnen herauszufinden, zu welchem Typ Sie gehören. Nur eines möchte ich Ihnen ans Herz legen: Befassen Sie sich mit sich selbst! Bilden Sie sich nicht nur in fachlicher Hinsicht weiter, sondern tun Sie etwas für Ihre Persönlichkeits-Entwicklung! Merken Sie sich: Ihre Ausstrahlung ist Ihr größter Aktiv-Posten, auch wenn Sie ihn nicht in Ihrer Buchhaltung auflisten können. Zumindest vorläufig nicht; es wird wahrscheinlich noch eine Weile dauern, bis die Banker den Wert von immateriellem Anlagevermögen in vollem Umfang begreifen.

Frage 2:
Besteht eine Unternehmens-Vision?

Antwort:
Wozu ist Ihre Firma eigentlich da? Nur, um Geld zu verdienen? Dann haben Sie die gleiche Unternehmens-Vision wie eine Pro-

stituierte. Wenn Sie ein anständiger Unternehmer sind, dann haben Sie Ihre Unternehmens-Vision im Kopf. Schreiben Sie sie auf, damit jeder sie sehen und Ihnen helfen kann, sie wahrzumachen! Wenn Sie ein unanständiger Unternehmer sind, dann interessieren Sie mich sowieso nicht. Machen Sie, was Sie wollen, aber bleiben Sie mir vom Hals!

Frage 3:
Hat er den Bedarf abgeklärt? Wieviel gedenkt er zu verkaufen? Ist das ein wachsender Markt?

Antwort:
Kein Banker verlangt von Ihnen, daß Sie bei teuren Marktforschungs-Instituten großangelegte Studien in Auftrag geben. Aber irgendeine Form von Marktabklärung sollten Sie schon getroffen haben. Wenn Sie ein Produkt für Zahnärzte anbieten, dann finden Sie zumindest heraus, wie viele Zahnärzte es in Ihrem Land gibt. Dafür gibt es die verschiedensten Informationsquellen. Mein erster Schritt ist immer ein Suchlauf im Internet. Ich nehme an, Sie wissen, was das Internet ist, sonst werden Sie es sicher bald herausfinden. Falls das Internet bei obigem Beispiel mit den Zahnärzten keine Information lieferte, wäre mein nächster Versuch ein Anruf bei der Zahnärztekammer oder wie das Ding auch immer heißen mag. Anschließend würde ich mit drei bis vier guten Zahnärzten sprechen, und schon wäre ich gewappnet für meinen Marketing-Plan. Damit sind wir bei der nächsten Frage...

Frage 4:
Besteht ein Marketing-Plan?

Antwort:
Auch hier will der Banker keine seitenlangen Abhandlungen lesen, sondern einen kurzen Abriß, der über das Marktpotential, die Konkurrenz-Situation und den Marketing-Mix Auskunft gibt. Das könnte ungefähr so aussehen: (Abbildung finden Sie im Original-Buch)

Frage 5:
Besteht ein Budget?

Antwort:
Wenn Sie einen Computer besitzen (und ich nehme doch schwer an, daß das bei Ihnen der Fall ist!), dann ist die Erstellung eines Budgets ein Kinderspiel. Kaufen Sie sich ein einfaches Tabellenkalkulations-Programm, und listen Sie sämtliche Aufwand- und Ertragposten auf. Schreiben Sie hinter jedem Posten, wieviel Sie glauben, im nächsten Jahr dafür einsetzen zu müssen. Dann verknüpfen Sie die einzelnen Felder so, daß der Aufwand vom Ertrag abgezogen wird. Das sieht dann ungefähr so aus: (Abbildung fehlt in diesem Probekapitel)

Frage 6:
Besteht eine Liquiditäts-Planung?

Antwort:
Ich habe eine gute Nachricht für Sie: Jetzt dürfen Sie endlich wieder zu Ihrer guten alten Milchbüchlein-Rechnung zurückkehren. Beim Liquiditätsplan müssen Sie sich nämlich nicht mit so seltsamen Dingen wie <Transitorische Aktiven> und <Verrechnungskonti> herumschlagen.
Nein, beim Liq-Plan, wie ihn der Fachmann nennt, geht es nur um zwei Dinge: Wieviel Cash fließt aufs Konto und wieviel fließt wieder weg? Sie haben natürlich völlig recht: Man kann so etwas nicht auf Heller und Pfennig voraussagen. Das muß auch nicht sein. Ein Liq-Plan wird mit runden Beträgen aufgestellt. Die meisten Aufwandposten müßten ja klar sein. Sie wissen, wie hoch Ihr Mietzins ist, und Sie können aufgrund der Vorjahres-Zahlen abschätzen, wieviel Sie für Telefon, Motorfahrzeuge und Löhne ausgeben werden. Was die Einkünfte angeht, so wissen Sie vielleicht aus Erfahrung, daß die Kunden im Januar eher länger warten mit dem Zahlen, daß dafür jedoch im März immer ein größerer Betrag hereinkommt. Setzen Sie die schätzungsweisen Zahlen ein, so gut es eben geht, und bauen Sie überall eine kleine Reserve ein. Der Banker hat es lieber, wenn Sie eine pessimistischere Prognose stellen und ihn dann positiv überra-

schen können. Auf der nächsten Seite sehen Sie, wie so ein Liquiditäts-Plan ungefähr aussehen kann: (Abbildung fehlt in diesem Probekapitel)

So, damit hätten wir das Wichtigste abgedeckt, was den Umgang mit Banken angeht. Wenn Sie so ausgerüstet zu Ihrem Banker gehen, dann steigen Ihre Chancen, einen Kredit zu bekommen, um ein Vielfaches.

Für die Fortgeschrittenen unter Ihnen will ich hier noch ein paar Definitionen von Kennzahlen anfügen, die für den Banker wichtig sind. Oder anders gesagt: Ein Banker liest eine Bilanz nicht auf die gleiche Art wie Sie. Er stellt rasch ein paar Kopfrechnungen an (jaja, die können das!) und weiß innerhalb von Sekunden, wie Sie finanziell dastehen.
Fragen Sie Ihren Banker oder Treuhänder, wie die Kennzahlen auszusehen haben, wenn er Sie weiterhin liebhaben soll.

Kennzahlen für Fortgeschrittene

Sicherheit

Verschuldungsgrad =
Fremdkapital geteilt durch Gesamtkapital

Eigenfinanzierungsgrad =
Eigenkapital geteilt durch Gesamtkapital

Finanzierung =
Fremdkapital geteilt durch Eigenkapital

Anlagedeckung A =
Eigenkapital geteilt durch Anlagevermögen

Anlagedeckung B =
Eigenkapital plus langfristiges Fremdkapital geteilt durch Anlagevermögen

Rentabilität

Return on Asset=
Gewinn vor Zins/nach Steuern geteilt durch Gesamtkapital

Return on Equity =
Reingewinn geteilt durch Eigenkapital

Kapitalumschlag =
Umsatz geteilt durch Gesamtkapital

CashFlow in Prozent =
CashFlow geteilt durch Umsatz

Liquidität

Quick Ratio =
Liquide Mittel, Wertschriften, Debitoren geteilt durch kurzfristige Schulden (Richtgröße 1:1)

Current Ratio =
Umlaufvermögen geteilt durch kurzfristige Schulden (Richtgröße 2:1)

Cash Ratio (Liquiditätsgrad 1) =
Liquide Mittel geteilt durch kurzfristige Schulden

Netto-Verschuldungsgrad =
Schulden minus Liquide Mittel minus Debitoren geteilt durch CashFlow

(Ende des Probekapitels aus «Buchhaltung – ein Kinderspiel»)

Na, habe ich Ihnen zuviel versprochen? Übrigens: Hunderte von Leserbriefen bestätigen mir: Es funktioniert! Probieren Sie's einfach aus.

Drei Schlüssel zum Erfolg in den Märkten des dritten Jahrtausends...

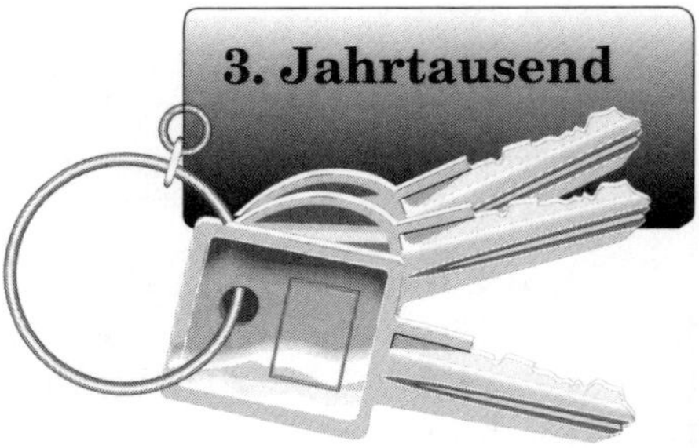

Mein Freund und Kollege Wendelin Niederberger sagt, eine Firma braucht heute drei Dinge, um erfolgreich zu sein:

1. Eine gelebte Firmenvision
2. Eine glasklare Positionierung
3. Glasklare Kommunikation der Vision und der Positionierung, nach innen und nach außen

Klingt erst einmal sehr imposant, nicht wahr? Hier sind ein paar Zusatz-Informationen.

Gelebte Firmenvision

Ich sage Ihnen gleich, was ich unter Firmenvision *nicht* verstehe. Es geht nicht darum, mit ein paar Mitarbeitern aus der Führungsetage für ein Wochenende ins Tessin zu fahren und mit ein paar Slogans und Schlagwörtern zurückzukehren, die von den Mitarbeitern nachher nur halbherzig oder gar nicht in die Tat umgesetzt werden.

Ein Beispiel, wie es nicht sein sollte: In einem Hotel in Bern schlug mir einmal schon am Eingang der Slogan «jung, dynamisch, kreativ» entgegen. Als ich die junge, dynamische und kreative Rezeptionistin fragte, wo ich denn meinen Wagen parken könne, um mein Seminarmaterial auszuladen, schnauzte sie mich, ohne mich anzublicken, an: «Keine Ahnung, da müssen Sie schon selber schauen!»

Wendelin Niederberger hat ein firmeninternes Visionsseminar für Kleinbetriebe entwickelt, bei dem alle Mitarbeiter anwesend sein müssen. Der Grund? Für Niederberger ist eine Firma ein «spirituelles Projekt». Das heißt, jeder Mitarbeiter und jeder Kunde einer Firma ist in einer persönlichen Entwicklung begriffen, und die Mitarbeiter sollen sich in drei Tagen darauf einigen, welche Rolle die Firma innerhalb dieser Entwicklung spielen soll.

Ich warne Sie: Das ist nur etwas für reife Unternehmer. Und wenn Ihre Mitarbeiter diesen Prozeß durchgemacht haben, kann der Inhaber nachher getrost ein paar Monate Urlaub auf Hawaii antreten, denn sein Geschäft braucht ihn nicht mehr. Das erträgt allerdings nicht jeder...

Die Adresse von Wendelin Niederberger geben wir Ihnen gerne weiter. Kontaktieren Sie einfach unser Büro in Zollikofen.

Glasklare Positionierung

Überlegen Sie sich, wo genau im Preis-Leistungs-Diagramm Sie sich ansiedeln. Hier ist erst mal das Diagramm, damit Sie sich etwas darunter vorstellen können:
Das Ganze ist relativ einfach:

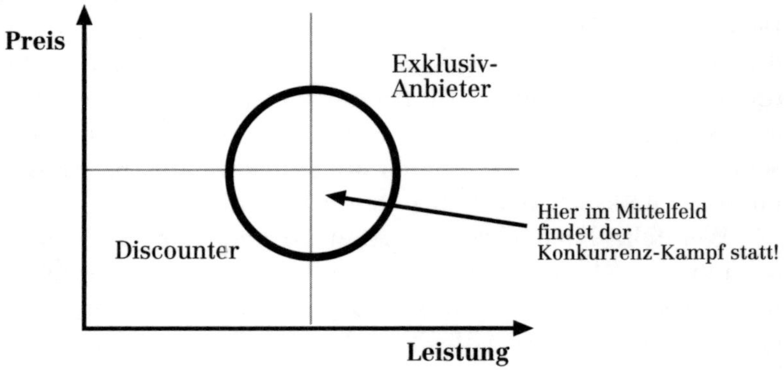

- Wer für viel Geld viel Leistung bietet, ist ein *Exklusiv-Anbieter.*
- Wer für wenig Geld wenig Leistung bietet, ist ein *Discounter.*
- Wer für wenig Geld viel Leistung bietet, ist ein *Depp* (merken Sie sich diesen Marketing-Fachbegriff!).
- Wer für viel Geld wenig Leistung bietet, ist ein *Dreckspatz* (ein weiterer Fachbegriff).

Wenn Sie dauernd über die Konkurrenz klagen, dann kann ich Ihnen blindlings sagen, wo Sie angesiedelt sind: Sie bieten eine durchschnittliche Leistung zu einem durchschnittlichen Preis. Sie haben nur eine vage oder gar keine Firmenvision. Und Sie kommunizieren Ihr Mittelmaß erst noch mit mittelmäßiger Werbung. Habe ich recht?

Tatsache ist: Der Konkurrenz-Kampf findet im Mittelfeld statt. Wenn Sie weiterhin dort bleiben wollen, legen Sie dieses Buch weg, denn es ist nicht für mittelmäßige Unternehmer gedacht.

Glasklare Kommunikation

Es gibt ein paar Leser, die versucht haben, meine Direct-Response-Methode zu verwenden, um ihre mittelmäßige Leistung zu kommunizieren. Überrascht es Sie, wenn ich Ihnen sage, daß die keinen Erfolg hatten?

Wenn Sie allerdings eine Firmenvision erarbeitet haben und genau wissen, wo Sie sich positionieren, dann ist die Direct-Response-Methode die Rakete, die Sie in das Land des Erfolgs katapultiert.

Wenn Sie diese Methode erlernen möchten, verlangen Sie bitte die Unterlagen zu meinem Werbeseminar. Darf man so unverblümt Werbung machen? Ich bitte Sie: Wenn Sie Werbung lernen wollen, müssen Sie sie zuerst einmal ertragen lernen...

Wer jetzt nicht lernt, was Erlebnis-Marketing ist...

Ja, wer das jetzt nicht lernt, der wird bald einmal von der Bildfläche verschwinden. Bitte entschuldigen Sie meine erneute Schwarzmalerei, aber ich habe in den letzten Jahren so viele Firmen in den Konkurs gehen sehen, daß ich es vorziehe, Sie mit harten Worten wachzurütteln.

Im Kapitel über die Werbung habe ich Ihnen ein paar Beispiele meiner Direct-Response-Methode gezeigt, die seinerzeit hervorragende Resultate produziert hatten. Leider (oder Gott sei Dank) haben sich die Konsumenten weiterentwickelt, und viele dieser Beispiele würden heute nur noch mäßige Resultate erzielen. Der Grund dafür? Wir leben heute in einer Zeit, in der die Leute nicht einfach nur einkaufen, sondern beim Einkaufen etwas erleben wollen.

In diesem Buch finden Sie zahlreiche Hinweise auf Erlebnis-Marketing. Hier sind nochmals ein paar Ideen:

- Ein Optiker wirbt nicht einfach für seine Brillen (die hat nämlich jeder andere Optiker auch), sondern preist seine «Augen-Trainings» an. Das sind Abendkurse, in denen die Teilnehmer lernen, mit Hilfe der Kinesiologie ihre Sehschärfe zu verbessern.
  Ob sich das auf den Brillen-Umsatz auswirkt? Da können Sie drauf wetten!

- Ein Gastwirt schreibt in seiner Werbung nicht «Bei uns essen Sie gut», sondern besticht mit zahlreichen originellen Aktivitäten: Einem Muttertags-Kochkurs für Kinder, einem Fun-Shop für Brautpaare oder einem Workshop für Seminarleiter.

- Eine Friseuse versucht nicht, die Leute zu einem neuen Haarschnitt zu überreden, sondern lädt ihre Kundinnen zu einem «Frisier- und Fönkurs» ein. Mit großem Erfolg!

Weitere Beispiele zum Thema «Erlebnis-Marketing» finden Sie in meinem Kassetten-Programm «Werbe-Kick».

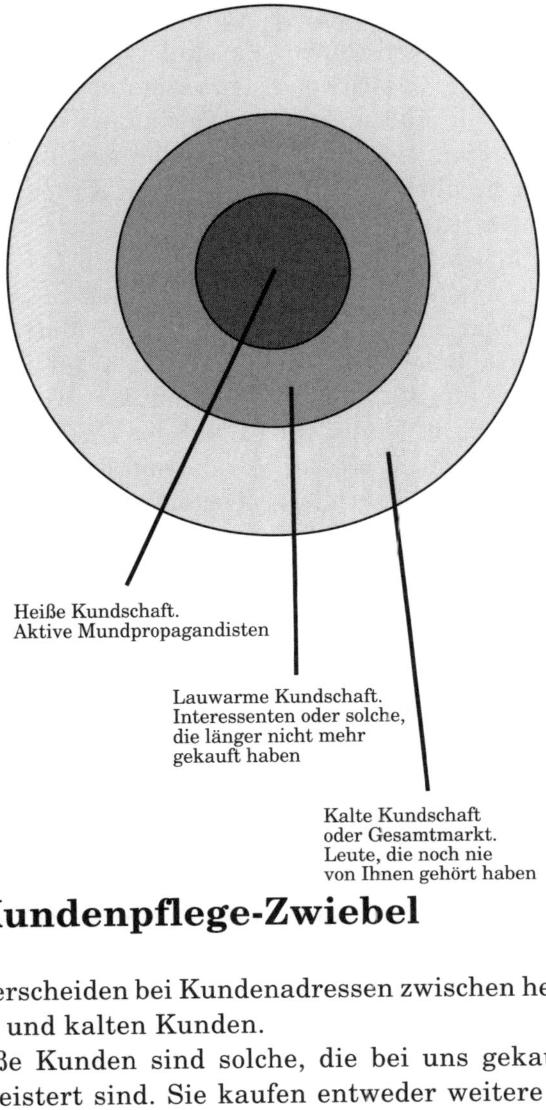

Die Kundenpflege-Zwiebel

Wir unterscheiden bei Kundenadressen zwischen heißen, lauwarmen und kalten Kunden.

Heiße Kunden sind solche, die bei uns gekauft haben und begeistert sind. Sie kaufen entweder weitere Produkte oder empfehlen unsere Firma ihren Freunden oder beides.

Bei lauwarmen Kunden handelt es sich um solche, die sich entweder einmal für unsere Firma interessiert, aber noch nicht gekauft haben, oder Kunden, die längere Zeit nicht mehr gekauft haben.

Kalte Kunden schließlich könnte man mit dem Wort «Gesamtmarkt» gleichsetzen. Es sind Menschen, die noch nie von uns gehört geschweige denn von uns gekauft haben.

Darf ich Sie bitten, mit mir zusammen den gesunden Menschenverstand in unsere Diskussion einzuladen? Dann wird Ihnen nämlich sofort klar, welcher Kundenkreis den größten Anteil Ihres Werbebudgets abbekommen sollte, nicht wahr? Natürlich die heißen! Die bekommen bei uns jeden Monat Post, nämlich meinen «Brief aus Amerika», in dem ich Tips und Tricks zu den Themen Marketing, Motivation und Erfolg verrate. Beigepackt sind immer ein aktuelles Angebot und natürlich ein Bestellzettel für Produkte. Wenn Sie jetzt meinen, einmal im Monat sei zu viel des Guten, dann muß ich Sie korrigieren. Professor Vögele vom Direktmarketing-Institut in München hat dieses Thema wissenschaftlich untersucht und ist zum Schluß gekommen: Stammkunden zählen sich unbewußt zu den «Mitverkäufern» Ihrer Firma und empfinden zwölf Kontakte im Jahr als angenehm und angemessen.

Die lauwarmen Kunden bekamen bei uns bis vor kurzem den zweitgrößten Anteil unseres Werbebudgets. Das haben wir jedoch korrigiert. Und ich sage Ihnen gleich, warum.

Lassen Sie mich zuerst noch etwas zu den kalten Adressen sagen. Werbung im Gesamtmarkt dient lediglich dazu, den heißen Kundenstamm regelmäßig aufzufüllen, um diejenigen zu ersetzen, die entweder keinen Bedarf mehr haben oder sterben oder ins Ausland ziehen oder aus sonstwelchen Gründen aussteigen. Naturgemäß sollte dieses Segment das kleinste Stück vom Werbekuchen ausmachen.

Und jetzt die Preisfrage: Wie verteilt der mittelständische Durchschnitts-Unternehmer seinen Werbekuchen, wie? Am meisten buttert er in den Gesamtmarkt; dort, wo er den größten Streuverlust und die wenigsten Reaktionen erwarten kann. Wenn dann noch etwas Geld übrigbleibt, werden die Lauwarmen bearbeitet. Und die Stammkundschaft, der eigentliche Lebensnerv jeder Firma, geht leer aus oder wird bestenfalls einmal im Jahr mit einer nichtssagenden Weihnachtskarte beglückt. Sehen Sie, was da schiefläuft?

Nun aber nochmals zurück zu den Lauwarmen. Ich sagte Ihnen bereits, daß wir bei der Firma *apm* dieses Segment früher als zweitwichtigstes betrachteten. Sie erhielten den «Brief aus Amerika» viermal im Jahr. Eines Tages fiel mir jedoch auf, daß der Unterschied zwischen unseren «kleinen Mailings» an 3000 Kunden und den «großen Mailings» an 9000 Kunden verschwindend klein war, und ich begann, eine Statistik zu führen. Ich wollte wissen, wie viele Lauwarme wir mit meinem Buchhit «Buchhaltung – ein Kinderspiel» wieder aktivieren konnten. Es waren ganze 38! Und dies bei Mailingkosten von über 10000 Mark! Dreimal dürfen Sie raten, was wir heute mit den Lauwarmen machen.

Aber Vorsicht: Diese Regel gilt natürlich nicht für Investitionsgüter. Eine Gemeindeverwaltung, die sich für eine neue Abwasseranlage interessiert, sollten Sie mindestens drei Jahre lang bearbeiten, bevor Sie die Hoffnung auf einen Auftrag aufgeben.

Nur der Vollständigkeit halber will ich Ihnen verraten, wie unser Kundenpflege-Konzept heute aussieht: Unsere heißen Kunden bekommen, wie gesagt, einmal im Monat Post von uns. Und wie wir aus dem Geschäftsgang und den vielen Zuschriften schließen können, wird sie jedesmal freudig erwartet und regelrecht verschlungen. Wer diese Begeisterung nicht aufbringt, gehört nicht zu unserem Zielpublikum. So einfach ist das.

Werbung im Gesamtmarkt machen wir praktisch keine mehr, mit einer einzigen Ausnahme: Unsere Homepage auf dem Internet bringt uns monatlich ungefähr 100 neue Kunden. Und damit sind wir beim nächsten Kapitel...

Wie Sie übers Internet viele neue Kunden gewinnen...

Bevor ich Ihnen mehr über dieses Thema verrate, lesen Sie diesen Artikel, der im März 1996 als Titelstory im Schweizer Management-Magazin DER ORGANISATOR erschien:

Mit dem Internet auf Kundenfang

Was bringt das Internet dem mittelständischen Unternehmer? Ist es nur Zeitverschwendung? Oder kann man damit wirklich Geld verdienen, wie es die Internet-Anbieter landauf, landab versprechen?
Die Firma *apm* in Zollikofen weiß darauf eine Antwort. Seit gut einem halben Jahr gewinnt sie monatlich an die 30 neue Kundenadressen. Dank dem Internet.
Hans-Peter Zimmermann, Mitinhaber der Firma *apm* und Autor des Wirtschafts-Bestsellers «Groß-Erfolg im Kleinbetrieb», berichtet exklusiv für den ORGANISATOR über seine Erfahrungen mit dem «Information Super Highway».

Als mir mein Manager Björn Walker im April 1995 zum ersten Mal etwas über das Internet erzählte, setzte ich sofort mein Skeptiker-Gesicht auf und meinte, das sei doch Spielzeug und sicher nichts für einen seriösen Unternehmer. Doch Björn bestand darauf, daß das Internet das Medium der Zukunft sei und schwärmte mir vor, wie viele Millionen Benutzer bereits weltweit angeschlossen seien.

«Ist das dieser vielgerühmte 'Information Super Highway', von dem bald in jedem Käseblatt die Rede ist?», dämmerte es mir. Bisher hatte ich sämtliche Zeitungsartikel zu diesem Thema übersprungen, weil ich schlichtweg keine Ahnung hatte, wie billig so ein Internet-Anschluß ist und wie schnell man 'Online' sein kann.

«Online» sein geht schneller als man denkt...

Ein paar Tage später erstand ich mir in einem Software-Geschäft für 60 Dollar ein Internet-Starter-Kit (ich wohne in Kalifornien, daher die Dollars). Einen Computer und ein Modem hatte ich schon, also brauchte ich nur noch ein Internet-Konto. Das bestellte ich bei einem lokalen Internet-Anbieter. Für 25 Dollar im Monat darf ich ganze 75 Stunden aufs Netz. Und da ich mich bei mir ganz in der Nähe einwähle, bezahle ich keine zusätzlichen Telefongebühren, denn Ortsgespräche sind in Amerika in der Grundgebühr inbegriffen.
Damit begann mein Trip durch die (Schein-)Welt von morgen...

30 Millionen Menschen lesen meine Werbung?

Die erste positive Überraschung war für mich natürlich die Möglichkeit, innerhalb von Sekunden ein Computer-Dokument von meinem Schreibtisch in Kalifornien auf Björn Walkers Computer in der Schweiz zu hieven. Und das erst noch zum Ortstarif!
Die zweite Sensation war das WorldWideWeb, eine Ansammlung von interaktiven Präsentationen. Man muß es gesehen haben, damit man es begreift. Jeder, der Lust hat, kann auf dem Web seine eigene «Heim-Seite» oder «Homepage» einrichten, die natürlich in der Regel mehr als eine Seite enthält. Und wenn er es schafft, den Internet-Benutzern mitzuteilen, wo seine Seite zu finden ist, dann hat er theoretisch 30 Millionen Leserinnen und Leser aus aller Welt. Oder waren es 40 Millionen? Egal, die Zahl nimmt Tag für Tag gigantisch zu, und man rechnet bis zum Jahr 2000 mit etwa 200 Millionen Internet-Benutzern.

Und was kostet das Ganze?

Bevor Sie nun 30 neue Mitarbeiter einstellen und sich auf Ihren weltweiten Bekanntheitsgrad vorbereiten, lesen Sie weiter. Ich werde Ihnen nämlich zeigen, was man realistischerweise in deutschsprachigen Gefilden von einer Homepage erwarten kann.

Zunächst einmal zu den Kosten: Da es keine Rolle spielt, wo auf der Welt ein WorldWideWeb-Server steht, profitierte ich natürlich vom günstigen Dollarkurs und eröffnete mein Web-Konto bei einer Firma in Anaheim, also ganz in meiner Nähe. Dort bezahle ich 50 Dollar pro Monat für 5 Megabyte. Das genügt selbst für eine umfangreiche Präsentation. In der Schweiz und in Deutschland sind die Kosten in der Regel ein wenig höher, aber immer noch in einem vernünftigen Bereich.

Ich bin doch kein Computer-Programmierer...

Als nächstes mußte ich mich mit der HTML-Sprache befassen. Das ist nämlich die Sprache, die Ihr Web-Browser spricht. Was ein Web-Browser ist? Ganz einfach: Ein Programm, das der Internet-Benutzer verwendet, um all die schönen Präsentationen auf dem WorldWideWeb zu betrachten. Der beliebteste Web-Browser dürfte zur Zeit das Programm Netscape sein, das man sich überall auf dem Netz «downloaden» kann.

Keine Angst! Die HTML-Sprache zu lernen ist ein Kinderspiel. Informationen dazu gibt es tonnenweise auf dem Internet. Natürlich alles kostenlos. Wenn Sie sich einen Tag Zeit nehmen, um diese Anleitungen zu studieren, werden Sie am Abend bereits die erste Web-Seite gestaltet haben.

Falls Sie keine Zeit haben, um Ihre Web-Seite selber aus dem Boden zu stampfen, gibt es massenhaft Firmen, die sich darauf spezialisiert haben. Machen Sie einfach vorher eine kleine Milchbüchlein-Rechnung, ob sich das lohnt.

Wie Sie Ihre Präsentation auf den Server bekommen, so daß jeder Internet-Benutzer Zugriff hat? Auch das können Sie kinderleicht von Ihrem Schreibtisch aus erledigen. Am besten fragen Sie Ihren Internet-Anbieter nach dem genauen Verfahren.

Was gehört auf eine Homepage?

Die Frage ist jetzt nur: Was gehört in eine Web-Präsentation? Wenn Sie einfach Ihren Firmen-Prospekt (sprich: die «Selbstbeweihräucherungs-Soße») abschreiben wollen, vergessen Sie's! Kein Mensch wird freiwillig Ihren Server anwählen, um Ihre Werbung zu lesen. Das WorldWideWeb hat eine schöne Tradition: Man bietet dort Informationen an, die normalerweise kostenpflichtig sind. Als Internetler müssen Sie also lernen, großzügig zu denken. Sie wissen ja: Das Universum zahlt es in der Regel mehrfach zurück.

Am besten gebe ich Ihnen ein paar Beispiele für vorbildliche Homepage-Ideen:

- Eine Autogarage in Heerbrugg bietet ein Formular an, mit dem Sie den Wert Ihres Autos ermitteln können.
- Ein Anwalt in San Francisco liefert einen interaktiven Lehrgang, mit dessen Hilfe man herausfinden kann, ob man in Amerika steuerpflichtig ist.
- Eine Personalberatungs-Firma führt auf ihrem Server eine Stellenbörse für Informatiker.

Sehen Sie den Gedanken dahinter? Falls Ihnen die Ideen fehlen: Ich warte beispielsweise immer noch auf den Treuhänder, der eine interaktive Schnellbleiche in Buchhaltung anbietet. Oder auf den Drogisten, der mir sagt, welches Kraut gegen welche Beschwerden hilft. Oder auf den Schreiner, den Maler, den Elektriker und den Generalunternehmer, die zusammen ein Bau-Informations-System für Architekten auf die Beine stellen. Es gibt im Marketing ein wichtiges Prinzip: «Derjenige, der dem Kunden am nützlichsten ist, macht das Rennen.» Daran hat sich auch im Internet-Zeitalter nichts geändert. Beim Internet kommt der Ball einfach schneller zurück. Legen Sie etwas Nützliches aufs Netz, dann nimmt die Besucherzahl zu. Begnügen Sie sich mit Selbstbeweihräucherung, kümmert sich kein Knochen um Ihre Homepage.

Selbstverständlich müssen Sie nicht vollständig auf Werbung für Ihre Firma verzichten. Kein Mensch nimmt es Ihnen übel, wenn Sie Querverweise auf Ihre verschiedenen Produkte und Dienstleistungen anbringen. Als «Aufhänger» haben wir auf unserer Homepage zwei vollständige Buchversionen, eine humorvolle Einführung in die Welt des Internet und einen interaktiven Lehrgang zum Thema Erfolg eingerichtet. Daneben findet der Besucher jedoch jede Menge Werbung zu meinen Büchern, Kassetten und Seminaren.

Muß das alles in Englisch sein?

Die Antwort darauf, in welcher Sprache eine Homepage abgefaßt werden sollte, ist sehr einfach zu beantworten: In der Sprache, die Ihre Kunden sprechen. Es gibt keinen Grund, eine zusätzliche englische Version auf den Server zu legen. Es sei denn, Sie sind wirklich weltweit tätig. Unsere Homepage gibt es nur in deutscher Sprache, da wir einmal den Grundsatz-Entscheid getroffen haben, uns auf die deutschsprachigen Länder zu konzentrieren.

Und bringt das wirklich etwas?

Bevor ich Ihnen zeige, wie Sie Ihre Homepage am besten publik machen, möchte ich Ihnen ein paar Zahlen liefern: Unsere Web-Präsentation (http://www.hpz.com) wird von durchschnittlich 100 Personen im Tag besucht. Die monatliche Statistik, die mir mein Anbieter liefert, spricht zwar von wesentlich mehr, aber ich verlasse mich da auf den Zähler, den ich selbst installiert habe. Von den monatlich 3000 Besuchern stammen etwa 2500 aus den Ländern, die uns interessieren und die wir auch beliefern, nämlich Deutschland, Schweiz und Österreich. Etwa 80 Personen pro Monat füllen unseren Fragebogen aus. Davon passen etwa 30 Personen in unser Zielpublikum und verlangen, daß wir sie in unsere Mailing-Liste aufnehmen. Das sind 360 qualitativ hoch stehende Kundenadressen. Und da bei uns ein Kunde im Durchschnitt 400 Franken Jahresumsatz bringt, sind das 144000 zusätzliche Fränkli, die da über den «Information Super Highway» hereinkommen.

Wie mache ich meine Homepage publik?

Noch einmal: Das Wichtigste auf Ihrer Homepage ist der Inhalt. Wohlgemerkt, der *Inhalt* und nicht die *Form*! Es gibt wunderschön gestaltete Web-Seiten, die von keiner Menschenseele besucht werden. Warum? Weil große Grafiken länger brauchen, bis Sie auf dem Bildschirm sind, und weil die für Sie interessanten (sprich: kaufkräftigen) Internet-Benutzer keine Zeit haben, um stundenlang zuzusehen, wie sich eine Seite im Schneckentempo auf ihrem Bildschirm aufbaut.

Das Zweitwichtigste ist die Art und Weise, wie Sie Ihre Seite publik machen. Ich habe verschiedene Wege ausprobiert und kann Ihnen sagen, was gut funktioniert und was nicht. Möchten Sie's hören? Okay.

Was tut ein Mensch, der auf dem WorldWideWeb Informationen zu einem bestimmten Thema sucht? Ganz einfach: Er wählt einen der zahlreichen Such-Computer (Search Engines) an, tippt ein Stichwort in seine Tastatur, und schon liefert ihm der Server bis zu 100 verschiedene Homepages mit Kurzbeschrieb. Übrigens, auch wenn diese Suchmonster in der Regel in Amerika stehen, können Sie dennoch deutsche Stichwörter eingeben.

Einige dieser Suchmaschinen suchen nächtelang sämtliche Server der Welt ab, um ihr Stichwortverzeichnis zu vervollständigen. Aber noch besser ist es, wenn Sie ein wenig nachhelfen. Sie haben zwei Möglichkeiten: Entweder Sie wählen jede Suchmaschine einzeln an und unterbreiten ihr jeweils die Informationen über Ihre Homepage, oder Sie lassen auch das von einem Computer erledigen.

Als nächstes sind Sie vielleicht versucht, das Usenet mit Ihrer Ankündigung zu beglücken. Für Nicht-Eingeweihte: Das Usenet besteht aus Hunderten von sogenannten Newsgroups. Man kann es sich vorstellen wie eine riesige Ansammlung von Schwarzen Brettern zu den verschiedensten Themen. Ein Beispiel: Wenn Sie wissen möchten, bei welchem Guru man am schnellsten Erleuchtung erlangt, «posten» Sie eine Nachricht in der Newsgroup «alt. meditation». Wenn Sie dann in den folgenden Tagen regelmäßig bei dieser Newsgroup vorbeischauen, ist die Chance groß, daß sich mindestens drei bis vier Guru-Anhänger gemeldet haben. In Sachen Usenet habe ich zwei Warnungen für Sie:

Erstens ist diese Zielgruppe sehr sensibel, was kommerzielle Meldungen angeht. Es ist schon vorgekommen, daß allzu leichtfertige Unternehmer eines schönen Morgens einen bumsvollen elektronischen Briefkasten vorfanden, mit Tausenden von Meldungen erzürnter Newsgroup-Leser.

Zweitens sind Newsgroup-Leser nicht unbedingt das richtige Zielpublikum für Sie. Oft handelt es sich dabei um gelangweilte Studenten oder anderweitig Pubertierende, die nichts anderes zu tun haben als auf dem Internet Wortgefechte, sogenannte «Flame Wars», auszutragen. Außerdem trauert manch ein Usenet-Benutzer den alten Zeiten nach, wo es auf dem Internet noch keinen Kommerz gab und Väterchen Staat noch für die teuren Telefonleitungen bezahlte.

Mein Tip: Als Unternehmer Hände weg vom Usenet!

Genauso ungesund ist es, wenn Sie sich E-Mail-Adressen beschaffen, um elektronische Mailings zu verschicken. Was mit normaler Post gang und gäbe ist, wird auf dem Internet in den wenigsten Fällen goutiert. Schicken Sie also keine E-Mails an wildfremde Menschen mit dem Wortlaut: «Hallo, schauen Sie sich mal meine Homepage an!»

Was Ihnen allerdings keiner verbieten kann, oder besser, was von den meisten Menschen sogar geschätzt wird, ist das folgende Vorgehen: Surfen Sie ein wenig auf dem WorldWideWeb herum. Wann immer Sie eine Homepage entdecken, die Ihnen besonders gut gefällt, behalten Sie das nicht für sich! Schicken Sie dem Autor der Homepage ein E-Mail, und gratulieren Sie ihm für seine ausgezeichnete Arbeit. Tun Sie das aber bitte nur, wenn Sie es auch wirklich ernst meinen, denn Sie wissen ja: Gott straft sofort!

Noch lieber hat es der Empfänger, wenn Sie ihm mitteilen, daß Sie seine Homepage in Ihre Link-Liste aufgenommen haben. Das Faszinierende am World Wide Web ist ja eben, daß Sie auf Ihrer Seite sogenannte Links einbauen können, mit deren Hilfe der Benutzer per Knopfdruck auf einem ganz anderen Server irgendwo in der großen, weiten Welt landet. Wenn Sie mir also mitteilen, daß Sie meine Seite in Ihre Links eingebaut haben, was werde ich dann wohl als erstes tun? Richtig, ich werde Ihre Homepage besuchen, um mich selber davon zu überzeugen.

Ach ja, die Adresse Ihrer Homepage haben Sie mir natürlich ganz dezent in Ihrer Unterschrift mitgeteilt. Bei mir heißt es zum Beispiel zuunterst auf jedem E-Mail: «Der Server für alle Menschen, die mehr aus ihrem Leben machen möchten: http://www.hpz.com»

Wenn Sie so vorgehen, dann gibt es innerhalb kurzer Zeit mehrere Server, die einen Querverweis auf Ihre Homepage enthalten. Und dann können Sie regelrecht zuschauen, wie die Besucherkurve nach oben schnellt...

Kreti und Pleti oder was?

Die Tatsache, daß 100 Personen im Tag Ihre Homepage aufsuchen, sagt natürlich noch lange nichts darüber aus, *wie lange* sie dort bleiben, *ob* sie überhaupt etwas lesen und *was* sie lesen. Und vor allem haben Sie damit noch keinen einzigen Kunden gewonnen. Wie sorgen Sie also dafür, daß die *richtigen* Leute Ihre Web-Seite besuchen?

Zunächst einmal ließen wir uns etwas einfallen, um die Besucher dazu zu bringen, etwas über sich zu erzählen. Für uns ist es besonders wichtig zu erfahren, was die Leute beruflich machen, *wieviel* sie lesen und *was* sie genau lesen. Wenn jemand zum Beispiel Tom Peters, Napoleon Hill oder Dale Carnegie mag, dann wird er vermutlich auch meinen Büchern etwas abgewinnen können.

Wir kreierten also ein Umfrage-Formular, und damit die Leute es auch ausfüllten, verbanden wir dieses Formular mit einem Wettbewerb. So etwas können Sie jederzeit nachahmen. Wenn Sie so schlau sind wie wir, dann lassen Sie sich die Wettbewerbspreise ebenfalls von einem Sponsor bezahlen, der froh ist, wenn er im Internet erwähnt wird.

Eine zusätzliche Steigerung der Besucherqualität haben wir mit einem weiteren Trick erreicht. Sagen Sie mir bitte eines: Was wird wohl Ihre erste Frage sein, wenn Sie auf einem wildfremden Server landen? Richtig, die Frage wird lauten: «Ist das überhaupt etwas für mich? Soll ich weiterlesen? Was erwartet mich hier? Wer steckt dahinter?»

Wenn Sie gelegentlich einmal unsere Homepage besuchen, werden Sie sehen, daß wir Ihnen diese Fragen in wenigen Sekunden beantworten. Mit ein paar kleinen Filtern haben wir es geschafft, wirklich ernsthafte Besucher von den Nur-Neugierigen besser zu trennen.

Ein taugliches Mittel für die Kundengewinnung

Alles in allem bin ich mit unserem ersten halben Internet-Jahr mehr als zufrieden. Erst recht, wenn man bedenkt, daß das WorldWideWeb in kommerzieller Hinsicht immer noch in den Kinderschuhen steckt. Kaum auszudenken, wie groß der Kundenzuwachs sein wird, wenn einmal jede seriöse Firma über einen Internet-Anschluß verfügt. Wenn man bedenkt, wie rasch sich seinerzeit die Telefaxgeräte etabliert haben, dann dürfte das in ein paar Monaten bereits der Fall sein.

Wenn Sie meine paar Tips beachten, dann könnte sich das Internet auch für Sie als taugliches Mittel für die Neukunden-Gewinnung herausstellen. Ich wünsche Ihnen dabei viel Erfolg!

(Ende des Artikels)

Jetzt wissen Sie also schon einiges über den «Information Super Highway». Mehr darüber erfahren Sie, wenn Sie meine Homepage besuchen. Es gibt heute keine Entschuldigung mehr, wenn man keinen Internet-Anschluß hat. Ein Computer, ein Modem und ein gewöhnlicher Telefonanschluß genügen.

Drei Dinge haben sich bereits verändert, seit dieser Artikel erschien:

1. Sie brauchen keine HTML-Sprache mehr zu lernen, um eine Homepage zu gestalten. Es gibt heute zahlreiche Hilfsprogramme, die Ihnen diesen Job abnehmen. Allerdings sind Sie, vor allem für die Feinarbeit, immer noch besser dran, wenn Sie etwas HTML beherrschen.

2. Unsere neueste Statistik zeigt, daß wir pro Monat 94 neue Kunden übers Internet hereinholen.
   Natürlich haben sich auch die Zuschriften gehäuft, in denen ich als Angeber oder Träumer bezeichnet werde. Aber damit kann ich leben. Und Sie gewöhnen sich besser auch daran, denn wenn Sie sich vom Mittelmaß entfernen, wird es immer Leute geben, denen das nicht paßt.

3. Etwas, was sich täglich ändert, ist die Anzahl der weltweiten Internet-Anschlüsse und damit die Größe Ihres Gesamtmarktes. Die Statistik vom Januar 1997 berichtet: Weltweit sind 102 Millionen Menschen am Internet angeschlossen. 31,4 Millionen haben Zugang zum WorldWideWeb, wo insgesamt 1,6 Millionen Präsentationen auf sie warten.
   Aber vergessen Sie diese Statistik gleich wieder. Das Internet wächst schneller als Sie denken können!

Darf ich Ihnen noch fünf Tips für Ihren Auftritt im Cyberspace geben?

1. Wenn Sie noch immer nicht begriffen haben, was Direct Response heißt, besuchen Sie entweder mein Werbeseminar oder sparen Sie sich das Geld für einen Internet-Auftritt. 95

Prozent aller Homepages serbeln vor sich hin, weil sie alles andere als kundenorientiert daherkommen.

2. Der Aufbau und die Wartung eines Internet-Auftritts gehören ins eigene Haus, und zwar aus zwei Gründen:
   a) Die meisten Webservice-Anbieter, die ich kenne, verstehen wenig bis gar nichts von Marketing und sind für ein schnelles Medium wie das Internet zu träge.
   b) Das Internet bietet Ihnen zum ersten Mal eine direkte Verbindung zur großen weiten Welt. Wenn Sie da eine Person oder gar eine ganze Firma dazwischenschalten, haben Sie den Sinn des Internets nicht begriffen.

3. Machen Sie ja nicht den Fehler, den Aufwand für die Wartung einer Homepage zu unterschätzen. Wenn Ihre Präsentation nicht jederzeit auf dem neuesten Stand ist, nehmen Ihre Kunden Ihnen das übel. Und ich brauche Ihnen sicher nicht zu sagen, daß Ihr Auftritt dann kontraproduktiv wirkt.

4. Solange Ihre Stammkunden-Pflege nicht richtig funktioniert, vergessen Sie das mit dem Internet-Auftritt. Die 30 neuen Kunden, von denen ich Ihnen erzählt habe, werden nur deswegen neue Kunden, weil sie nach dem Ausfüllen unserer Umfrage jeden Monat nützliche Post ins Haus bekommen.

5. Jemand in Ihrer Firma muß dafür verantwortlich sein, daß die Anfragen, die übers Internet hereinkommen, mindestens einmal pro Tag gesichtet und sofort beantwortet werden.

Damit bin ich für heute mit meinem Internet-Latein am Ende. See you in Cyberspace!

Ach ja, falls Sie noch nicht Englisch verstehen, wäre es ganz gut, wenn Sie's mal lernen würden. Sonst sind nämlich 90 Prozent des Internets für Sie ein böhmisches Dorf mit amerikanischem Einschlag.

Wie Sie aus dem Konkurrenz-Kampf ausbrechen können...

Hand aufs Herz: Sind Sie es auch ab und zu leid, daß Sie immer wieder neue Kunden akquirieren müssen? Wäre es nicht schöner, wenn die Kunden *Sie* aufsuchen würden anstatt umgekehrt? Nun, ich habe eine Überraschung für Sie: Das ist möglich. Es bedingt allerdings etwas Aufbauarbeit. Das meiste darüber habe ich Ihnen bereits erzählt:

1. Sie müssen sich entschließen, aus dem Mittelmaß auszubrechen und eine «unübliche Marktpräsenz» aufzubauen. Eine hohe Leistung mit unüblichen Zusatzleistungen und Aktivitäten, und das ganze zu einem angemessen hohen Preis.

2. Sie müssen zusammen mit Ihren Mitarbeitern eine Firmenvision erarbeiten. Sie müssen sich klar werden, für welches Zielpublikum Sie zu 200 Prozent da sein wollen. Und Sie müssen den Mut aufbringen, auf alle übrigen zu verzichten. Denken Sie daran: Jeder Mensch, den Sie abweisen, weil er nicht zu Ihnen paßt, macht Platz für einen Menschen, der zu Ihnen paßt, den Sie glücklich machen können und der Sie und Ihre Mitarbeiter glücklich machen wird.

3. Sie müssen lernen, diese Positionierung glasklar zu kommunizieren, damit Ihr Zielpublikum merkt, daß Sie der Richtige sind, und auch entsprechend reagiert. Und entschuldigen Sie, wenn ich mich wiederhole: Es ist Ihnen vermutlich lieber, wenn das Zielpublikum *sofort* reagiert und nicht erst in ein paar Monaten.

Möchten Sie verkaufen oder lieber kaufen lassen?

Ich muß Ihnen etwas gestehen: Ron Willinghams Formel für den Verkaufserfolg, so bestechend sie klingen mag, ist nur zur Hälfte richtig. Sie erinnern sich? Produkt-Kenntnis plus Verkaufstechnik plus Überzeugungskraft mal die positive Einstellung?

Ich kenne Menschen, die sind in allen vier Bereichen hervorragend, aber sie sitzen zu Hause und tun nichts. Haben die Erfolg? Blöde Frage, ich weiß.

Ich habe in der Zwischenzeit eine neue Formel aufgestellt:

Gutes Produkt mit unüblichen Zusatzleistungen
\+ **Anzahl Kontakte** (persönlich, telefonisch, schriftlich, E-Mail)
\+ Der **Wunsch zu helfen**
\+ **Loslassen können**
x Persönliche **Lebensenergie** des Verkäufers

Erläuterung gefällig? Bitte sehr, bitte gleich:

Gutes Produkt

Daß Ihr Produkt oder Ihre Dienstleistung gut oder besser hervorragend ist, setze ich natürlich voraus. Sie vermutlich auch. Dann schreiben Sie doch bitte jetzt gleich fünf Dinge auf, die Ihre Kunden bei *keinem* Ihrer Konkurrenten bekommen. Na? Wenn Sie diese fünf Dinge nicht aus dem Ärmel schütteln können, dann sind Sie ein Mittelfeld-Spieler und sollten sich sofort mit dem Kapitel «unübliche Marktpräsenz» auseinandersetzen.

Anzahl Kontakte

Nehmen wir einmal an, als Einfamilienhausbesitzer hätte ich mir von drei Gartenbau-Experten je ein Angebot schikken lassen für eine neue Garten-Anlage. Alle drei bieten ungefähr das Gleiche zum gleichen Preis. Was glauben Sie, wo werde ich am ehesten Lust bekommen, den Auftrag zu erteilen:

a) bei demjenigen Unternehmer, der mir das Angebot schickte und es nachher nicht mehr für nötig befand, sich bei mir zu melden?
b) bei demjenigen Unternehmer, der nach einem Monat seiner Sekretärin den Auftrag gab, ein 0815-Nachfaß-Telefonat zu starten?
c) bei demjenigen Unternehmer, der mir jeden Monat seine nützlichen «Naturgarten-News» schickt, der mich zu einem Vortrag über Gartenkräuter einlud, der mich über E-Mail um meinen Rat als Unternehmensberater fragte, und der mir einen Zeitungsartikel über Helikopter schickte, weil er wußte, daß das mein Hobby ist?

Sehen Sie, worauf ich hinaus will? Die Anzahl Kontakte können Sie mühelos erhöhen, ohne dabei mehr Zeit zu investieren. Nutzen Sie einfach alle Kommunikationsmöglichkeiten: Telefon, Fax, E-Mail und Post.

Natürlich sollten Sie den Kunden nicht kontaktieren, um ihn zu nerven oder zu einem Auftrag zu drängen, sondern lediglich aus dem Wunsch heraus, nützlich sein zu wollen. Und damit sind wir beim nächsten Punkt:

Der Wunsch zu helfen

Haben Sie schon einmal einen Verkäufer erlebt, dem man auf hundert Meter gegen den Wind anroch, daß er es nur auf Ihr Geld abgesehen hatte? Und möchten Sie ein solcher Verkäufer sein? Sehen Sie, das genügt bereits, damit Sie diesen Punkt verstehen.

Ich glaube, Sie haben Ihre Aufgabe begriffen, wenn Sie sich nicht als Verkäufer, sondern als Einkaufs-Helfer sehen. In Ihrem Unterbewußtsein müßte eigentlich der folgende Dialog ablaufen:

«Lieber Schorsch meines Kunden, ich bin ein Experte auf meinem Gebiet und kann dir helfen, das zu finden, was du brauchst. Falls wir gemeinsam herausfinden, daß ich nicht der ideale Lieferant für dich bin, schicke ich dich woanders hin. Ich bin dein Partner und Helfer beim Einkauf. Das ist meine Aufgabe.»

Loslassen können

Das ist zwar dasselbe in grün, aber dennoch eine getrennte Erwähnung wert. Es mag zwar paradox klingen, aber der Kunde muß spüren, daß Sie den Auftrag *nicht* nötig haben. Wie kann er sonst sicher sein, daß Sie ihm nicht etwas aufschwatzen wollen, nur damit Sie diesen Monat Ihre Mitarbeiter bezahlen können?
Ich habe diese Wahrheit am eigenen Leib erfahren. Früher machte ich mir immer Sorgen darüber, daß meine Seminare genügend besucht würden. Irgendwann einmal sagte ich zu

mir: Es ist mir egal, wer kommt. Ich bin einfach da, gebe mein Bestes und kommuniziere entsprechend. Und wenn meine Seminare nicht mehr gefragt sind, habe ich noch mindestens neun andere Berufe, in denen ich ebenfalls glücklich sein kann. Wundert es Sie, daß meine Seminare immer ausgebucht sind? Die Menschen spüren offenbar, daß ich nicht auf sie angewiesen bin. Und genau das gibt ihnen die Freiheit, sich selbst zu überzeugen, daß ich ihnen etwas bieten kann, was sie weiterbringt.

Sie können es drehen und wenden wie Sie wollen: Der Kunde wird es Ihrem Energiefeld anmerken, wenn Sie auf den Auftrag angewiesen sind. Und besonders abgebrühte Exemplare werden diese Situation natürlich schamlos ausnützen und Sie mit unverschämten Rabatt-Forderungen erpressen. Wenn Sie diesen Forderungen nachkommen, können Sie jetzt schon Ihr Testament aufsetzen, denn Sie haben gerade den Vertrag mit dem Teufel unterschrieben und werden in eine Rabattspirale geraten, aus der Sie nie wieder herauskommen.

Lebensenergie

In der alten Formel hieß es hier noch «positive Einstellung». Aber ich habe wieder eine Frage an Sie: Haben Sie schon Menschen erlebt, die sagten, sie seien positiv eingestellt, und dennoch fühlten Sie sich nicht wohl in ihrer Gegenwart? Die Positiv-Denken-Welle der 70er Jahre hat leider eine Generation von Verkäufern hergezüchtet, die sich nicht erlauben, mit den negativen Dingen in ihrem Leben umzugehen, und die all ihre negativen Gefühle hinter ihrer Positiv-Denken-Maske verstecken. Bis eines schönen Tages eine tödliche Krankheit sie daran erinnert, daß die Probleme da sind, um sie anzuschauen und zu lösen.

Ein Hobbygärtner, der die ganze Zeit sagt «es gibt kein Unkraut in meinem Garten», muß sich nicht wundern, wenn das Unkraut eines schönen Tages den ganzen Garten auffrißt.

Wenn ich meinen Seminar-Teilnehmern von seelischen Blockaden erzähle, weiß interessanterweise jeder, was gemeint ist. Falls Sie es noch nicht wissen, habe ich eine kleine Übung für Sie: Schließen Sie bitte die Augen und stellen Sie sich einen Moment in Ihrem Leben vor, wo Sie sich maßlos geärgert haben. Sehen Sie das Bild vor Ihren Augen, groß, bunt und bewegt. Hören Sie, was Sie damals gehört haben. Fühlen Sie, was Sie damals gefühlt haben. Fluchen Sie innerlich, falls Sie beim Ärgern normalerweise fluchen. Und jetzt achten Sie darauf, wie Ihr Körper reagiert. Einige von Ihnen werden einen Druck im Bauch verspüren, anderen wiederum schnürt es die Kehle zu, und der Rest bekommt Herzklopfen. Mit anderen Worten: Ihre Vergangenheit ist in Ihrem Nervensystem gespeichert und ist in der Lage, jederzeit körperliche Symptome zu produzieren. Das sind Ihre seelischen Blockaden. Sie sind im Nervensystem gespeichert, und wenn sie lange genug drücken, verändern sie Ihren Hormonhaushalt. Dieser wiederum schwächt Ihr Immunsystem und erlaubt allen möglichen Krankheiten, sich in Ihrem Organismus breitzumachen. Wundert es Sie, daß wir heute mit einem «angeeigneten Immunschwäche-Syndrom» (AIDS) zu kämpfen haben?

Falls ich Sie überzeugt habe, daß Sie Ihre seelischen Blockaden abbauen sollten, dann möchten Sie sicher jetzt von mir wissen, wie man das macht. Es gibt bestimmt mehrere Möglichkeiten, aber die besten Erfahrungen habe ich persönlich mit Reinkarnations-Therapie gemacht. Falls Sie es etwas weniger gründlich, dafür aber schneller und schmerzloser haben möchten, schauen Sie sich einmal nach einem guten TimeLine-Therapeuten um. Unser Büro gibt Ihnen gerne weitere Auskünfte darüber:

Für die Schweiz:

Hotel Hornberg
Frau Elisabeth von Siebenthal
CH - 3777 Saanenmöser
Tel.: 0041 33 7444440
Fax: 0041 33 7446279

Für den EU-Raum:

Hermann Bechter
Defreggerstr. 28
A - 6845 Hohenems
Tel. und Fax: 0043 5576 77737

Und damit hätten wir diesen aktuellen Nachtrag beendet. Ich hoffe, ich konnte Ihnen wieder ein wenig nützlich sein und wünsche Ihnen den Erfolg, den Sie verdient haben!

Index

A

B

C

D

E

F

G

H

I

J

K

L

M

N

O

P

R

S

V

W

Z

Bibliographie

Adams, Tony, The Secrets of Successful Selling, Heinemann Professional Publishing Ltd., London 1985

Bayan, Richard, Words that Sell, Contemporary Books, Chicago 1984

Blakeslee, Thomas R., Das rechte Gehirn, Aurum Verlag. Freiburg i.Br. 1982

Blanchard, Kenneth und Peale, Norman Vincent, Die Kraft positiven Führens, Heyne Verlag, München 1988

Bloos, Joachim, Marketing, Vogel-Verlag, Würzburg 1983

Boëthius, Stefan und Zellweger, Hansruedi, Heute beginnt der Rest Deines Lebens, Time/system Verlag, Steinmaur 1987

Brooks, B. David Ph.D. und Dalby, Rex K. M.S., The Self-Esteem Repair&Maintenance Manual, Kincaid House Publishing, Newport Beach 1990

Buscaglia, Leo F. Ph.D, Love, Charles B. Slack, New York 1972

Buscaglia, Leo F. Ph.D., Living, Loving & Learning, Ballantine Books, New York 1982

Caples, John, Tested Advertising Methods, Prentice-Hall, Englewood Cliffs 1974

Carnegie, Dale, Wie man Freunde gewinnt, 1936, Scherz Verlag, Bern 1981

Dyer, Wayne Ph.D., Erfolg wird wahr, Moderne Verlagsgesellschaft, München 1990

Dyer, Wayne Ph.D., Gifts from Eykis, Simon&Schuster, New York 1983

Dyer, Wayne Ph.D., Sie sollten nach den Sternen greifen, Moderne Verlagsgesellschaft, München 1990

Dyer, Wayne Ph.D., Your Erroneous Zones, Avon Books, New York 1976

Dyer, Wayne Ph.D, Führen Sie in Ihrem Leben selbst Regie, Moderne Verlagsgesellschaft, München 1990

Edwards, Betty, Garantiert zeichnen lernen, Rowohlt Verlag, Reinbek 1982

Frese, Herbert, Mitarbeiterführung, Vogel-Verlag, Würzburg 1984

Fromm, Erich, Psychoanalyse und Religion, Deutscher Taschenbuch Verlag, München 1985

Geffroy, Edgar K., Verkaufserfolge auf Abruf, verlag moderne industrie, Landsberg am Lech 1987

Graichen, Winfried U. und Seiwert Lothar J., Das ABC der Lebensfreude, Gabal e.V., 1987

Harris, Amy Bjork und Harris, Thomas A., Einmal o.k., immer o.k., Rowohlt Verlag, Hamburg 1985

Higgins, Denis, The Art of Writing Advertising, NTC Business Books, Lincolnwood 1965

Hill, Napoleon, Denke nach und werde reich, Ariston Verlag, Genf 1966

Högn, Ernst und Pomplitz, Hans-Jürgen (Hrsg.), Der erfolgreiche Werbetexter, verlag moderne industrie, Landsberg am Lech 1990

Hostettler, Ernst, Die Werbung im Klein- und Mittelbetrieb, Cosmos-Verlag AG, Muri bei Bern 1980

Iacocca, Lee, Eine amerikanische Karriere, Econ-Verlag, Düsseldorf 1984

Jeffers, Susan Ph.D., Feel the Fear and Do it Anyway, Ballantine, New York 1987

Lauster, Peter, Wege zur Gelassenheit, Souveränität durch innere Unabhängigkeit und Kraft, Econ-Verlag, Düsseldorf und Wien 1984

Le Boeuf, Michael, Mehr leisten - weniger arbeiten, Moderne Verlagsgesellschaft, München 1990

Lewis, Mel, Writing to Win, MacGraw-Hill, London 1987

Mager, Robert F., Motivation und Lernerfolg, Beltz Verlag, Weinheim 1970

McCormack, Mark H., Was Sie an der Harvard Business School nicht lernen, Moderne Verlagsgesellschaft, München 1990

Meffert, Werner, Werbung, die sich auszahlt, Rowohlt Verlag, Reinbek 1987

Murphy, Joseph, The Power of your Subconscious Mind, Prentice-Hall, Englewood Cliffs 1963

Ogilvy, David, Confessions of an Advertising Man, Macmillan Publishing Company, New York 1963

Ogilvy, David, Über Werbung, Econ-Verlag, Düsseldorf 1983

Ogilvy, David, Was mir wichtig ist, Econ Verlag, Düsseldorf 1988

Quinn, Patrick, The Secrets of Successful Copywriting, Heinemann Professional Publishing Ltd., London 1986

Quinn, Patrick, The Secrets of Successful Low-Budget Advertising, Heinemann Professional Publishing Ltd., London 1987

Robbins, Anthony, Unlimited Power, Fawcett Columbin, New York 1987

Robbins, Anthony, Awaken the Giant Within, Summit Books, New York, 1991

Scheitlin, Victor, Meisterhaft telefonieren, Verlag des Schweizerischen Kaufmännischen Verbandes, Zürich 1987

Vögele, Siegfried Prof., Das Verkaufsgespräch per Brief und Antwortkarte, verlag moderne industrie, Landsberg am Lech 1984

von Planta, Eleonore, Der wirksame Werbetext, Verlag des Schweizerischen Kaufmännischen Verbandes, Zürich 1971

von Rosenstiel, Lutz, Psychologie der Werbung, Komar-Verlag, Rosenheim 1969

Willingham, Ron, The Best Seller, The New Psychology of Selling and Persuading, Prentice-Hall, Englewood Cliffs 1984

Zarro, Richard A. und Blum, Peter, Den richtigen Draht finden/Gekonnt telefonieren durch NLP, Moderne Verlagsgesellschaft, München 1991

Kick!

Eine Tonband-Serie von und mit Hans-Peter Zimmermann

ISBN	Nr. 1	3-9520152-3-7
	Nr. 2	3-9520152-4-5
	Nr. 3	3-9520152-5-3
	Nr. 4	3-9520152-6-1
	Nr. 5	3-9520152-7-X
	Nr. 6	3-9520152-9-6
	Nr. 7	3-905091-07-0
	Spezial	3-905091-01-1
	Werbe-Kick	3-905091-06-2

Nr. 1 **Wie man seinem Lebenstraum auf die Spur kommt**
Ein guter Einstieg. Am Anfang ist immer ein Gedanke...

Nr. 2 **Wie man die Hindernisse des Alltags überwindet**
Wenn ein Gedanke oder Traum ausgesprochen wird, kommen die ersten Hindernisse...

Nr. 3 **Wie man sich und seine Ideen besser verkauft**
Die Bedingung, um alle benötigte Hilfe auch zu bekommen...

Nr. 4 **Wie man seine persönlichen Beziehungen verbessert**
In einer Partnerschaft macht das Ganze noch mehr Spaß...

Nr. 5 **Wie man auf seine innere Stimme hört**
Vorschläge für ein erweitertes Weltbild. Vorsicht: Nichts für Leute mit einem Fischchen-Kleber am Auto!

Nr. 6 **Wie man ein besseres Verhältnis zum Geld bekommt**
Träume sind nicht immer billig...

Nr. 7 **Wie man seine seelischen Blockaden loswird**
Dr. Hans-Peter Zimmermann stellt seine bemerkenswerte Durchbruchs-Therapie vor.

Kick Spezial **Hans-Peter Zimmermann verrät, wie es ihm bei der Umsetzung seiner Rezepte selbst ergangen ist**
Sehr aufschlußreich!

Werbe-Kick **Wie Sie sofort mehr Umsatz erzielen**
Hans-Peter Zimmermanns sensationelle Direct-Response-Methode für Kleinbetriebe!

Kick-Kassetten sind erhältlich im Buchhandel oder direkt beim Autor. Die Adresse finden Sie auf Seite 255.